U0853949

高等学校新文科教材

数字化管理系列

数字化运营与管理

主　编 / 马书刚

副主编 / 李　伟

DIGITAL OPERATIONS AND MANAGEMENT

中国人民大学出版社

·北京·

前言

数字经济已经成为当今世界的重要经济形态，各主要经济体都在积极布局数字经济，将其作为提振本国经济的新动能。“十四五”时期恰逢中国“两个一百年”奋斗目标的历史交汇期，是开启全面建设社会主义现代化国家新征程的重要机遇期，而数字经济将成为“十四五”时期及中长期内推动中国经济发展的重要力量，也将成为中国参与国际竞争的重要领域。为此，党的二十大报告明确指出，要“加快发展数字经济，促进数字经济和实体经济深度融合”。面对国际、国内经济发展的历史机遇，在党的二十大精神的指引下，各行各业都在积极探索数字化运营、谋求数字化转型，本书的编写正源于此。

在与相关领域的学者和企业界人士探讨时，我们发现，虽然各界都已经充分认识到开展数字化运营与管理的重要性与必要性，但对于“什么是数字化运营与管理”“如何实现数字化运营与管理”等问题还未达成共识，数字经济与电子商务等领域的学者对这些问题的理解各有侧重，而相关企业按照自己对数字化运营与管理的理解，在摸索中前行。为此，我们编写了本书，旨在对数字化运营与管理的内涵、外延与实施路径等问题进行理论建构，为相关企业开展数字化运营与管理时的战略制定、组织变革、技术与人才引进以及供应链韧性优化等问题提供参考和帮助。

本书从数字经济、数字化转型与数字化运营等基本概念入手，全面探讨了数字化运营与管理的理论内涵，以及开展数字化运营与管理所必备的战略管理、组织管理、流程管理、用户管理、供应链管理、营销管理与人力资源管理的理论知识。全书共 10 章，前 9 章每章的篇首与篇尾均提供了与本章知识点相对应的案例，第 10 章则遴选了 4 个具有代表性的案例企业，论述它们实现数字化运营与管理的路径。值得一提的是，本书努力“讲好中国故事”，所选案例均为本土企业，展现了中国企业在数字经济浪潮下的踔厉前行。

本书适用于数字经济、电子商务、工商管理等专业以及 MBA、EMBA 相关课程的教学，也适用于希望深刻理解数字化运营与管理并开展相关研究的学者，还适用于企业中力图实现数字化转型、提升企业竞争力的商务管理人员。与此同时，本书也能够为政府机构的有关人员在制定与数字经济相关的公共政策方面提供帮助，以实现传统政务的数字化转型，从而推进政府治理能力现代化，增进民众福祉。

在本书的编写与出版过程中，我们得到了很多专家与组织的帮助。中国人民大学出版社为本书的出版提供了大力支持，并对全书内容提出了详细、丰富且极具建设性的意见，使本书能够得以完善；河北经贸大学为本书的编写提供了制度、经费与工作环境等方面的支持，使本书的编写工作能够顺利推进；河北科技大学的高文海教授、河北地质大学的王汉新教授以及河北工程大学的马志超博士对于本书的体系建构提供了建议；还有部分专家学者对本书的案例选择等相关工作给予了帮助，我们在此一并表示感谢。

本书由河北经贸大学马书刚副教授任主编，李伟副教授任副主编，马书刚和李伟负责整体设计，并负责编写第 1、2、4、6、8、9 章的全部内容以及第 3、10 章的部分内容；李涛博士负责编写第 3、10 章的部分内容；韩梦莹博士负责编写第 5、7 章的全部内容以及第 10 章的部分内容。由于作者水平所限，本书难免存在疏漏，希望各界读者能够不吝赐教，予以批评指正。

于河北经贸大学

目录

// 第1章 //

数字化运营基础

学习目标

1. 掌握运营、运营管理的定义以及数字化运营的内涵。
2. 理解产业互联网视角下的数字化运营。
3. 理解数字化运营体系的构成要素。
4. 理解数字化运营的产生原因与发展阶段。
5. 理解数字化运营对组织的重要意义。

引导案例

数字化运营踔厉推进中国式现代化建设

党的二十大报告提出，要“以中国式现代化推进中华民族伟大复兴”，其中，加快发展数字经济，促进数字经济和实体经济深度融合，进而建设现代化产业体系，是实现中国式现代化的必经之路；《2024年国务院政府工作报告》进一步对建设现代化产业体系做出了部署，并将传统产业的数字化转型作为重要的发力点；党的二十届三中全会公报着重指出，要“健全促进实体经济和数字经济深度融合制度”。由此可见，实现传统产业的数字化运营，进而推动传统产业转型升级，是中国式现代化建设的应有之义。在大数据、物联网及工业互联网等前沿数字技术的支撑下，华为、海尔、小米及河钢等企业已经率先实现数字化运营，成为相关领域数字化转型的成功典范，并带动关联企业在研发、运维以及商业模式等方面进行创新，为现代化产业体系的建设做出了突出贡献。当前，以这些企业为代表的众多市场主体都在积极布局数字化运营，在战略、组织及产品等各个方面求新求变，这将推动整个产业体系的转型升级，从而推进中国式现代化建设的历史重任。

资料来源：习近平．高举中国特色社会主义伟大旗帜 为全面建设社会主义现代化国家而团结奋斗：在中国共产党第二十次全国代表大会上的报告［EB/OL］．（2022－10－25）．https：//www.gov.cn/xinwen/2022－10/25/content_5721685.htm；李强．政府工作报告［EB/OL］．（2024－03－05）．https：//www.gov.cn/

gongbao/2024/issue_11246/202403/content_6941846.html；中国共产党第二十届中央委员会第三次全体会议公报.［EB/OL］.（2024－07－18）. https：//www.gov.cn/yaowen/liebiao/202407/content_6963409.htm.

第1节　数字化运营概述

一、数字化运营的内涵

顾名思义，数字化运营就是组织通过数字化的方式开展各项经营活动。因此，要理解数字化运营的内涵，首先要理解运营、运营管理以及数字化等概念。

（一）运营与运营管理

1. 运营与运营管理的定义

运营是一个由输入到输出的过程，输入的是人（劳动力）、财（资本）、物（原材料）以及信息等各种资源，输出的是产品或服务（马风才，2021）。图1－1直观地展示了运营的含义。那么，在输入各种资源后，怎样才能输出有价值的产品或服务？这就需要对这个“输入→输出”过程进行管理。根据罗宾斯和库尔特（2022）的观点，管理就是管理者对被管理者的各项工作进行计划、组织、协调与控制，从而使被管理者更有效率地完成工作，而且工作成果符合管理者的预期。那么，根据上述运营与管理两个基本概念，可以认为运营管理就是管理者对其所输入的人、财、物、信息等各种资源以及以这些资源为基础的各种生产经营活动进行计划、组织、协调与控制，从而更有效率地输出有价值的产品或服务。这里的“有价值”是指产品或服务能够满足目标客户的实际需要。对于营利机构而言，其运营管理的绩效可通过这些产品或服务所创造的经济效益加以衡量；但是对于非营利机构而言，其运营管理绩效的衡量相对复杂，需要评估所提供的产品或服务创造的社会价值。

图1－1　运营管理示意图

资料来源：马风才，2021. 运营管理.6版［M］. 北京：机械工业出版社.

2. 运营管理对组织的重要意义

运营管理对组织的重要意义在于，帮助组织更加直接、有效地获得竞争优势。所谓竞争优势，就是组织在成本、品类多样性、产品（或服务）质量及商业形态等方面能够稳定且持续地领先于其竞争对手。对于组织而言，包括运营管理在内，获得竞争优势的方式有很多，例如，通过加大融资或宣传力度获得竞争优势。然而这些方式并不能使组织持续保持竞争优势。仍然以加大融资或宣传力度为例，这些方式虽然可以帮助组织在短时间内扩大市场规模、提高知名度，从而获得竞争优势，但是，若缺乏有效的运营管理，那么这些方式也仅仅是“粗放式”的竞争方式，组织难免会陷入“价格战”“广告战”。其结果是组织在扩大市场规模与提高知名度的同时，增加运维与广告费用，从而增加经营成本，却并不能提升盈利。而且，扩大市场规模以及提高知名度并不意味着客户认为产品（或服务）有价值，若产品（或服务）的价值未能获得客户的认可，那么，已有的市场规模或知名度也难以长久保持。因此，对于组织而言，获得持续的竞争优势需要依靠“精细化”的竞争方式，那就是有效的运营管理。通过有效的运营管理，做到准确寻找市场定位、充分理解客户诉求、合理压缩成本支出、实现商业形态创新，低成本、高效率地为客户提供有价值的产品或服务，从而获得持续的竞争优势。

（二）数字经济、数字化转型与数字化运营

数字化运营往往被理解为“通过数字技术优化运营管理工作”，然而这只是数字化运营的外在表现。实际上，数字化运营具有深刻的内涵，与数字经济以及实体产业的数字化转型密切相关。

1. 数字经济

当前，相关学者与业界人士对数字经济（digital economy）的理解各有侧重。G20 杭州峰会通过的《二十国集团数字经济发展与合作倡议》指出，数字经济是指以使用数字化的知识和信息作为关键生产要素、以现代信息网络作为重要载体、以信息通信技术作为效率提升和经济结构优化的重要推动力的一系列经济活动。[①] 杨新臣（2021）则进一步认为，数字经济包含四个维度，即数字产业化、产业数字化、数字化治理与数据价值化（见图 1－2）。由此可以认为，发展数字经济就是构建以数据价值化为基础、以数字产业化与产业数字化为核心、以数字化治理为新发展理念的现代化经济形态。

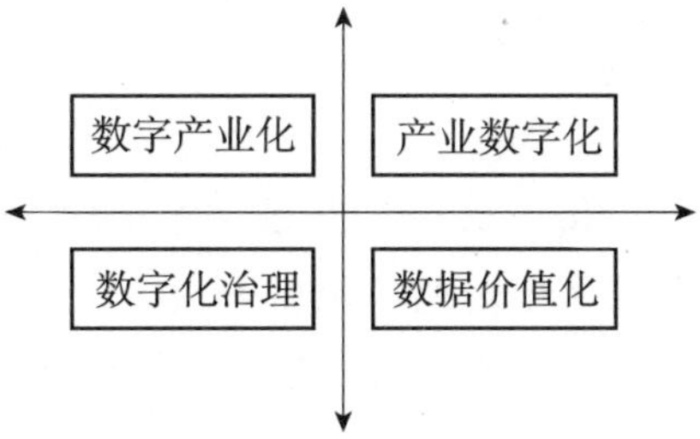

图 1－2　数字经济的四大维度

资料来源：杨新臣，2021. 数字经济：重塑经济新动力［M］. 北京：电子工业出版社.

---

① 国家互联网信息办公室．二十国集团数字经济发展与合作倡议．(2016－09－29). http://www.cac.gov.cn/2016－09/29/c_1119648520.htm? from=singlemessage.

根据上述对于数字经济概念的理解与分析，数字经济具有以下三方面的特征：

第一，数据及其所形成的知识与信息成为关键生产要素。在数字经济时代，互联网、移动计算以及人工智能等技术的快速发展，使大量的生产与消费行为都可以记录和保存，形成大数据（big data）①。而这些数据已经成为促进组织发展的关键生产要素，通过这些数据，可以深入挖掘用户行为、合理安排生产计划，从而提升组织的运营管理绩效。例如，阿里巴巴与京东等电子商务企业通过挖掘用户的消费数据，分析用户偏好，向用户推荐其感兴趣的商品，从而增加经营收入。

第二，数字基础设施成为重要的基础设施。数字基础设施包括两类：第一类称为完全数字基础设施，也就是信息技术专用的基础设施，所以也称为信息基础设施，包括宽带、光缆以及通信网络等；第二类称为部分数字基础设施，是在原有的实体基础设施上加装条码、传感器等配件，从而实现数字化管控。

第三，实体产业是数字经济的重要参与者。实体产业作为国民经济的主要构成部分，与社会稳定和人民福祉密切相关。此外，作为数字经济内涵之一的数字化转型亦即实体产业的数字化转型。因此，在数字经济时代，数字技术、数字基础设施及由此获取的巨量数据要素能否转化为现实的生产力，关键就在于其可否赋能实体产业，帮助实体产业实现数智化发展（数字化+智能化）。也就是说，只有实体产业深度参与，才能更好地发挥数字经济对社会发展的推动作用。

// 补充知识 1-1 //

党的二十大报告关于数字经济的论述与数字经济发展成就

党的二十大报告明确指出，要建设现代化产业体系，建设数字中国，加快发展数字经济，促进数字经济和实体经济深度融合，打造具有国际竞争力的数字产业集群。② 国家互联网信息办公室于2023年发布的《数字中国发展报告（2022年）》显示，2022年数字中国建设取得显著成效，数字经济规模达到50.2万亿元，总量稳居世界第二，同比名义增长10.3%，在国内生产总值中的比重提升至41.5%。③

2. 数字化转型

数字化转型（digital transformation）是数字经济的重要维度，也是学界与业界讨论的热点问题。既然称为数字化转型，也就是说，在转型之前是非数字化或不够数字化的状态，由此可以推知，需要转型的是从传统经济时代发展至今的实体企业。

① 大数据指体量庞大且结构复杂的多模态数据，详细介绍请见第2章。

② 习近平．高举中国特色社会主义伟大旗帜 为全面建设社会主义现代化国家而团结奋斗：在中国共产党第二十次全国代表大会上的报告［EB/OL］．（2022-10-16）．https：//www.gov.cn/xinwen/2022-10/25/content_5721685.htm.

③ 国家互联网信息办公室．数字中国发展报告（2022年）［EB/OL］．（2023-05-23）．https：//www.cac.gov.cn/2023-05/22/c_1686402318492248.htm.

那么，对于实体企业而言，什么是数字化转型？这个问题不仅困扰着实体企业的经营者，而且在学界与业界都存在争论。当前，相关学者较为认同的是维亚尔（Vial，2019）对数字化转型的定义，即数字化转型是指企业通过应用信息通信技术（information communication technology，ICT），促进其在价值主张、市场竞争及数据获取等方面的创新，从而触发企业的战略变革，使企业能够依靠 ICT 创新价值创造路径，并基于组织架构与组织边界的再定义，进一步巩固这个新的价值创造路径，且要密切关注新的价值创造路径所产生的各种影响（见图 1－3）。

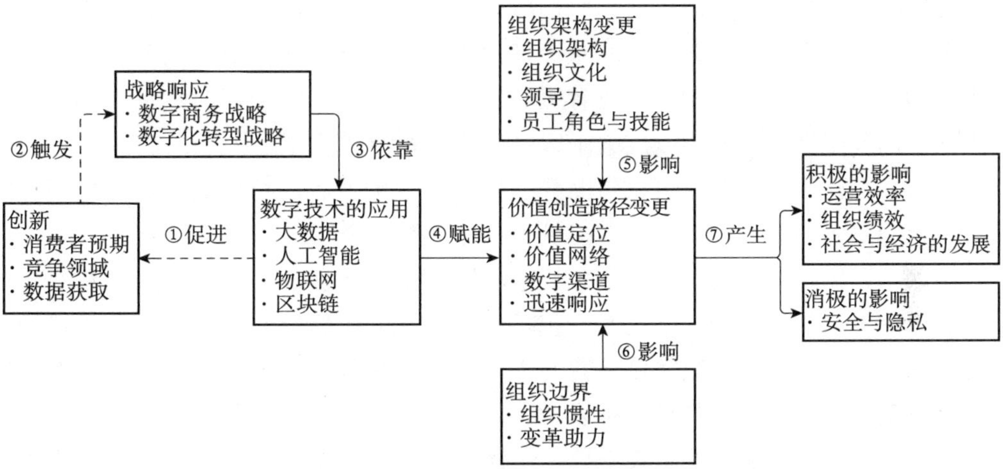

图 1－3　数字化转型示意图

资料来源：Vial G，2019. Understanding Digital Transformation：A Review and a Research Agenda [J]. Journal of Strategic Information Systems，28（2）：118－144.

黄丽华等（2021）在此定义的基础上，从三个方面总结了数字化转型的内涵：首先，从性质上讲，数字化转型是战略层面的创新升级，而非战术层面的策略调整；其次，从内容上讲，数字化转型涵盖企业运营的各项活动，包括制定战略规划、创建组织架构、优化业务流程及维护客户关系等，力图使企业成为数据智能驱动的新型组织；最后，从实现途径上讲，实现数字化转型需要依靠新兴的数字技术。

3. 数字化运营

由于数字化转型涵盖企业的各项经营活动，因此可以认为，数字化运营就是企业实施数字化转型的具体内容，其定义是：企业在深刻理解数字化转型内涵的基础上，通过前沿信息通信技术的支撑，触发战略变革、创新组织架构、改进经营流程，从而提升企业在市场营销、客户关系、人力资源以及供应链管理等方面的竞争力。数字化运营与数字经济和数字化转型在概念上是一脉相承的，并且具有以下四个方面的内涵：

第一，数字化运营的主体是实体企业。由于数字化运营是企业实施数字化转型的具体内容，而需要进行数字化转型的是传统的实体企业，因此，数字化运营的主体为实体企业。当实体企业普遍实现数字化转型之后，就可以有力推动产业数字化的进程，从而推动数字经济的发展。

第二，数字化运营的客体是企业的各项经营活动。企业的数字化运营需要落实到具体的经营活动上，包括战略规划、组织管理、流程优化、市场营销以及客户维系等，这些经营活动就是数字化运营的客体，它们共同构成了完整的数字化运营。

第三，数字化运营的理论基础是运营管理的相关理论。指导数字化运营工作的理论基础是运营管理领域的相关理论，而且需要说明的是，虽然这些理论多在传统经济时代就已经出现并发展成熟，但仍然适用于数字经济时代的运营管理工作。例如，个性化营销理论是经典的市场营销理论之一，是指企业要根据消费者的个性化诉求，为其提供有针对性的产品或者服务。该理论是在传统经济时代提出的，但是由于技术的局限性，企业难以准确了解每个消费者的诉求并为其提供定制化的服务。然而在数字经济时代，企业可以借助数字技术挖掘消费者的行为数据，构建用户画像，分析消费者的偏好，为消费者提供个性化推荐、个性化定制等服务。

第四，数字化运营的工具是数字技术与数字平台企业。实体企业实现数字化运营所应用的工具是前沿的数字技术，包括大数据、人工智能与物联网等。与传统经济时代的运营管理相比，数字化运营的一个显著特征是管理者对前沿数字技术的应用。通过应用这些技术，管理者可以优化管理策略、提升管理效率。可以认为，这些数字技术是数字化运营的重要支撑。实体企业对这些技术的应用包括直接应用与间接应用。所谓直接应用，即企业直接采纳这些技术，优化其经营活动；所谓间接应用，是指在直接应用耗费的经济成本较高的情况下，企业可以入驻本领域的数字平台企业（例如，阿里巴巴、京东），数字平台企业往往掌握先进数字技术，入驻企业可以借助这些技术推动数字化运营，实现所谓的依附式升级（陈威如、王节祥，2021）。

（三）产业互联网与数字化运营

产业互联网是推动数字化转型、赋能数字化运营的重要基础设施。从产业互联网的视角来看，数字化运营具有更加丰富的内涵。

1. 产业互联网的定义

根据王玉荣和葛新红（2021）的观点，产业互联网是服务于各垂直产业的基础设施，由产品互联网服务商（通常是行业领导者）应用大数据、物联网以及人工智能等前沿数字技术，以共享经济的方式提供给产业生态中的从业者，力图整合产业链资源，优化价值链，从而在全产业链的维度上提升运营效率，降低运营成本，为客户创造更好的体验，同时创造更多的社会价值。

产业互联网与工业互联网在内涵方面既存在联系，也存在区别。就联系而言，二者都是通过应用数字技术，实现组织的数字化运营，从而提升组织运营绩效、赋能组织的价值创造；就区别而言，产业互联网注重的是全产业链范围内所有从业者运营管理的数字化程度，而工业互联网关注的是采纳工业互联网技术的组织个体的数字化运营效率。

2. 产业互联网视角下的数字化运营

产业互联网为产业链内部从业者（即产业链内的各类组织）的数字化运营提供基础设施。因此，产业互联网视角下的数字化运营可定义为：组织依托其所在产业链提供的基础设施，对其生产与运营中的战略管理、组织管理、流程管理、用户管理以及供应链管理等各个环节进行数字化转型和升级，从而提升组织运营绩效、降低组织运营成本。产业互联网视角下的数字化运营，注重全产业链维度的资源整合与应用，而非组织个体维度的信息通信技术的投入；注重全产业链维度的用户体验与价值创造，而非组织个体维度的盈利。

二、数字化运营体系的构成要素

数字化运营体系的构成要素包括人力资源、资金投入、基础设施、数据与信息通信技术。

（一）人力资源

通常情况下，组织的人力资源是指组织的劳动力资源，也就是组织的员工。然而，数字化运营体系中的人力资源是广义的人力资源，既包括组织的员工，也包括组织的客户。

1. 组织的员工

组织开展数字化运营，需要具有数字素养的员工。所谓具有数字素养，首先，在思想上要重视大数据，也就是要具有依靠大数据进行决策以及安排相关工作的主观能动性；其次，要熟练应用数字技术，要善于应用数据分析的方法和工具，从而使自己的工作更加科学、有效。

2. 组织的客户

在传统经济时代，对于客户并没有特别的要求；但是在数字经济时代，客户也需要能够应用数字技术与工具，有能力深度参与产品和服务的价值创造活动，进而促进组织开展数字化运营。

（二）资金投入

资金投入是组织开展数字化运营的重要保证，原因包括以下四个方面：

首先，技术与设备需要资金。组织开展数字化运营，需要购置硬件设备以及相应的软件。例如，若使用 IBM 所提供的电子商务全套解决方案，需要大量的资金投入。其次，人才招聘需要资金。组织开展数字化运营需要大量具有数字素养的员工，而这些高素质人才对薪酬往往也具有较高的期望，因此，组织需要投入大量的资金以吸引数字化运营所需要的人才。再次，市场推广需要资金。市场推广是运营管理的重要环节，能够对运营绩效产生重要的影响；而数字化运营中的推广方式通常为数字推广，包括网络广告、搜索引擎优化等，也需要大量的资金支持。最后，用户参与需要资金。数字经济时代的用户虽然具有主动参与组织运营的意愿，然而要想促进用户积极、有效的互动，仍然需要给予必要的激励，这也需要资金投入。

（三）基础设施

数字化运营需要依赖相应的基础设施，而这些基础设施可分为两类：第一类是信息技术专用的基础设施（即信息基础设施），主要包括宽带、光缆与通信网络（固线通信网络、移动通信网络、互联网等）以及当前中国正在大力发展的新型基础设施建设（新基建）中的“数字基建”，包括5G基站、大数据与国家超级计算中心等。由于这些基础设施专门用于支持数字化服务，因此，也被称为完全数字基础设施。第二类基础设施与完全数字基础设施相对应，称为部分数字基础设施，这类基础设施主要服务于实体经济，属于实体基础设施，但是加装了条码、传感器等配件，也可以对实体经济进行数字化转型，特别是城际高速铁路、智能充电桩等实体新基建，是部分数字基础设施的重要构成。

（四）数据

在数字经济时代，数据成为重要输入。传统经济时代的运营管理更加重视人、财、物等的输入，然而，在数字经济时代，数据或信息成为与人、财、物同等重要的输入。根据这些输入的数据，可以刻画用户画像、预测用户行为、洞察市场动态，从而创造极具价值的输出。

数字化运营需要多源异构数据予以支撑。所谓多源，是指数据源具有多样性。在数字化运营过程中，组织拥有多种采集和获取数据的途径。以电子商务企业为例，企业在用户注册时可以获取用户的个人基本信息，在用户浏览与购买时可以获取用户的浏览与消费数据，在用户评论产品或服务时还可以获取用户的评论数据。所谓异构，是指数据的结构具有差异性。仍以电子商务企业为例，其获取到的用户个人基本信息以及浏览、消费与评论数据，既包括结构化数据（数值、字符等），也包括非结构化数据（文本、图片、音视频等）。基于这些多源异构数据，组织可以应用大数据分析工具，充分挖掘市场规律，帮助管理者提升决策的准确性，进而提升组织的运营绩效。

（五）信息通信技术

信息通信技术是信息技术与通信技术相互融合而形成的新的技术概念与技术领域，是组织开展数字化运营的重要工具。信息通信技术对于组织的运营具有重要影响。首先，信息通信技术影响运营产出，使得组织的产出由产品（或服务）转为用户体验，即ROADS式的数字化体验。① 其次，信息通信技术影响用户结构。前沿

---

① ROADS理念由华为提出，即实时（real-time）、按需（on-demand）、永久在线（all online）、个性化（DIY）和社交化（social）。

的信息通信技术与相关服务将吸引各个年龄段的用户，从而扩大了组织的竞争范围。再次，信息通信技术影响终端形态。信息通信技术推动了运营终端由传统智能终端向更为先进的物联网终端转化。最后，信息通信技术影响网络部署。信息通信技术也有助于推进虚拟现实（virtual reality，VR）、增强现实（augmented reality，AR）、混合现实（mixed reality，MR）、车联网以及工业互联网等服务的应用，这对于网络基础设施提出了更高的要求，由此可以推动网络基础设施的建设以及相应的网络部署。

第 2 节　数字化运营的产生与发展

一、数字化运营的产生原因

根据维亚尔（Vial，2019）的观点，推动组织开展数字化运营的原因包括三个方面，即客户期望的变化、竞争范围的扩大以及数据获取的便利。

（一）客户期望的变化

以数字技术为基础的社交网络以及移动智能设备的广泛应用，使得客户对于自己的期望产生了重要影响。在数字经济时代，由于信息通信技术的应用，客户的知识与能力显著提升，因此希望自己能够深度参与组织的生产与运营活动，而不仅仅是作为消费者。此外，客户还希望组织所提供的产品或服务能够更好地满足自己的各种诉求，给自己带来更大的价值。

在这种情景下，组织展开数字化运营以应对客户期望的变化。例如，企业可以应用社交网络以及数据可视化工具与客户充分交流，根据客户的反馈意见改进产品与服务，并且使客户知晓自己参与了产品与服务的开发或创新；企业还可以应用数字技术改进生产与运营流程，做到准确掌握用户诉求、及时响应市场变化，从而提升产品或服务的价值。

（二）竞争范围的扩大

数字技术的广泛使用降低了行业准入门槛，扩大了组织的竞争范围。首先，数字技术使组织更容易与客户联系。以电子商务领域为例，从业者可通过社交网络（微信群、小程序等）与客户联系，进而开展经营活动。由此，很多经营者（特别是个体经营者）都可以加入电子商务行业，与淘宝、京东等行业先行者展开竞争，扩大了电子商务企业的竞争范围。其次，以大数据、区块链以及社交网络为代表的数字技术的应用也降低了企业的融资难度。在传统经济时代，企业主要依靠商业银行等传统金融机构实现融资，然而，在数字经济时代，企业可以利用大数据或区块链技术，通过互联网金融机构进行融资。此外，企业还可以通过社交网络展开众筹融资或点对点（P2P）融资。因此，数字经济时代下多样化的融资路径使得组织更容易获得融资，也使组织之间的竞争更加激烈。

（三）数据获取的便利

数字技术使得组织更容易获取客户的各项数据，进而推动组织的数字化运营进程，再加上数据有助于组织做出决策，因此，组织也愿意应用更加先进的数字技术进行数据挖掘，寻找客户的真实诉求，以此创新产品或为客户提供个性化服务，从而保持自己的竞争优势。此外，很多组织，特别是互联网企业更易于积累大量的数据，可以通过向其他组织提供数据服务创新盈利方式。例如，阿里巴巴在淘宝网的经营过程中积累了与网店、产品及客户相关的海量数据，因此，阿里巴巴通过向网店的经营者提供数据服务，包括产品的流行程度、客户的分布等，帮助网店经营者选择细分市场、制定经营策略、进行搜索引擎优化，从而提升网店排名，阿里巴巴通过这项数据服务创造了巨大的盈利。

二、数字化运营的发展阶段

随着信息通信技术的发展，组织运营的数字化程度日益提升。根据信息通信技术的进步，数字化运营的发展可分为以下四个阶段，即萌芽期的工业经济阶段、发展期的信息经济阶段、增速期的网络经济阶段以及成熟期的数字经济阶段（见图 1－4）。

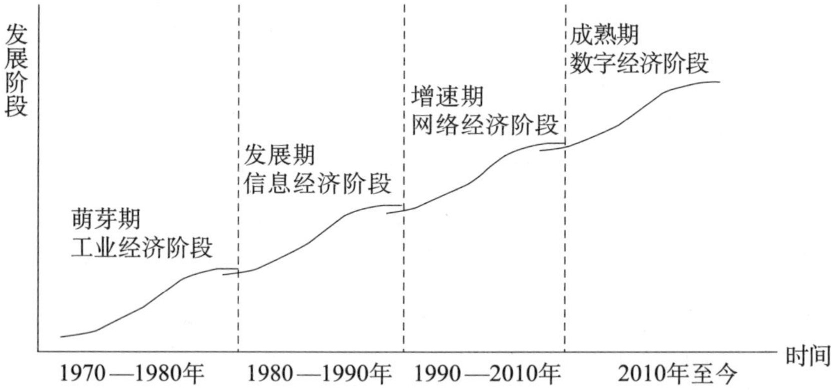

图 1－4　数字化运营的发展阶段

（一）萌芽期：工业经济阶段（1970—1980 年）

在工业经济阶段，自动化技术就已经开始投入使用，以提升相关工作的效率。电子数据交换（electronic data interchange，EDI）的使用意味着数字技术开始助力组织的运营管理工作。因此，电子数据交换技术的使用标志着数字化运营的萌芽。

在互联网技术普及之前，电子数据交换技术是最主要的数字化运营技术。国际标准化组织（International Organization for Standardization，ISO）对电子数据交换的定义是：按照一个公认的标准，将商务或行政事务转化为结构化的报文数据，并在计算机之间进行传递的方法。

在电子数据交换发展初期，组织间的数据传递依靠的是专用增值通信网络，之后逐渐发展并形成电子数据交换专用网络。通过电子数据交换技术，可以将订单、发票、货运单以及提/收货单等交易信息按照统一的标准生成电子数据，这些电子数据可以在组织之间或组织内部各部门之间流通，从而降低组织的运营成本，提升组织的运营效率。

（二）发展期：信息经济阶段（1980—1990 年）

20 世纪 80 年代，随着个人计算机的出现以及应用，以 Microsoft Office 为代表的办公软件和以甲骨文（Oracle）为代表的数据库等迅速发展。在软件与硬件设备的共同支撑下，经济社会中的信息量快速增长，且数据的结构日渐丰富，数据、文本与图像等都被纳入信息的范畴，而这些信息也在价值创造的过程中逐渐发挥日益重要的作用。可以认为，随着个人计算机和各类软件工具的出现以及广泛应用，信息经济逐渐兴起，整个社会的数字化程度也有了极大的提升，由此数字化运营进入稳定发展阶段。

（三）增速期：网络经济阶段（1990—2010 年）

20 世纪 90 年代，网络技术快速发展。网络分为内联网（Intranet）和互联网（Internet）。内联网又称企业内联网，是通过网络技术所建立的可支持企事业单位内部业务处理和信息交流等多项活动的网络。其特点是采用严密的安全措施，将网络内的节点（即网络用户）与网络外的节点（组织或个人）相互隔离，甚至在信息使用的权限上对网络内的不同节点也有严格的规定。与内联网相对应，互联网允许节点用户之间相互访问，从而通过网络实时传递结构化与非结构化数据。

内联网/互联网技术与电子数据交换技术相比具有明显的优势。电子数据交换技术虽然可以实现信息传输，但需要注意的是，电子数据交换所依托的专用增值通信网络的应用成本较高，对组织而言会大幅增加运营成本。因此，随着网络技术逐渐发展成熟，更多组织选择通过内联网或互联网传递数据，而电子商务也由此产生，成为数字经济在这一阶段的重要表现形式。根据特班和乔恩（2020）的观点，电子商务（electronic commerce）就是通过互联网与内联网实现数据、产品与服务的传递与交易。也就是说，在这一阶段，电子商务逐渐成为日益重要的商业形态，各类组织普遍开展电子商务活动。而电子商务又使经济社会中的信息量进一步增大，从而使信息的价值创造功能更加显著。以网络（特别是互联网）技术在世界范围内的普及为标志，数字化运营进入增速期，即网络经济阶段。

在探讨网络经济时，需要特别注意的是，随着移动网络技术的发展以及智能手机的广泛使用，移动商务（mobile commerce）成为网络经济时代的重要商业形态。移动商务的定义比较容易理解，就是通过移动网络技术与移动通信设备开展商务活动。然而，与传统的固线（eixed line）电子商务相比，移动商务扩展了电子商务的应用场景，用户可以根据需要随时开展商务活动。根据马丁（2014）的观点，在移动商务的支持下，用户不再需要“去购物”，而是随时随地“在购物”。也就是说，移动商务能够促进数字化运营的场景化与生活化。

（四）成熟期：数字经济阶段（2010 年至今）

进入 21 世纪，大数据、人工智能、物联网、区块链、移动计算与 5G 技术等新兴数字技术的发展与应用可谓突飞猛进，各种新业态、新模式迭出。下面以产业互联网和社交商务为例加以说明。产业互联网就是通过数字技术，为产业链内的从业者提供技术支持的基础设施，而产业互联网的运营者（通常是行业领导者）可以通过提供技术服务获得盈利，因此，对于运营者而言，产业互联网就是其应用数字技术而创造的新的商业形态，以此推动全产业链的数字化运营。社交商务是随着 Web 2.0 的发展而逐渐兴起与成熟的，是指组织通过在线社交网络进行商务活动，其理念在于重视组织与用户之间以及用户与用户之间的互动。电子商务和移动商务能够满足用户的购物需要，用户可以随时随地检索商品、对比价格，购买自己所需要的产品或服务；而社交商务则在此基础上，进一步使用户之间实现了交流与互动，并且可以使用户与组织共同创造（产品与服务的）价值，从而使用户获得更好的购物以及使用体验。因此，以大数据、人工智能、物联网、区块链、移动计算以及 5G 技术等各类前沿数字技术赋能实体经济为标志，数字经济与实体经济逐渐融合，而数字化运营进入成熟期。

第 3 节　数字化运营对组织的重要意义

根据韦斯特曼等（Westerman et al.，2019）的研究，数字化运营对于组织提升用户体验、优化运营流程与创新商业形态都具有重要意义。

一、提升用户体验

数字化运营能够帮助组织提升用户体验，具体表现在：深入理解用户诉求、实现营收增长以及增加用户触点。

（一）深入理解用户诉求

数字化运营可以帮助组织深入理解用户诉求。例如，部分组织可以构建数字化的社交网络，通过这些社交网络与用户充分沟通，广泛收集用户的反馈意见，从而挖掘用户的真实诉求，以此改进产品或服务，培养并提升用户的忠诚度。此外，部分组织还可以通过数字技术提升其数据分析能力，应用数字化工具记录用户的相关数据，进而通过这些数据构建用户画像，深刻理解用户的行为与偏好，创新产品或服务，使产品或服务满足用户诉求或者符合用户偏好。

（二）实现营收增长

数字化运营可以提升企业的整体营业收入。例如，企业的市场推广人员可应用平板电脑等数字化工具进行产品展示，从而吸引用户购买。此外，企业还可以构建电子商务平台，在线出售产品或服务，而线下只保留少量实体店用于展示，以此压缩经营成本。电子商务平台还可以记录用户的消费行为数据，企业可以应用推荐引擎分析这些数据，从而向用户推荐其感兴趣的产品或服务，这既有助于增加用户的购买量，也可以更好地维系企业与用户之间的关系，有助于用户持续使用企业的产品或服务。

（三）增加用户触点

数字化运营可以增加组织与用户之间的触点（touch point），通过增加触点，能够使用户更易于了解与购买产品或服务。例如，企业可以通过电子商务平台、在线社交网络（微信群、QQ 群等）以及移动应用程序（或微信小程序）增加企业与客户之间的触点，从而帮助企业详细展示产品或服务，便于用户快速寻找和了解所需的产品或服务，进而促进企业与用户之间的交易。

二、优化运营流程

组织通过应用数字技术，可以实现运营流程数字化、员工赋能以及改进绩效管理，进而优化运营流程。

（一）运营流程数字化

数字技术的应用可以使组织的运营流程实现数字化与自动化，例如，员工薪酬的自动计算、市场数据的自动分析以及生产计划的自动编排等。一方面，运营流程数字化可以帮助组织有效降低运营成本、增加营业收入；另一方面，运营流程数字化可以使组织将更多的人、财、物以及信息等资源投入更具有战略意义的业务，例如研发工作，这样就有利于增强组织核心竞争力，特别是在国际竞争日趋激烈的今天，运营流程数字化具有更加深远的意义。

（二）员工赋能

数字技术的应用可以拓展员工的工作范围、提升员工的知识与能力。就员工的工作范围而言，数字技术，特别是信息通信技术的应用使得工作场所不再局限于组织所在的地理位置，员工可以远程办公、移动办公（例如，员工应用工业互联网远程调配生产设备）。就员工的知识与能力而言，数字技术，特别是企业级社交工具（企业微信、企业 QQ 等）的使用可以实现知识与经验的共享，帮助员工迅速建构相关能力。

（三）改进绩效管理

数字技术的应用可以有效改进组织的绩效管理、提升战略决策能力。这些数字技术可以帮助决策层获得与组织运营相关的大数据，与此同时，还可以使更多的管理者参与战略决策。因此，数字化运营可以使组织的绩效管理与战略决策工作以数据为基础，而不只是依靠经验。此外，多个管理者参与决策，可以使得组织在做决策时广泛采纳各方面的意见，从而制定出更加科学、合理以及可行的决策。

三、创新商业形态

数字化运营可以帮助组织改进现有的商业形态或发展新型数字化商业形态，进而通过数字化发展实现全球化运营。

（一）改进现有的商业形态

数字技术的应用可以改进组织现有的商业形态。以零售业为例，在传统经济时代，零售企业通过实体店开展运营；通过构建电子商务平台或移动社交网络（微信群、小程序等），零售企业可以实现在线运营或移动运营。然而需要注意的是，在这种情景下，虽然数字技术帮助零售企业扩大了潜在市场规模、降低了生产经营成本，但这只是对现有商业形态的改进，企业并没有发展出新的商业形态。

（二）发展新型数字化商业形态

数字技术的应用不仅可以帮助企业改进原有的商业形态，而且可以帮助企业扩展边界、增加经营业务，从而创新其商业形态。以阿里巴巴和京东等电子商务企业为例，这些企业在发展初期的商业形态是为 B2B、B2C 以及 C2C 交易提供相关服务。然而，数字技术的应用使得这些企业积累了大量数据，通过挖掘与分析这些数据，这些企业扩展了业务范围，可以为消费者提供金融服务、为电子商务从业者提供技术支持，从而发展成为多边数字化平台。

（三）实现全球化运营

数字技术的应用还可以帮助组织实现全球化运营。通过应用数字技术，组织不仅可以改进其原有商业形态，还可以拓展组织边界、创新商业形态，这些都有助于组织进一步将市场范围扩大到国际市场，从而使组织在全球范围内展开经营。此外，通过应用数字技术，组织可以在全球范围内实现员工的招聘、培训以及管理。由此可见，数字技术的有效应用可以使组织实现生产经营全球化以及人力资源全球化，进而实现依托数字技术的全球化运营。

第 4 节　数字化运营与管理课程体系

“数字化运营与管理”课程分为 10 章，其体系结构可称为“两翼三核，四轮驱动”（见图 1－5）。根据课程的体系结构，现将本书各章主要内容予以详述。

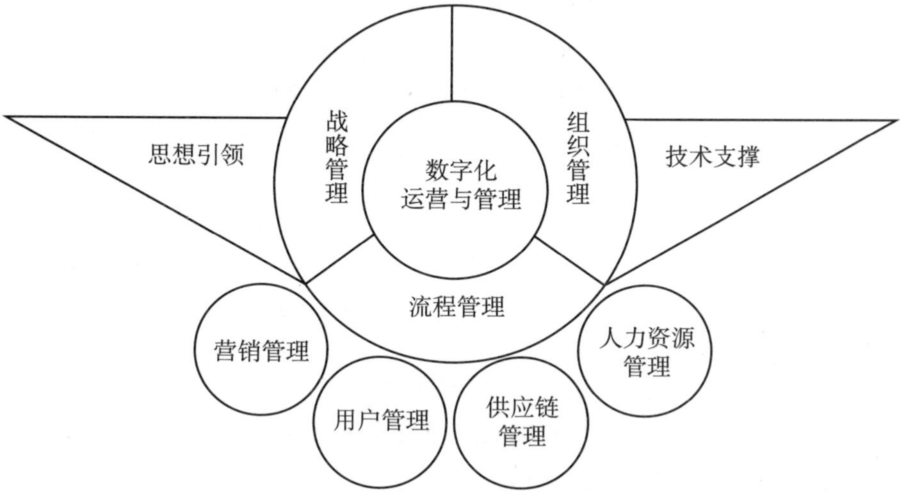

图 1-5　数字化运营与管理课程体系

第 1 章为数字化运营基础，主要讲述数字化运营的内涵、数字化运营体系的构成要素，数字化运营的产生原因与发展阶段以及数字化运营对组织的重要意义。本章是课程体系“两翼”中的“思想引领”，旨在帮助读者理解数字化转型与数字化运营等的内涵。

第 2 章为数字化运营支持技术，主要讲述支持数字化运营的相关前沿技术，包括大数据、人工智能、物联网与区块链的定义、核心技术与应用。本章是课程体系“两翼”中的“技术支撑”，可以帮助读者了解数字化运营的相关技术及其重要应用，理解技术对运营管理的支撑作用。

第 3 章到第 5 章为课程体系的“三核”，分别为战略管理、组织管理以及流程管理，这三个方面是数字化运营的核心内容，即战略、组织与流程能够与数字化转型的要求相匹配，这是数字化运营得以开展的关键。这三章的具体内容是：第 3 章为数字化运营战略管理，其主要讲述数字化战略分析、战略选择、战略实施与评估；第 4 章为数字化运营组织管理，其主要讲述与数字化运营相适应的新型组织架构，包括扁平化组织架构、网络化组织架构、虚拟化组织架构、平台化组织架构以及生态化组织架构；第 5 章为数字化运营流程管理，主要讲述在数字化运营中所开展的流程规划、优化、实施与评估等管理工作。

第 6 章到第 9 章为课程体系的“四轮”，即数字化运营的四个驱动力，或者说四个具体的发力点，分别为用户管理、供应链管理、营销管理与人力资源管理。其中，第 6 章为数字化运营用户管理，主要讲述用户忠诚、用户画像、用户洞察与用户管理绩效评价；第 7 章为数字化运营供应链管理，主要讲述数字化采购管理、数字化仓储管理、数字化渠道管理以及新零售相关知识；第 8 章为数字化运营营销管理，主要讲解数字化市场分析、数字化营销策略与数字化品牌塑造等内容；第 9 章为数字化运营人力资源管理，主要讲解数字化运营中的人力资源规划、人力资源三支柱以及人力资源管理支撑平台。

第 10 章为数字化运营与管理案例解析，遴选开展数字化运营的企业，并对企业的经验加以总结与提炼。虽然本章的内容并未体现在课程体系的结构图中，但是本章所选取的数字化运营典型案例都是“两翼三核，四轮驱动”的生动实例，能够清晰展示课程体系中的理念在业界的具体应用及效果。

// 关键术语 //

数字经济　　　　数字化转型　　　　数字化运营

// 复习题 //

1. 数字化运营与传统经济时代的运营管理有何联系？
2. 辨析产业互联网与工业互联网的概念。
3. 数字化运营体系的构成要素中，何者最为重要？
4. 数字化运营与电子商务在产生原因与发展阶段方面有何区别？
5. 数字化运营对营利组织以及非营利组织有何意义？

案例分析

字节跳动：利用数字化运营应对居家办公面临的挑战

2020 年初暴发的新冠病毒感染疫情让很多人一段时间内不得不居家办公。居家办公的好处很多，但弊端也很明显，比如线上沟通不如面对面沟通有效，各种工作协调困难，再加上工作氛围不够，各种干扰频繁，导致工作效率大幅降低。但有一家有 5 万多名员工的公司，员工居家办公的效率不降反升，这家公司就是字节跳动。或许很多人不知道字节跳动这家公司，但大多数人应该都知道今日头条和抖音，这是它旗下的产品。字节跳动究竟是怎么做到的？

字节跳动副总裁、飞书负责人谢欣在一场直播中分享了字节跳动高效协同的成功经验，值得其他公司学习。“工欲善其事，必先利其器。”为了应对居家办公面临的挑战，字节跳动做的第一件事是准备好协同工具。针对部分同事在家没有电脑的情况，IT 团队从办公室和库房里找出上千台电脑寄给他们。个别同事去了其他国家，公司则从海外办公室调用电脑，寄给他们。

字节跳动非常重视对各种办公协同工具的投入和应用，它认为每个工具只要改进 5%，就能对公司的效率产生巨大影响。以健康报备为例，为了统计所有员工的健康状况和所在地点，公司一开始让大家主动上报，但随即发现两个问题：第一，上报比例不高；第二，数据庞大而且杂乱，难以使用。因此，公司决定开发一款健康报备的应用程序，辅助员工填写相关信息。研发团队仅用两天时间就开发了一款“健康报备”的应用程序并投入使用。该应用程序里有一个助手每天提醒员工填写健康信息，如果没有及时填写，会反复提醒；如果还没有填写，会加急提醒。团队的领导者也能够看到其团队成员的填写情况，还可以提醒自己的成员尽快填写。快速响应背后，其实是字节跳动对协同工具的投入和应用。

在在线沟通和协同工具方面，字节跳动一开始也是使用外部第三方软件，包括Skype、微信企业号、Slack和钉钉。但随着公司的发展，字节跳动发现这些工具都不能完全满足其对于协作效率的要求，于是就自主开发了飞书。飞书起初是一个沟通工具，后来逐渐变成一个完整的办公套件。字节跳动拥有员工5万多名，分布在全球50多个国家和地区，主要工作都是通过飞书完成的。

字节跳动的协同工具也经历了同样的变迁。公司最早使用Word文档，但是很快便发现Word、Excel这种本地工具不便于协同，后来改用主流的在线协同文档，但发现还是不好用，于是字节跳动开发了飞书文档。飞书文档也是协同文档，非常便捷和高效，同时支持电脑端和手机端，还有很多新功能。

飞书还拥有一款日历产品，它的功能十分强大，可以方便地查找到其他人的空闲时间，以及在这个时间段能够使用的会议室，还可以快速创建群聊，开音频/视频会议。对于一个管理者而言，日历也是一个很好的分析和管理工具，他可以通过团队成员的个人日历，了解大家的精力分配、资源投入、系统运转等，然后进行宏观调整与细节管理。居家办公期间，为了让大家也有“一起工作”而不是“开一天会”的感觉，字节跳动还开发了“线上办公室”功能。同一个团队在同一个群里，打开“线上办公室”后就可以进行语音沟通。语音可以开启一整天，但默认静音，有事情的时候可以直接沟通。“线上办公室”并不是约个时间开个语音会议，而是模拟了办公室的环境，让大家仿佛身处同一个空间，也让沟通变得轻松自然。

字节跳动的员工经常需要一起讨论问题，因此公司开发了一个可以协同的思维笔记，它实现了一边画思维导图，一边通过线上办公室讨论，还可以互相评论。这也是一个非常实用的功能，一般打开视频会议就不能同时画思维导图，而字节跳动的思维笔记很好地解决了这个问题。即便有了在线沟通和协作平台，开会也未必高效，这还与开会方式有关。一般公司开会都是一个人上去讲PPT，其他人在下面听，有的人听得懂，有的人听不懂，有的人觉得讲得慢，有的人觉得讲得快，这样就影响了效率。字节跳动在摸索了很久之后，总结出一套开会的办法，也就是“飞阅会”模式，这是“飞书阅读会”的简称。“飞阅会”的开会模式大体可以分为以下几个步骤。

第一步，通过日历找到大家的空闲时间，自动创建会议群。第二步，在开会前，由一个人把本次会议的议题清晰、完整地整理成文档，并发送到会议群里。第三步，会议开始的前15～20分钟，所有人一起默读这个文档，读到哪里有问题，就用评论功能标注出来。第一次参会的新同事往往都会有这样的疑问：怎么会议开始了十多分钟都没有人说话？实际上大家在默读文档和写问题。第四步，当文档的作者收到评论提醒时，他也可以使用文字作答。若会议的主持人（通常不是文档的作者）回答不了这个问题，他就会联系其他人作答。即使是没有参会的人也可以联系，他会在手机上收到通知，然后进入这个文档作答。第五步，默读结束后，会议的组织者说："我们进入会议的第二步"，然后开始语音回答问题，将刚才大家在文档中提出来却没有回答清楚的问题全部过一遍，并询问大家还有没有其他问题。在这个过程中大家可能会有一些互动和讨论，在回答完全部问题之后，会议就结束了，这就是一次"飞阅会"的完整过程。

"飞阅会"的开会模式和传统的PPT开会模式有什么区别？首先，"飞阅会"模式非常聚焦，整个讨论都围绕问题进行。其次，会议的全过程都会用文档记录，没有参会的人也可以通过文档了解会议过程。"飞阅会"这种模式是字节跳动摸索了很久才形成的，虽然实施起来有些困难，但是效果非常好。字节跳动的员工在适应了"飞阅会"模式之后，往往更愿意采用这种模式，而非以往讲PPT的模式。

在远程办公中，每个成员的工作过程是不可知的，因此目标管理就变得尤为重要。字节跳动很早就使用目标与关键结果法（objectives and key results，OKR）进行目标管理。OKR是一种注重目标与关键结果的工作方式，在对标大方向的基础上，员工自己思考实现目标的路径，设定目标和关键任务。因为是每个人设定自己的目标，所以在执行过程中员工会更加积极主动，并能更好地发挥自己的创造力。疫情期间大家居家办公时，字节跳动还运用OKR有针对性地设立一个大目标或者总目标，就像打一场仗一样，设立项目、发起挑战、明确目标、一起冲锋。在这个过程中不必要求每个人每天应该做什么，却可以激励所有成员完成目标，这对短期居家办公很有帮助。

总之，要想实现高效率的远程办公和协同需要具备三个条件：一个好的在线沟通和协同工具，一套高效的开会方法，OKR的管理方法。这三个方面就是字节跳动在疫情防控期间开展数字化运营的成功经验。

资料来源：陈雪频，2021. 一本书读懂数字化转型［M］. 北京：机械工业出版社.

思考题：

1. 字节跳动能够快速开发所需应用程序的原因是什么？
2. 字节跳动的成功经验对其他企业开展数字化运营有哪些启发？

// 第 2 章 //

数字化运营支持技术

学习目标

1. 理解大数据的基本概念与典型特征，了解结构化、非结构化与半结构化数据。

2. 理解数据采集、数据存储、数据预处理以及数据挖掘。

3. 了解大数据技术的典型应用。

4. 理解人工智能的定义，了解人工智能的各个学派。

5. 了解知识图谱、机器学习以及专家推理等人工智能关键技术。

6. 了解人工智能的典型应用。

7. 理解物联网的定义与体系结构。

8. 了解物联网技术及其应用。

9. 理解区块链的定义与特点。

10. 了解区块链的核心技术及其在相关领域的应用。

引导案例

阿里巴巴的中台

阿里巴巴经过长期发展，积累了大量用户数据与交易数据，并且业务极具多样化，涵盖企业对消费者（B2C）、消费者对消费者（C2C）以及支付等多个领域。为此，阿里巴巴应用大数据技术，将这些复杂数据与多元业务相整合，从而在前台应用与后台数据之间构建了一个新的业务架构——中台，为多元业务场景提供服务，通过大数据的整合、挖掘与分析实现业务数据的多场景复用。

第1节　大数据

一、大数据的内涵

大数据（big data）是组织开展数字化运营的重要支撑，而对于大数据的内涵，可以从基本概念、典型特征以及数据类型三个方面加以深入理解。

（一）基本概念

对于组织的数字化运营而言，数据是构成要素之一。随着当今社会经济的快速发展，数据的规模与复杂程度都在快速增加，大数据一词应运而生。虽然大数据及其相关技术为学界和业界所关注，但对于大数据一词并没有统一的定义。维克托·迈尔-舍恩伯格与肯尼思·库克耶（2013）认为大数据即“全体数据或所有数据”，也就是在采集与获取数据时，不使用随机抽样的方式，而是采用全部的数据，因此大数据是“巨量的数据”。本书采纳国际IT服务与咨询机构高德纳（Gartner）的定义，认为大数据是“一种体量大、增速快且结构复杂的信息资产，需要低成本、高效率以及创新性的信息处理方式，从而获得深刻洞见、做出准确决策以及实现流程的自动化”。①

（二）典型特征

高德纳对大数据的定义描述了大数据的多种特征，埃尔等（Erl et al.，2016）在此基础上，将这些特征进一步总结为：规模性（volume）、时效性（velocity）、多样性（variety）、准确性（veracity）以及价值（value）密度低，简称为“5V特征”。

1. 规模性

在当前的大数据时代，数据体量庞大。据统计，世界范围内的组织和用户每天所生成的数据超过2.5EB②，而全球最大的图书馆——美国国会图书馆（Library of Congress）当前的馆藏数据量为300TB。③ 也就是说，世界范围内每天所产生的数据量是全球最大图书馆现有馆藏数据量的8 700余倍。

2. 时效性

在大数据时代，短时间内就会产生大量的数据，因此，对数据时效性要求也高。统计表明，仅仅在1分钟的时间内，推特上就可以产生约35万条推文，约300小时的视频上传到YouTube上。数据产生的速度极快，这就要求组织提升数据存储能

---

① Big Data [EB/OL]. (2023-10-20). https://www.gartner.com/en/information-technology/glossary/big-data.

② EB是一种计算机存储容量单位，1EB=2^{60}字节。

③ TB是一种计算机存储容量单位，1TB=2^{40}字节。

力，采用更加灵活、便捷的数据处理技术，加快数据处理速度。

3. 多样性

在大数据时代，数值、文本、图片、音频、视频等都是组织运营时所需存储、整合以及分析的数据，数据的多样性使得数据的结构非常复杂，而复杂的数据结构使得大数据的挖掘与处理工作极具挑战性。

4. 准确性

在大数据时代，组织运营需要更加准确以及质量更好的数据予以支撑，也就是说，组织往往期望这些数据含有较高的信噪比（signal-to-noise ration）。在这里，“信号”（signal）代表价值较高的数据，这类数据能够转化为有意义的信息；“噪声”（noise）代表价值较低的数据，组织难以从这类数据中挖掘出有用的信息。

5. 价值密度低

数据对组织的价值在于能够使组织快速挖掘出有助于运营的信息。然而，由于数据具有多样性，且存在一定的信噪比，因此组织往往需要耗费较长时间才能挖掘到少量对组织运营有帮助的数据。由此可见，在大数据时代，虽然组织可以快速积累巨量的数据，但是真正对组织运营有价值的数据相对较少，数据的价值密度较低。

（三）数据类型

经典的数据库技术可用于存储与分析结构化数据（structured data），然而，在大数据时代，非结构化数据（unstructured data）和半结构化数据（semi-structured data）大量出现，这使得数据的分析和处理工作更加困难。下面对这三类数据予以详细介绍。

1. 结构化数据

结构化数据遵循固定的数据模式（schema），可以预先定义数据格式。结构化数据非常适合存储于关系型数据库中，因为关系型数据库可以预先定义其包含的二维表的每个字段的含义、格式以及长度。这样，数据可以按照预先定义的格式与长度存入相应的字段。组织运营的过程中所产生的客户信息、交易单据等都是结构化数据的典型代表。

2. 非结构化数据

与结构化数据不同，非结构化数据（文本、图片、音频、视频等）并不能存储在关系型数据库中，原因在于非结构化数据并没有固定的数据模式，因此，不能预先定义非结构化数据的格式与长度。在这种情况下，需要更大且更容易扩展的存储空间用于存储非结构化数据，也需要更复杂的技术用于处理和分析非结构化数据。在现实中，非结构化数据比结构化数据更为常见：根据相关统计，在组织运营所产生的数据中，非结构化数据的比例达到 80%。[①] 由此可见，非结构化数据的处理技

① 数据占比高于 80%？关于这些非结构化数据你管理了多少？［EB/OL］.（2020-08-14）. http://www.ciotimes.com/IT/193444.html.

术是大数据时代重要且现实的需求。

3. 半结构化数据

半结构化数据往往是以图结构或层级结构的模式所定义的数据，可以认为这些数据拥有固定的数据模式，但不能预先定义这些数据的格式与长度，也就是说这些数据不能存储于关系型数据库中。可以认为，半结构化数据兼具结构化数据与非结构化数据的特征。网页编程工具可扩展标记语言（extensible markup language，XML）和 JavaScript 对象标记法（JavaScript object notation，JSON）所编写的网页文件都是典型的半结构化数据（见图 2－1）。

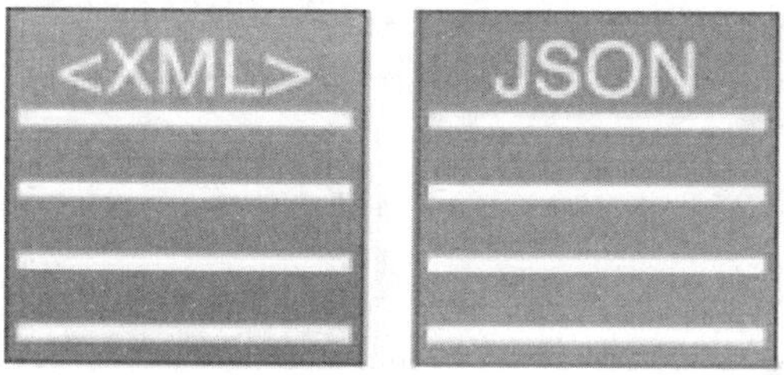

图 2－1　XML 与 JSON 文件示例

资料来源：Erl T，Khattak W，Buhler P，2016. Big Data Fundamentals：Concepts，Drivers & Techniques [M]. NJ：Prentice Hall.

二、大数据技术

大数据的 5V 特征使得组织必须采用更加先进的技术，才能从这些复杂的数据中获取有价值的数据。这些技术通常包括四个方面，即数据采集、数据存储、数据预处理以及数据挖掘。

（一）数据采集

在实际的运营过程中，组织经常通过后台数据库记录、自行爬取以及购买第三方机构的数据等多种方式采集大数据。

1. 后台数据库记录

在数字经济时代，很多组织，特别是百度、阿里巴巴、腾讯及京东等互联网公司，往往配备有容量大、性能好的数据库，而这些数据库可以实时采集用户的个人信息、消费信息等结构化数据以及评论文本或图片等非结构化数据。

2. 自行爬取

具备数据爬取能力的机构与人员，在数据所有者允许或不以商业利益为目标的前提下，可以应用 Java、Python 等工具编写数据采集程序（通常称之为“网络爬虫”），用于采集数据，也可以使用八爪鱼采集器（https：//www. bazhuayu. com）等软件工具，按照这些工具的规则爬取数据。

3. 购买第三方机构的数据

经费充足的科研院所、智库机构以及相关企业可以依法使用第三方机构所提供的数据，包括研究机构与咨询公司所提供的报告（例如，中国互联网络信息中心提供的《中国互联网络发展状况统计报告》）以及用于科研工作的数据集（例如，百度提供的百度开放数据合集，包括交通预测数据集、信息抽取数据集等）。

（二）数据存储

大数据体量大、增速快、结构多样，因此存储方式也较为复杂，常用的存储方式包括集群存储、分布式存储以及 NoSQL 数据库存储。

1. 集群存储

集群存储就是将多个存储设备集中在一起，共同存储巨量数据（见图 2－2）。集群可提供统一的接口，用于调用数据，所存储的数据则按照相应的规则读取。集群存储可以更好地实现并发访问。

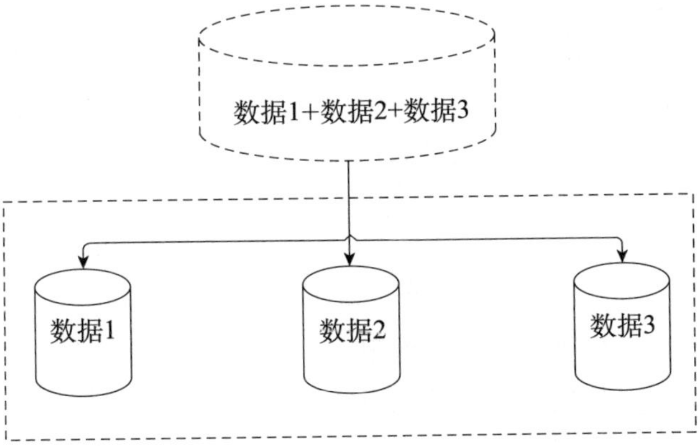

图 2－2　集群存储

2. 分布式存储

所谓分布式存储，就是将全部数据存储于多个存储设备，每个存储设备只存储部分数据（见图 2－3）。例如，在现实中得到广泛应用的 Hadoop 平台所提供的存储服务就是典型的分布式存储。

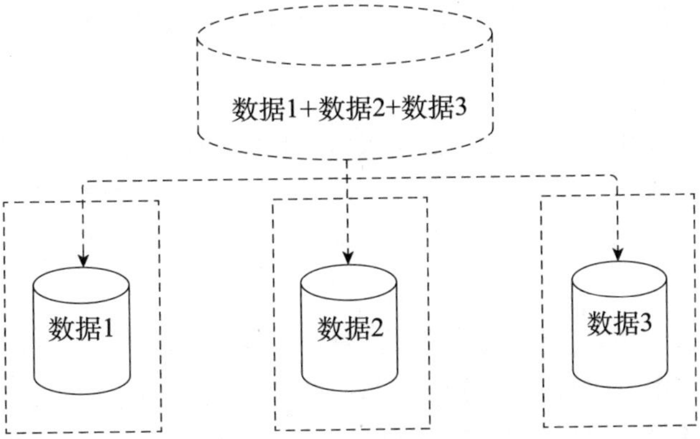

图 2－3　分布式存储

分布式存储与集群存储的区别主要表现在二者对于物理空间的要求：集群存储要求所使用的多个存储设备在物理上是集中的，而分布式存储所使用的多个存储设备在物理上可以是分散的，只要这些设备在逻辑上是集中的，就可以实现大数据的存储。

3. NoSQL 数据库存储

NoSQL（not only SQL）数据库是非关系型数据库的统称，NoSQL 数据库的容量大、性能稳定，而且易于扩展，非常适合存储 JSON 文档等半结构化数据以及图片、音频、视频等非结构化数据。

（三）数据预处理

由于大数据体量巨大、结构复杂，因此在数据挖掘之前，需要对这些数据进行清洗、整合、集成与规约等预处理，从而获得更有挖掘与分析价值的数据。

1. 数据清洗

数据清洗（data cleaning）包括一致性检验、缺失值与无效值处理。数据清洗的目的是精简重复数据、纠正可识别的错误，从而检验数据，并将原有数据转化为符合质量要求的数据。

2. 数据整合

数据整合（data consolidation）是指将多个数据源的数据进行加载，从而获得新的数据源，并且能够提供统一的数据视图。经过整合的数据结构更加清晰，并且具有更好的可控性、可扩展性以及可复用性。

3. 数据集成

数据集成（data integration）是指通过联邦式、数据仓库以及基于中间件的模型等方法，将多源异构数据在物理层面或逻辑层面进行集中，从而实现数据共享。

4. 数据规约

数据规约（data reduction）是对数据量精简，同时必须尽可能保持数据的原有状态。数据规约通常包括特征规约、特征值规约以及样本规约。经过规约的数据集能够在整体上保持原数据集的完整性，而且更利于挖掘与分析。

（四）数据挖掘

数据挖掘（data mining）是通过算法对数据集进行分析，并寻找有价值的信息。对于结构化数据，常用的挖掘算法包括分类、聚类、回归分析以及关联分析；而对于文本数据这种典型的非结构化数据，还需要专门的文本挖掘技术加以分析。

1. 分类

分类（classification）就是给所要研究的事物“贴标签”，其流程为：首先，根据训练集数据，应用分类算法训练分类器；然后，通过测试集检验分类器的准确率、正确率以及召回率等；最后，将通过测试的分类器应用于数据挖掘。在这里，训练集与测试集分别代表一组数据，这些数据都具有多种属性，并且已经标注了类别标签。常用的分类算法包括 K 邻近算法、决策树、朴素贝叶斯以及支持向量机等。

2. 聚类

聚类（clustering）是将所要研究的事物群体按照相应的规则划分为若干个簇，每个事物只从属于一个簇。常用的聚类算法包括 K 均值法、均值漂移法、层次法、划分法以及基于密度的方法等。在进行聚类时，每个簇内的个体之间的距离应尽可能接近，而簇与簇之间的距离应尽可能远。

3. 回归分析

回归分析（regression analysis）假设变量之间存在某种函数关系，例如，假设自变量与因变量之间是线性函数关系或非线性函数关系（幂函数、指数函数以及对数函数等），然后验证此函数关系是否成立。根据自变量的个数（一个或多个），回归分析可分为一元回归分析与多元回归分析；根据因变量的个数（一个或多个），回归分析可分为简单回归分析与多重回归分析；根据所假设的自变量与因变量之间的函数关系（线性或非线性），回归分析可分为线性回归分析以及非线性回归分析。

4. 关联分析

关联分析（relative analysis）也称关联规则挖掘，目的是寻找数据之间的关联关系或者相关关系，从而分析两种或者多种事物之间的相关性或因果关系。关联分析的典型应用场景是购物篮分析，即分析消费者所购商品之间的关联性，发现哪些商品经常会被同时购买。常用的关联分析算法包括 Apriori 算法与 FP-Growth 算法。

5. 文本挖掘

文本挖掘（text mining）就是针对文本数据（典型的非结构化数据）进行挖掘，通常包括对文本数据的分词处理（将文本划分为若干个具有独立含义的词或词组）、词频统计、摘要概括、关键词提取以及情感极性分析等，从而发现规律。文本挖掘过程如图 2-4 所示。

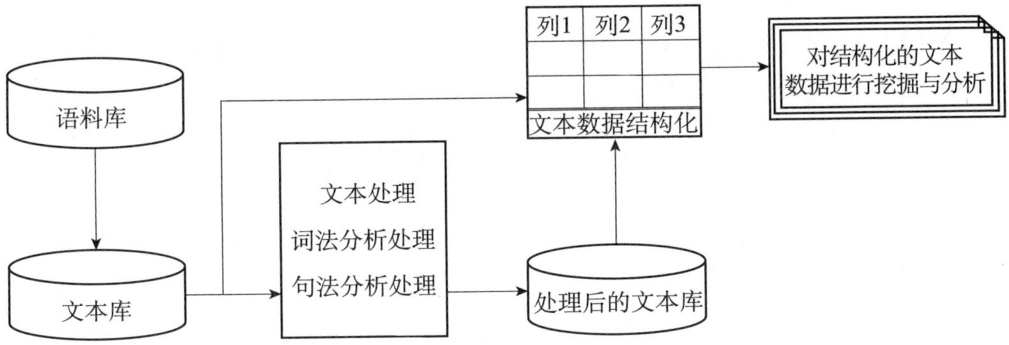

图 2-4　文本挖掘过程

三、大数据技术的典型应用

大数据技术在政务管理、生产管理以及商业管理中具有非常广泛的应用，可极大地提升相关组织的数字化运营效率。

（一）政务管理

在政务管理活动中，应用大数据技术能够有效提升政府治理与服务水平。以经济发展为例，通过对往年经济指标数据的回归分析，政府机构（例如，商务部或国家发展改革委等）可以预测今后的经济发展态势，而通过挖掘行业经营大数据，相关机构可以分析行业之间的关联关系，这些都有助于政府相关机构与部门的决策，从而促进经济发展。

（二）生产管理

将大数据技术应用于生产管理中，可以有效提升组织的生产与运营效率。以工业互联网为例，工业互联网平台上的工业 App 可以对往年的产量数据进行回归分析，预测今后的产量，调整生产与运营计划；还可以对生产的各个环节进行分析，从而优化组织的生产流程。此外，通过对数据的挖掘与分析，工业 App 还可以实现远程调配、质量管控以及异常处理。在新冠疫情防控期间，工业互联网平台及其所提供的工业 App 在相关行业的复工复产过程中发挥了巨大作用。

（三）商业管理

商业组织可以应用大数据技术挖掘用户的行为数据，分析用户的偏好，从而实现精准服务。例如，阿里巴巴与京东等电子商务企业通过用户的消费数据，计算用户以及商品之间的相似度，从而向用户推荐其（可能）感兴趣的商品；商业银行可以通过数据分析用户的信用等级，从而提供相应的金融服务。与之类似的是，互联网金融机构可以通过个体用户的消费数据分析其收入水平，可以通过企业用户的交易数据分析其偿债能力，从而为这些用户提供个性化的金融服务。此外，商业组织还可以通过用户行为数据分析用户的活跃度与忠诚度，为不同活跃度与忠诚度的用户提供相应的服务，从而更好地维护客户关系，并提升企业盈利能力。

第 2 节　人工智能

一、人工智能的内涵

人工智能（artificial intelligence，AI）极大地推动了数字经济的发展。通过分析人工智能的定义及其学派，可以更加深刻地理解人工智能的内涵。

（一）人工智能的定义

人工智能由“人工”（artificial）与“智能”（intelligence）两个词构成，因此，定义人工智能之前，首先需要分别定义人工与智能。

学界普遍认为，人工一词的定义是人为的创造或控制，以此实现预先设定的目标。智能一词的内涵更加丰富。首先，智能的基础是知识；其次，智能的关键在于思维，思维的表现是计算与推理；最后，智能体和环境之间的交互也与智能的发展密切相关。因此，通过整合人工与智能这两个概念可以认为，人工智能就是人为创造的智能体，该智能体可以通过人为控制与外界环境进行交互，通过这种交互行为，学习相关领域的知识，实现与人类思维相似的计算与推理，并达成该智能体的创造者预先设定的目标。

（二）人工智能的学派

通过梳理人工智能的相关学派，可以更加深入地理解人工智能的内涵。由于对人工智能内涵的理解有所区别，人工智能的研究者形成了三大学派，即符号主义学派、连接主义学派和行为主义学派。

1. 符号主义学派

符号主义学派认为，智能的基础——知识可以用符号来表示，智能的表现形式——推理也可以用符号化的语言加以描述。因此，从这个意义上讲，符号主义学派认为，人工智能就是计算机通过符号运算的形式，模拟人类运用领域知识进行推理的过程。

2. 连接主义学派

连接主义学派主要聚焦于神经网络和神经网络间的连接机制和学习算法，当前，人工智能的前沿技术——深度学习就是连接主义学派的代表成果。随着大数据技术的发展，巨量、复杂的非结构化数据的挖掘与分析使得人工神经元之间的连接更加成熟与缜密，在部分领域，机器的智能已经非常接近人类，甚至有可能超越人类。

3. 行为主义学派

行为主义学派认为，符号主义学派与连接主义学派对客观世界中的事物以及智能体的行为做出了过于理想化的假设，因此不能准确描述客观世界。行为主义学派进一步认为，在客观世界中，智能并不等同于知识和推理，而是智能体与外界环境交互的产物，也就是说，行为主体感知外界环境，然后做出反应动作，这才是智能的体现。为此，行为主义学派提出“感知—动作”模型，通过行为模拟的方法研究人工智能。

二、人工智能技术

人工智能领域有很多前沿技术，其中，知识图谱、机器学习以及专家推理较为成熟，并且得到了广泛应用。

（一）知识图谱

知识图谱（knowledge graph）是人工智能的基础技术，该技术可将人类的知识结构化，从而形成由基本事实、通用规则以及其他相关结构化信息所构成的知识系统（刘知远、韩旭、孙茂松，2020）。应用知识图谱技术，可以使智能体实现精准查询、深度理解与逻辑推理等功能。当前，知识图谱技术已经广泛应用于信息检索、推理决策、智能问答及个性化推荐等依靠知识的智能任务的解决上。按照知识内容，知识图谱所涉及的知识可以划分为语言知识（各国语言的语义、语法等相关知识）、常识知识（生活中的基本常识）、世界知识（描述事物及其联系的事实）、认知知识（深入理解世界所需要的知识）及专业知识（各专业领域的特定知识），知识图谱的范例如图 2-5 所示。该图展示的是 5 篇发表于《管理世界》且摘要中含“数字经济”的高被引论文所形成的文献互引网络，由 CNKI 自动生成（在学术研究和产业应用中，用于文献互引知识图谱制作的文献数量更多，但因此图只用于展示，故只遴选 5 篇文献）。

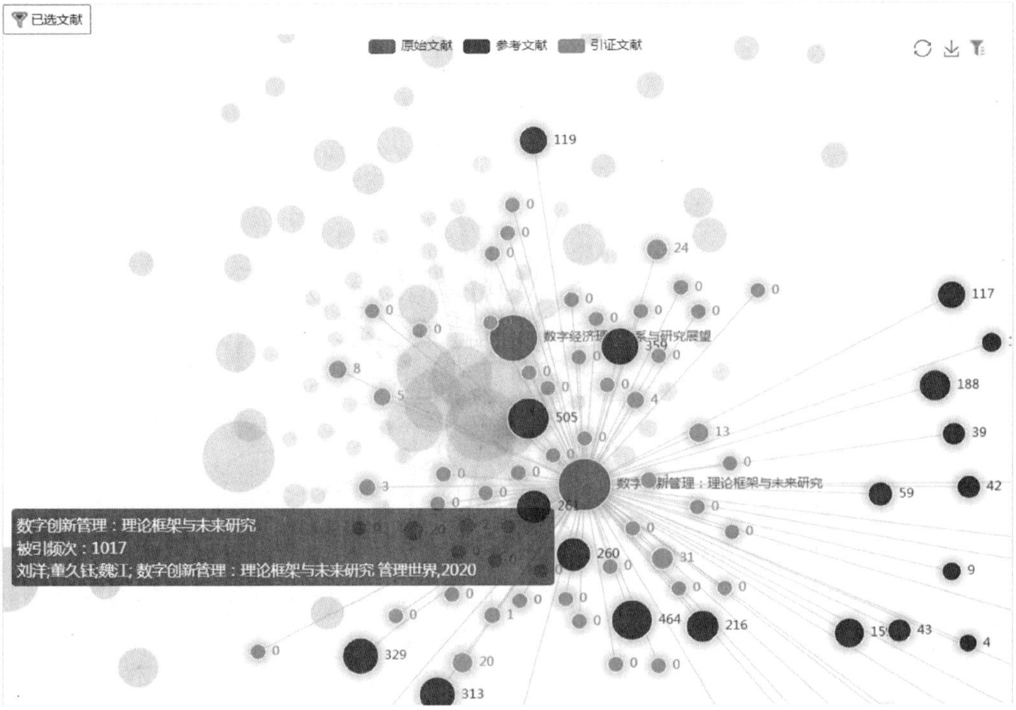

图 2-5　知识图谱范例

（二）机器学习

机器学习（machine learning）是人工智能领域的重要学科。周志华（2016）认为，机器学习所关注的重点是通过经验改进计算机系统的性能。而在计算机系统中，经验表现为数据的累积，从这个意义上讲，实现机器学习的关键在于获得与数据相互拟合的学习算法（learning algorithm）。获得了此学习算法，则意味着计算机“积累了经验”。当面对新的情况（需要分析新的数据）时，可以依靠经验，即利用学习算法加以处理，也就是将相应的数据输入计算机系统，然后通过学习算法计算和分析这些数据，所得到的结果即算法的输出，可以为决策提供支持。

深度学习（deep learning）是前沿的机器学习技术，是在人工神经网络（artificial neural network，ANN）的基础上发展而成的（伊恩·古德费洛等，2017）。ANN 模拟的是神经元对外界刺激的反应，ANN 模型包括输入层、隐藏层与输出层，输入层接收各种结构化、半结构化与非结构化数据，隐藏层负责特征提取、权重优化等工作，而输出层则给出隐藏层的计算结果。ANN 模型可以有一个或多个隐藏层，当隐藏层的数量超过三个时，此 ANN 模型就可称为深度学习模型。

（三）专家推理

专家推理（expert inference）是一种经典的人工智能技术，其关键在于所具有的知识库（knowledge base）。在应用时，需要根据知识库中的知识，对输入的数据进行挖掘与分析，从而实现对问题的可控性求解。专家推理包括正向推理、逆向推理以及混合推理。正向推理就是从数据到结论的推理，其过程是运用知识库中的知识分析所输入数据，进而得到结论。逆向推理是从结论到数据的推理，其过程是先提出假设性的结论，然后从输入数据中寻找支持此假设的依据，若未找到依据，则修改假设，直至获得有依据的结论。而混合推理则兼具正向推理与逆向推理的特点，先根据输入数据获得结论，再将此结论作为假设，从输入数据中寻找依据，通过这样的推理与论证，可以获得更为可靠的结论。

三、人工智能的应用

人工智能在产业界的多个领域都有重要应用，计算机视觉、自然语言处理、自动驾驶、智能机器人以及 VR/AR 就是典型的产业应用。

（一）计算机视觉

应用人工智能技术的重要意义在于使机器做出智能决策，而计算机视觉（computer vision，CV）就是使机器实现智能决策的重要基础。

所谓计算机视觉，就是通过人工智能技术，使机器能够自动处理图像数据，并做出相应的决策。计算机视觉的工作流程通常包括两个环节：第一个环节是图像采集，也就是利用感知器采集图像，并上传至数据库；第二个环节是图像识别，先对所采集的图像进行特征提取、向量化等处理，得到相应的数据，然后将这些数据作为输入，应用智能算法进行挖掘和分析，输出的结果就是对图像的识别，可以作为智能决策的依据。

（二）自然语言处理

作为人工智能技术的重要应用，自然语言处理（natural language processing，

NLP）是由语言科学、数学科学与计算机科学等多种知识融合而成的交叉学科，关注的是人与机器之间通过自然语言进行有效的沟通和交流。根据所要分析与处理的文本篇幅，NLP 技术可分为针对单词/术语的 NLP 技术（包括词法分析、语义分析与词语关系分析等）、针对短文本的 NLP 技术（包括短文本的变换、解析和语义表述等）及针对篇章的 NLP 技术（包括单文档分析与多文档分析）。

当前，自然语言处理技术主要应用于自动翻译、摘要提取、智能问答、语音识别、文本的分类与聚类等领域，应用场景则包括搜索应用、互联网广告、电子商务及新闻资讯等。而在算法层面，基于深度学习的自然语言处理得到学界与业界的广泛关注。与传统的自然语言处理技术相比，这种自然语言处理技术的优势在于，应用分布式向量对本文数据进行分词和标注，能够有效解决文本数据的稀疏性（sparsity）问题，并采用矩阵计算的方式，能够更加快速、高效地处理与分析非结构化文本数据。

补充知识 2-1

文心一言：百度的知识增强大语言模型

文心一言是百度全新一代知识增强大语言模型，是文心大模型家族的新成员。文心一言基于飞桨深度学习平台和文心知识增强大模型，持续从海量数据和大规模知识中融合学习，具备知识增强、检索增强和对话增强的技术特色。文心一言能够与人对话互动，回答问题，协助创作，具有五大能力，即文学创作、商业文案创作、数理逻辑推算、中文理解与多模态生成。百度文心一言定位于人工智能基座型的赋能平台，将助力金融、能源、媒体、政务等行业的智能化发展（相关内容详见本章末的案例分析）。

（三）自动驾驶

自动驾驶通常指自动驾驶汽车，这种运载工具应用人工智能技术，在不需要人为操作的情况下，自动感知周边环境，根据环境数据规划路径，从而完成运载任务。

经典的自动驾驶系统具有三大模块：感知模块，用于采集环境数据，然后将这些数据上传到感知器，由感知器识别环境数据，理解运载工具相对于周边环境的具体位置；规划模块，用于（根据环境数据）计算最佳的行驶路线与车辆速度，从而实现运载工具的路径规划；控制模块，用于管控加速器、制动器以及电子稳定系统等多个控制器，以确保运载工具的安全性与可靠性。

（四）智能机器人

机器人（robot）是人工智能技术的重要应用，但对于机器人的概念尚未有统一的定义。国际标准化组织对机器人的定义较为全面：首先，机器人可以做出与人或其他生物体相似的动作；其次，机器人的工作种类与动作程序呈多样化，并且在相应领域内具有普适性；再次，机器人具有智能性，可以实现感知、推理与决策；最后，机器人还具有独立性，可以独立完成相应任务，不需要人的帮助。

在机器人的分类方面，中国学者将智能机器人分为工业机器人和特种机器人，前者是指专门用于工业领域的智能机器人（例如，机器手臂或多自由度机器人），而后者是指专门用于农业、军事以及服务等特定领域的机器人。

（五）VR/AR

VR 技术是以人工智能技术为核心的前沿科技，能够生成虚拟环境，用户可以借助必要的辅助设备与 VR 技术所生成的虚拟环境进行交互，并获得包括视觉、听觉、触觉等多种感觉在内的、等同于现实环境的全景体验。

VR 技术具有“3I”特性：沉浸感（immersion），即用户完全置身于虚拟环境中，感觉自己是虚拟环境的参与者而非观察者；交互性（interaction），即用户在虚拟环境中的操作行为可以得到反馈；构想性（imagination），即虚拟环境是人为构造的，虽然以现实环境为基础，但也体现了构造者的主观思想。

AR 技术是在 VR 技术的基础上发展而成的，AR 技术与 VR 技术的区别在于，前者所构造的环境是完全虚拟的，而后者则可以将生成的虚拟环境投射于真实环境，从而构造一种融合了部分真实环境的虚拟环境，也就是说，AR 技术生成的环境是“不完全虚拟环境”。

第 3 节　物联网

一、物联网的内涵

物联网（Internet of things，IoT）是发展数字经济的关键技术，也是驱动传统产业转型升级的重要力量，而理解其定义与体系结构是发展与应用物联网技术的重要基础。

（一）物联网的定义

顾名思义，物联网就是“万物相连的互联网”。物联网是一种新兴技术，至今尚未有统一的定义，可以采纳阿特佐里等（Atzori et al.，2010）对物联网的定义。物联网就是射频识别（radio-frequency identification，RFID）标签、传感器、驱动器以及移动通信设备等物体按照特定的规则相互联系，并与相邻物体协作，从而达到预定目标。

通过上述定义可知，物联网中的节点（RFID 标签、传感器、驱动器、移动通信设备等）能够互动的重要原因就在于这些节点能够通过互联网或移动互联网传递信号。从这个意义上讲，互联网是物联网的核心与基础。另外，物联网能够实现物体之间的交互，并能够调配物体，因此也可以认为物联网是互联网的拓展。

（二）物联网的体系结构

根据信息的采集、传递与处理过程，物联网的体系结构分为三部分，即感知层、网络层和应用层（见图 2－6）。

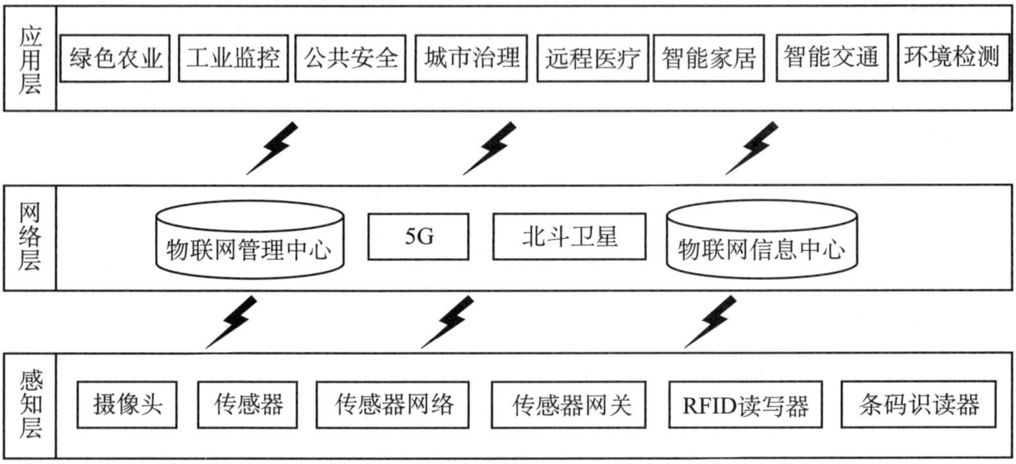

图 2－6　物联网的体系结构

资料来源：张学记，纪占林，郭建国，等，2014. 智慧城市：物联网体系架构及应用［M］. 北京：电子工业出版社.

1. 感知层

感知层的作用是通过 RFID 读写器、传感器以及感应器网络等采集实体设备的数据，包括图像数据、视频数据以及音频数据等，从而准确识别这些实体设备的属性、状态。

2. 网络层

网络层的作用是将感知层所采集到的各种属性与状态数据通过互联网以及移动通信网等网络基础设施传递给物联网管理中心，并将物联网管理中心的分析结果反馈给感知层，实现设备的远程调控。物联网管理中心是一个高性能的计算平台，可以实现大规模数据的分布式存储与智能挖掘。

3. 应用层

应用层的作用是为物联网技术的用户提供管理与运行平台。该平台可以根据用户实际需要集成相关知识与业务模型，从而成为专业领域（智能家居、城市治理等）的综合管理平台。

二、物联网技术

物联网的体系结构包括感知层、网络层与应用层，而各层均有相应的技术，即感知技术、网络技术与应用技术，从而实现该层的功能。

(一) 感知技术

感知层的功能是采集数据，所应用的主要技术包括 RFID 技术、传感技术与多模态数据处理技术。

1. RFID 技术

RFID 技术的工作原理是：将 RFID 标签安装在物品上，标签中以规范的格式存储着与该物品相关的属性数据；RFID 标签还具有与之相适配的阅读器，当接收到阅读器发送的信号时，标签就会通过无线通信网络向阅读器传输数据，阅读器接收、识别并读取这些数据。

2. 传感技术

传感技术就是从自然信源中获取、识别以及处理数据的技术。虽然传感技术与 RFID 技术都可以采集和传输数据，但二者的重要区别在于：RFID 技术所处理的是静态数据，这些数据通常是物品的固有属性；而传感技术所处理的是动态数据，这些数据所标示的是物品的实时状态。

3. 多模态数据处理技术

由于感知层的传感器可以采集图像、视频以及音频等多源异构数据，因此需要多模态数据处理技术。应用多模态数据处理技术，可以将传感器所采集到的非结构化数据进行清洗、整合、集成与规约，以此实现对非结构化数据的存储与挖掘。

(二) 网络技术

网络层需要传递感知层采集到的数据，所应用的网络技术包括互联网技术、无线网络技术以及移动通信网络技术等。

1. 互联网技术

互联网是两个或两个以上的计算机节点（包括客户端和服务端）按照一定的通信协议相互联系而形成的计算机网络。按照网络服务范围，互联网可以分为局域网和广域网。

2. 无线网络技术

无线网络（wireless network）是与固线网络（fixed line network）相对应的网络技术，固线网络通过网线传输数据，而无线网络通过无线电技术传输数据。通过应用无线网络技术，可以在网络层实现大数据的远距离快速传输。

3. 移动通信网络技术

移动通信网络（mobile communication network）是移动状态物体之间或移动状态物体与固定状态物体之间相互通信所形成的网络。按照通信距离，移动通信可分为远场通信（far field communication）与近场通信（near field communication），前者需要应用卫星、基站等多个空间与地面通信设备，而后者需要应用蓝牙技术、红外传输技术等多种近距离通信技术。

（三）应用技术

物联网应用层为多种专业领域的用户提供服务，所应用的技术包括专家系统技术、系统集成技术以及编码/解码技术。

1. 专家系统技术

专家系统（expert systems）是基于计算机的交互式决策系统。在构建专家系统时，相关人员将领域知识与专家经验通过特定代码输入专家系统的知识库；而在应用专家系统时，专家系统的推理机将调用知识库，通过启发式的方法进行推理，从而使得专家系统可以模拟人类专家，解决特定领域的复杂问题。

2. 系统集成技术

系统集成（system integration）是将原有的、彼此独立的软件系统、硬件系统以及通信系统相互联系，从而将这些独立的系统整合成一个新的系统。通过系统集成技术整合之后的软件系统、硬件系统以及通信系统可以相互协作，从而使新系统具有更好的性能，能够发挥更大的作用。

3. 编码/解码技术

物联网需要采集和处理大量的文本、图像、视频以及音频等非结构化数据，这些数据体量巨大，且结构复杂，因此，需要编码（encoding）技术对这些数据进行压缩，减少所需空间和带宽。在数据传输之后，还需要相应的解码（decoding）技术对编码进行解读，使数据内涵易于理解。

三、物联网技术的应用

物联网技术应用广泛，包括智能家居、智能交通、智慧城市、智慧产业以及智慧环保等。

（一）智能家居

智能家居就是将家居布线、家庭网络、家庭安防、空调照明、声音影像以及环境控制等多种家庭设备与通信网络相连，从而实现对这些家庭设备的远程调控。与传统家居相比，智能家居能够实现居住者与家庭设备之间的多模态数据交互，帮助居住者更加合理、高效地安排时间，并提升家居的安全性，从而为居住者提供更加安全、舒适、宜居以及高品质的家庭生活环境。

（二）智能交通

智能交通是一种现代化的交通运输服务，包括车辆远程监控、车辆路线规划与公交站台管理等多种新型、智能化的交通服务。通过应用智能交通所涵盖的无线通信以及全球卫星定位等新兴智能技术，管理人员可以实时、全面掌握车辆与道路交通状况，包括车辆的位置与速度、车内外的图像、音频、视频等；车辆可以获取当前的交通数据，根据实时路况数据自动规划最优行驶路线；智能公交站可实现公交车远程调度、电子站牌广告智能推送等功能。

（三）智慧城市

智慧城市是应用物联网技术而构造的新型城市形态，其内容涉及智能楼宇、路网监控以及政务管理等多个方面。智慧城市服务通过 RFID、信息通信技术与泛在网等物联网关键技术，构建服务于城市规划与管理、服务于经济社会可持续的信息基础设施，并且将体量庞大且独立、分散的城市建设与管理数据形成网络，挖掘与分析城市建设与管理大数据，从而为政府相关部门提供全面、直观、安全与可靠的决策支持服务。

（四）智慧产业

智慧产业是指将物联网技术应用于工业、农业等领域，从而引领传统工业、农业等产业实现智能化转型。在工业领域，将物联网的终端传感、移动通信与泛在计算等技术应用于生产过程，可以实时采集生产设备与产品的属性参数，实现生产过程与产品质量的智能控制，从而改进工艺流程、提高生产效率。在农业领域，应用物联网技术可以实现对农业生产关键数据的快速采集与分析，并根据数据分析结果，远程调控农业生产设施，从而提升农业生产的效率以及产出率。

（五）智慧环保

智慧环保即应用物联网技术，实时采集与分析温度、湿度、光照以及空气质量等环境参数，从而实现对自然环境的自动与连续监测；在采集与分析环境参数的基础上，可以进一步实现生态环境的趋势预测、应急管理以及多部门的联动防控与治理。

第 4 节　区块链

一、区块链的内涵

区块链（blockchain）技术是当前非常前沿的数字技术，要理解区块链的内涵，应了解区块链的定义及其特点。

（一）区块链的定义

在定义区块链之前，先定义区块（block）的概念。区块是区块链的基本构成元素，由计算机加密算法生成。一个区块分为两个部分，第一个部分存储的是该区块的时间戳以及该区块的前一个区块的哈希值等数据；第二个部分存储的是交易数量、该区块的长度与体量等数据。因此，区块链就是这些由加密算法产生的各个区块所构成的用于记录交易数据的分布式系统。

（二）区块链的特点

区块链的特点包括去中心化、去信任化、匿名性、稳定性与集体维护。

1. 去中心化

区块链的核心技术是 P2P 网络技术，该技术的特点在于网络内并不设置服务器，所有的网络节点都是平等的客户端，因此区块链也不存在处于中心位置的区块节点。

2. 去信任化

区块链所存储的交易记录数据经过加密算法进行加密/解密，且这一过程是公开、透明的，并不需要第三方机构作为信任担保参与此过程，因此区块链具有去信任化的特点。

3. 匿名性

区块链所存储的涉及用户身份的数据是由数字签名算法生成的字符串，并且只有使用数字签名技术才能够验证用户身份，因此区块链具有非常好的匿名性。

4. 稳定性

由于区块链上的各个区块节点是平等的，且每个区块都存储着另一个区块的哈希值，若单个区块节点发生故障，不会影响整个区块链，因此区块链具有稳定性。

5. 集体维护

区块链上的区块节点更新数据时，需要通过其他区块节点的验证，也就是说，区块链的维护需要全体区块节点共同参与，此特点即区块链的集体维护特点。

二、区块链技术

区块链的核心技术包括哈希运算、数字签名、共识算法、智能协议以及 P2P 网络。

（一）哈希运算

哈希运算是通过数学算法将任意长度的二进制字符串转换为固定长度的二进制字符串，实现此转换过程的数学算法称为哈希函数。需要转换的二进制字符串是原始数据，转换之后的二进制字符串称为哈希值。在区块链中，由每个区块代表的全部交易数据所构成的二进制字符串都通过哈希函数转换为固定长度的哈希值，而此哈希值存储在与该区块相邻的下一个区块节点中。

（二）数字签名

数字签名是一种基于公钥密码学的非对称加密技术。数字签名的原理是：发送方先将要发送的数据（即原始数据）生成数据摘要，再使用私钥对数据摘要进行加密，生成数字签名，然后将原始数据以及数字签名同时发送给接收方。接收方收到这些数据后，使用发送方的公钥对数字签名进行解密，获得数据摘要。同时，接收方也将接收到的原始数据生成数据摘要，若这两个数据摘要相同，则说明数据可信。

(三) 共识算法

由于构成区块链的各个区块节点之间都是平等的，因此需要一种算法，用以奖励维护区块链的使用者、惩罚破坏区块链的使用者，从而确保区块链的正常运行，这就是共识算法。区块链技术常用的共识算法包括工作量证明算法（proof of work，PoW）、权益证明算法（proof of stake，PoS）以及股份授权证明算法（delegated proof of stake，DPoS）等。

(四) 智能协议

智能协议是一种计算机协议，允许交易双方在没有独立第三方监督的情况下，自动进行可信的交易。在区块链中，智能协议发挥了重要的作用，不仅是可以自动运行的计算机程序，而且是区块链的重要参与者，既可以接收和存储数据，还可以对接收到的数据给予回应。

(五) P2P 网络

点对点（peer-to-peer，P2P）网络是应用 P2P 技术所生成的计算机网络。P2P 技术也称为对等互联网络技术，应用 P2P 技术所生成的 P2P 网络与传统的客户端/服务器架构的网络具有重要区别，即 P2P 网络并非通过少数服务器性能的提升以促进网络性能的提升，而是允许所有网络节点都拥有提供资源（网络带宽、存储空间与计算能力）的能力，依靠所有节点提升网络性能。

三、区块链技术的应用

区块链技术在金融、政务以及能源领域都有着重要应用。

1. 金融领域

区块链技术在金融领域的典型应用就是比特币（bitcoin）。比特币是应用区块链技术所生产的加密数字货币，可用于购买商品、兑换其他数字货币或捐赠。此外，区块链技术还可以用于金融贷款，需要贷款的企业可以将利用区块链技术加密后的信用单据作为担保，从而获得金融机构的贷款。在这里，区块链技术用于确保信用单据的可靠性。

2. 政务领域

应用区块链技术可以建立一个分散式的政府服务网络，在该网络中，政府的各职能部门是平等的，并且各部门之间可以实现快速、有效、安全以及可靠的信息传递与共享，从而提升政府部门的服务水平。

3. 能源领域

应用区块链技术可以构建分布式能源交易与供给服务网络，该网络将能源的生产者与消费者直接相连，使得生产者与消费者可以自动按需交易，从而简化现有的能源供给结构，大幅提升能源利用率。

// 关键术语 //

大数据	人工智能	物联网	区块链
集群存储	分布式存储	NoSQL 数据库	知识图谱
机器学习	专家推理	分类	聚类
回归分析	关联分析	哈希运算	数字签名
共识算法	智能协议	P2P 网络	

// 复习题 //

1. 大数据挖掘与传统数据挖掘有何关系？
2. 讨论大数据技术的重要性与必要性。
3. 讨论人工智能各学派之间的区别与联系。
4. 介绍人工智能技术的具体应用场景。
5. 物联网各层所使用的重要技术有哪些？
6. 分析物联网技术的发展前景。
7. 区块链技术是否安全？
8. 讨论区块链技术的可信性原理。
9. 应用数字技术对组织开展数字化运营有何意义？
10. 数字技术与数字化运营之间的相互关系是怎样的？

案例分析

文心一言：百度布局大语言模型

2023 年，百度宣布正式推出大语言模型、生成式 AI 产品“文心一言”，并邀请个人用户和企业用户参加测试。百度此次推出的文心一言，具备包括文学创作、商业文案创作、数理推算、中文理解、多模态生成在内的多种通用能力，不仅做到了整体上的“人有我有”，还在某些局部做到了“人有我优”。

文心一言的训练集用到了几十亿条搜索请求、TB 量级的图片、涵盖 5 500 亿条事实的知识图谱，并且在不断训练的过程中，文心一言逐步具备了一些比较通用的能力。当参数达到千亿量级，又有足够多的训练语料数据来进行训练时，大模型就会发生智能涌现。

在全球众多互联网企业中，百度是第一个发布大语言模型产品的。文心一言是要对标 ChatGPT，甚至是 ChatGPT-4，升级更新后的 ChatGPT-4 处理文字内容的上限拓展到 2.5 万个字符，是 ChatGPT 的 8 倍。

大语言模型、生成式 AI 产品意味着巨额资金投入。无论是 OpenAI 还是百度，在这方面的投入都达到上百亿。OpenAI 两次共获得微软 110 亿美元的投资。据国盛证券报告估算，GPT-3 训练一次的成本约为 140 万美元，每一次训练任务都耗资巨大。仅以 ChatGPT 为例，其大模型 GPT 经历了三次迭代，参数量一度从 1.17 亿增加到 1 750 亿，预训练数据量从 5GB 增加到 45TB，整体运行所需的投入达到百亿美元。在人工智能领域，百度是中国互联网企业中投入最多的。2022 年百度核心研发费用达到 214.16 亿元，占百度核心收入的 22.4%。

生成式 AI 代表了一个新的技术范式，会推动市场需求的爆发性增长，其创造的商业价值将会是前所未有的。而百度总裁李彦宏认为，生成式 AI 和大模型的智能涌现意味着 AI 技术已经发展到一个临界点，各行各业都不可避免地被改变。正如李彦宏所畅想的，在通用的基础模型之上，还会产生能源大模型、交通大模型以及媒体大模型等适合于各行各业、服务于各种各样应用的模型。文心一言依托它超强的自然语言理解能力、表达能力以及推理能力，可以使得任何一家公司都能更贴近自己的客户，提供更好的客户体验，从而更好地建立竞争优势。

资料来源：江川，2023. 百度文心一言：让智能涌现［J］. 中关村，(4)：22-23.

思考题：

1. 以文心一言为代表的大语言模型和生成式 AI 对经济发展有何意义？
2. 大模型与传统的人工智能算法或模型有哪些区别？

// 第3章 //

数字化运营战略管理

学习目标

1. 理解数字化战略及其管理的定义。
2. 理解数字化战略分析的方法与结论。
3. 掌握通用型和特色型数字化战略。
4. 理解数字化战略实施的关键要素。
5. 了解数字化战略的评估指标与评估过程。

引导案例

产业互联网平台的顶层规划

得益于近年来大力推动的互联网、大数据、人工智能和实体经济深度融合，产业互联网在疫情防控中大显身手，在疫情监测分析、病毒溯源、防控救治、资源调配等方面发挥了重要支撑作用，再次证明产业互联网的方向是正确的。后疫情时期，要把产业互联网放在新一轮科技革命和产业变革的历史大潮中来谋划，从国家战略的高度重点推进，不断壮大数字经济。产业互联网建设涉及众多行业和领域，要实现全方位、全角度、全链条覆盖的顶层设计，必须加强统筹协调，形成合力。以“数据中台”建设为重点和突破口，以顶层设计、统一运行管理的“数据中台”系统支撑不同业务之间的灵活部署，进一步推动数据开放共享，拔掉“数据烟囱”，破除“数据孤岛”，以数据一体化推动企业数字化运营。

资料来源：赫俊慧．马化腾六条举措建言互联网：应加强顶层设计［EB/OL］．（2020－05－19）．https：//baijiahao.baidu.com/s?id=1667106680847037030&wfr=spider&for=pc.

第 1 节　数字化战略概述

一、数字化战略管理的内涵

准确理解数字化战略管理的内涵是有效开展数字化战略管理的必要条件，而要理解数字化战略管理，需要先理解战略、数字化战略与数字化战略管理等基本概念。

（一）战略与数字化战略的定义

战略是企业为了构建竞争优势而采纳的策略性的行动计划，亨利·明茨伯格等（2020）给“战略”下了较为全面的定义，提出了战略的 5P 模型（见图 3－1），详述如下：

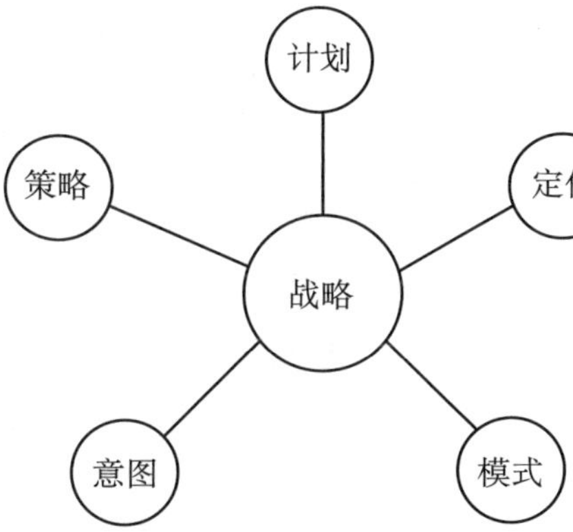

图 3－1　战略的 5P 模型

（1）战略是预先制订的计划（plan）。计划学派认为，战略是在行动之前，通过理性分析形成的用于指导行动的缜密方案。

（2）战略是企业对自身的定位（position）。定位学派认为，战略是通过对现实状况和现有资源进行分析，然后对其今后的行业定位加以规划，并制定相应措施，以实现此定位。

（3）战略是企业的行为模式（pattern）。学习学派认为，企业未必需要事先制定战略，因为企业原有行为模式在很大程度上可以使企业自发地采取措施，这种自发性的对策也是战略。

（4）战略是决策者意图（perspective）的体现。企业家学派认为，战略是决策者通过分析企业内外部环境形成的企业发展理念，以及由此提出的关于企业发展的根本宗旨。也就是说，战略是决策者主观意志的体现，未必非常缜密和客观。在现实当中，由于市场环境复杂多变，企业很难做到预先制定缜密战略并一以贯之地实施。

(5) 战略是与对手的竞争策略(ploy)。权力学派认为,企业战略具有针对性、互动性和策略性,因此它不仅包括预先制定的事前战略,也包括在战略实施过程中,由于市场的突然变化而采取的即时性事中战略。

全面总结战略的定义有助于更加深刻地理解数字化战略。可以这样认为,数字化战略就是决策者在明确了解本企业的现实状况(资源禀赋)与目标意图(实现数字化运营)的基础上而预先制订的行动计划,或为了应对竞争对手的数字化战略而采取的即时策略行动。不同企业的数字化战略都有自己的风格,但其目标都是实现数字化运营并且在数字经济时代保持或创造竞争优势。

从时间维度以及与该维度对应的战略目标上看,数字化战略可分为三类:

(1) 长期的数字化战略。长期战略的时间跨度通常为 5～10 年,以实现数字化运营为战略目标的企业在这个时间段内应谋求生态位的跃迁。例如,拥有丰富资源的大型企业可以构建以自己为核心的生态圈,借助数字技术实现跨界资源的整合;而中小型企业可以借助数字技术整合(自己所处)价值链的上下游节点企业,以巩固或提升自己的竞争优势。简言之,即实现焦豪等(2023)所倡导的企业战略与生态位的共演。

(2) 中期的数字化战略。中期战略的时间跨度通常为 3～5 年,开展数字化战略管理的企业在这个时间段内,可以将通过数字技术创新商业模式作为战略目标。在数字技术的支撑下,企业可以重新定义价值主张、寻找新的价值传递途径或盈利方式等。例如,通过采纳先进数字技术,盒马鲜生重新定义了商超的价值主张,那就是消费服务的体验平台,而不仅仅是货品交易场所,从而成为新零售的典范。

(3) 短期的数字化战略。短期战略的时间跨度通常为 3 年以内,企业在这个时间段内的战略目标往往与财务绩效相关,例如,盈利率、投资回报率以及市场规模等。因此,对于实施数字化战略的企业而言,其短期战略的目标是通过对数字技术的采纳,迅速提升财务方面的评估指标,从而在企业所处的细分市场内,迅速构建竞争优势。

(二) 数字化战略管理的定义

理解数字化战略管理的定义是准确而有效地实施数字化战略管理的基础。基于数字化战略的定义,可以进一步界定数字化战略管理,即支撑数字化战略选择与实施的管理活动,包括设立科学合理的战略目标、制订切实可行的战略计划、选择积极准确的战略方案及开展及时有效的战略评估等。相关企业力图通过这些管理活动实现数字化运营,并由此获得竞争优势。因此,可以从目标设定、技术手段和实现过程这三个方面加深对数字化战略管理的理解。

1. 目标设定

数字化战略管理是面向数字化运营的战略管理或者以实现数字化运营为导向的战略管理。也就是说,数字化战略管理的目标是帮助实施该战略的企业实现运营管理的数字化转型。可以这样认为，是否以实现数字化运营为目标，是企业的战略管理活动能否称为数字化战略管理的关键所在。

2. 技术手段

由于数字化战略管理以实现数字化运营为目标，因此在现实中，开展数字化战略管理的企业往往在数字技术方面拥有较好的人、财、物等资源的储备，这些企业通常也会使用多种数字技术，以开展数字化战略管理。前沿的数字技术可以帮助管理者采集、处理与分析更多的数据，从而有助于管理者做出更为准确的战略决策，因此数字技术的深度应用是数字化战略管理的重要特征。例如，欧文兰德（2020）就非常重视大数据技术对于企业战略决策的支撑。然而值得注意的是，数字化战略管理并非基于数字技术的战略管理，因为将企业的战略管理策略定义为数字化战略管理的核心标准是该企业的战略目标，而非战略管理工作所使用的技术手段。

3. 实现过程

在战略管理的各项活动中最受关注的是战略的选择和实施，然而，战略管理还包括事前调研分析、事中调整与事后评估等多项活动。数字化战略管理亦如此，由多项活动构成，这些活动相互耦合，共同服务于实现数字化运营这个战略目标。因此，决策者与执行者需要做到战略的规划要严密，战略的执行要严格，战略的反馈要及时，战略的纠偏要迅速，通过谨慎对待各项管理活动，确保数字化运营这一目标的实现。

二、数字化战略管理的任务

数字化战略管理需要完成四项任务，即战略分析、战略选择、战略实施以及战略评估，这四个方面的内容及其具体任务构成数字化战略管理全景图（见图 3－2）。

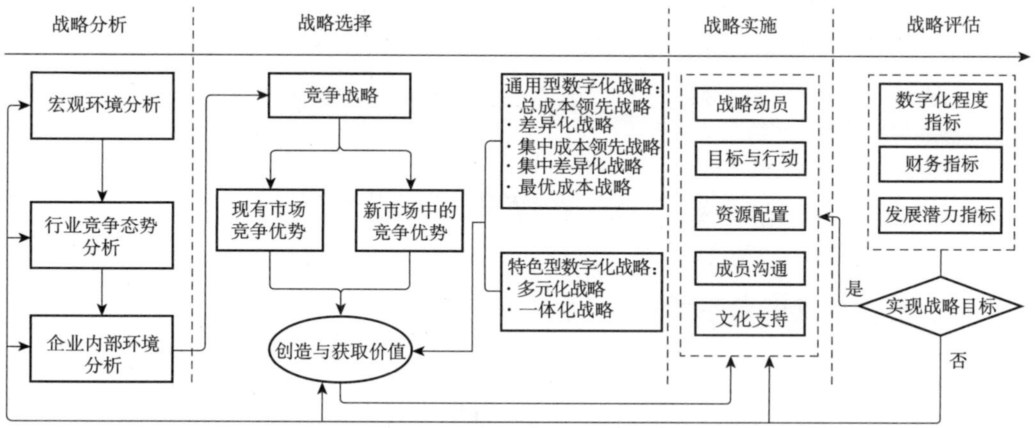

图 3－2　数字化战略管理全景图

（一）战略分析

数字化战略管理的首要任务就是进行战略分析，目的是通过分析宏观环境、行业竞争态势以及企业内部环境，探讨企业开展数字化运营的愿景使命、战略定位以及战略目标，从而论证数字化运营的战略可行性，并向决策者提供备选战略。战略分析的准确性和有效性是战略选择、战略实施与战略评估的重要前提。

（二）战略选择

战略选择就是决策者在战略分析阶段所提供的多个备选战略中选定具体的竞争战略。对于数字化战略，不同的企业以及处于不同阶段的同一企业，其目标是有所区别的，但这些目标可以概括为获得竞争优势，而这正是战略选择的出发点。也就是说，企业选择数字化战略的依据是巩固其在现有市场的竞争优势（例如，成本优势），或开发新市场并在新的市场中争取竞争优势（例如，差异化优势）。这些竞争优势将会通过组织架构重构、业务流程优化以及多元化经营等策略，实现价值创造。

（三）战略实施

在选定数字化战略之后，相关企业就要展开战略实施工作，以期达到战略意图。数字化战略的实施路径是多样的，但这些路径的共同点在于价值链的重构：通过数字化战略的实施，创新或升级传统的价值链，融入数字技术，并着重突出数据在价值创造中的作用，从而构建数字价值链。

（四）战略评估

战略实施任务完成之后，需要利用相应的评估方法分析实施工作是否达成预期的战略目标。战略评估包括财务绩效评估与其他绩效评估，二者同等重要。财务绩效评估的指标主要包括盈利率、投资回报率以及市场份额等财务指标，而其他绩效评估的指标主要包括消费者满意度、信任度等需重点关注的非财务指标。经过评估之后，若已实现现阶段的预期战略目标，那么现有的战略实施工作可以继续执行；若并未达到预期的战略目标，那么就需要分析现有的战略实施工作是否正确，在必要的情况下，需重新审视战略分析与战略选择阶段的相关工作。

第 2 节　数字化战略分析

一、数字化战略分析方法

在选定数字化战略之前，首先需要进行战略分析，以确保所选择的战略符合企业的现实状况。战略分析包括对目标企业所处宏观环境的分析、行业竞争态势的分析以及企业内部环境的分析。战略分析框架如图 3-3 所示。

（一）宏观环境分析

企业通常采用 PESTEL 分析法，分析政治（political）、经济（economic）、社

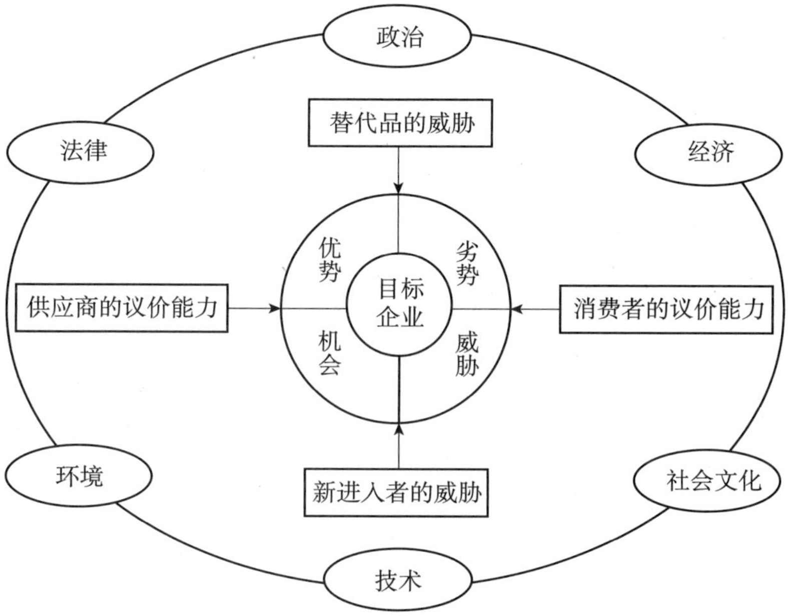

图 3－3　战略分析框架

会文化（socialcultural）、技术（technological）、环境（environmental）与法律（legal）这六种要素，探讨企业所处的宏观环境，并作为战略选择的前提和依据。

1. 政治

政治要素是指对企业的经营活动具有实际与潜在影响的政治力量和相关的政策与制度，包括国际关系及形势、关税与贸易规则、政府财政预算、经济政策与管制要求以及行业规则等。分析政治要素的目的在于使战略决策者了解国际与国内的政治现状及发展趋势，并且力图使企业的战略规划顺应这种发展趋势。

2. 经济

经济要素是指企业所处国家或地区的经济结构、产业布局以及评价经济发展的重要指标，包括国内生产总值、储蓄率、利率、汇率、基础设施建设状况、政府财政预算与盈余以及居民可支配收入与消费模式等。分析经济要素的目的是帮助战略决策者了解所在国家或地区的经济发展现状与趋势，从而使企业的战略规划契合整体经济的发展。

3. 社会文化

社会文化要素是指企业所在国家或地区的历史与文化传统，包括这些国家或地区的风俗习惯、价值观念、生活方式与公众的受教育程度等。分析社会文化要素的目的在于使企业的战略规划符合所在国家或地区的文化与价值观念，使这些国家或地区的消费者愿意接受企业的产品、服务以及各项经营策略，从而有利于战略的实施。

4. 技术

技术要素是指与企业生产经营相关的新技术、新工艺、新材料的发展现状、趋势与产业应用前景，包括企业在现阶段的生产与经营活动中使用了哪些技术，这些技术对企业的竞争优势有哪些作用，当前有哪些新技术，这些新技术对企业的产品或商业模式的创新有何影响等。分析技术要素的目的在于促使决策者重视新技术的发展及应用，并使决策者具备通过技术创新或技术应用塑造企业竞争力的重要理念。

5. 环境

环境要素是指与企业相关的自然环境的现状与趋势，包括气候变化、能源开发以及资源储备与开采等。分析环境要素的目的在于使决策者在选择与实施战略时能够具有环保意识，重视自然环境的可持续发展与资源的可持续使用。与此同时，帮助决策者根据自然环境现状预测国际社会和各国政府在环保与可持续发展方面的新政策、新制度、新规则，从而使企业战略能够与之相适应，有助于推进企业战略的实施。

6. 法律

法律要素是指企业所处国家或地区的法律、法规，包括公司法、合同法、劳动法、环境保护法、消费者权益保护法以及行业竞争法等。分析法律要素的目的在于使企业的战略决策更加合法、合规，从而避免法律风险。例如，企业在将产品销往外国市场时需要谨慎采用低价策略，因为这有可能违反进口国为保护本国经济与本国企业而制定的反倾销法。

（二）行业竞争态势分析

行业竞争态势分析就是对企业所在行业的各利益相关者（例如，同行业的竞争者或企业所在供应链的上下游）的分析，从而了解这些利益相关者，使企业的战略决策更加准确、有效。

行业竞争态势分析的经典方法是迈克尔·波特（2014）提出的“五力模型”，该模型将行业内的竞争总结为五个方面，分别是：现有企业间的竞争程度、供应商的议价能力、消费者的议价能力、替代品的威胁以及新进入者的威胁（见图 3-4）。

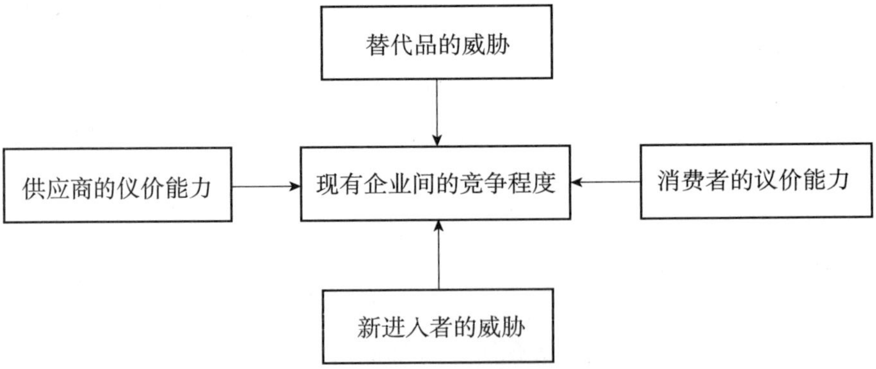

图 3-4　五力模型

1. 现有企业间的竞争程度

现有企业间的竞争程度受多个方面的影响，包括行业地位（差距越小，竞争越激烈)、价格战与广告战的效果（此效果越明显，竞争越激烈）、客户忠诚度（较高的客户忠诚度有利于缓解企业之间的竞争）以及产品创新速度（产品创新速度普遍较快，意味着企业之间的竞争较为激烈）等。

2. 供应商的议价能力

供应商的议价能力主要由供应商所提供产品的重要程度决定。当供应商所提供的产品对采购商较为重要时，供应商能够制约采购商的生产与经营，也就具有较强的议价能力。例如，供应商所供应的是采购商生产所需要的关键原材料；或者此原材料与采购商的生产设备或工艺技术深度匹配，若采购商从他处购买，原材料可能不适用于当前的生产设备或工艺技术，此时，换供应商会产生较大的转移成本（购置新的生产设备或调整工艺技术）。那么，在这种情况下，供应商就有较强的议价能力。

3. 消费者的议价能力

消费者的议价能力主要由其购买量和转移成本决定。当消费者的购买量较大时，自然具有更强的议价能力；当消费者的转移成本较低时，例如，消费者拥有多种选择，甚至有能力以较低的成本自建渠道或从事生产时，那么，消费者也拥有较强的议价能力。

4. 替代品的威胁

对于目标企业而言，当其产品或服务存在较多的替代品，而这些替代品的性能与之接近甚至更好时，又或者客户转而购买替代品所需的转移成本较低时，那么，企业的决策者在进行战略分析时就需要非常重视替代品的威胁。

5. 新进入者的威胁

新进入者对现有企业的威胁程度取决于多个方面。例如，政府管制、规模经济、客户忠诚度、产品差异化以及资本要求等。具体而言，当政府对该行业的管制较严、现有企业已形成规模经济或客户较为忠诚、现有企业与新进入者的产品（或者服务）在性能与受众方面有所区别、企业发展需要巨量资本时，新进入者就不容易对现有企业造成威胁。

（三）企业内部环境分析

分析企业内部环境的目的是了解企业自身的状况，从而帮助决策者有针对性地选择战略规划。企业内部环境分析较为常用的方法是竞争态势分析法，又称为SWOT分析法，即通过分析企业的优势（strength)、劣势（weakness)、机会（opportunity）与威胁（threat）这四个要素，分析企业的发展状况。

1. 竞争态势分析的各项要素

企业的优势包括企业独有的技术专利、硬件设备、人力资源及品牌声誉等；企业的劣势与优势相对，即企业在技术专利、硬件设备、人力资源及品牌声誉等方面的缺失；企业的机会包括新政策、新市场、新技术以及新需求等；企业的威胁包括竞争者或替代品的出现、利率或汇率的变化、所在国家或地区的经济形势以及政府的管制措施等。

2. 竞争态势策略矩阵

竞争态势分析的目的并非仅仅罗列出企业的优势、劣势、机会与威胁，而是基于这些内容构建竞争态势策略矩阵（简称 SWOT 矩阵，见图 3－5）。SWOT 矩阵的构建原理是将优势、劣势与机会、威胁相互组合，从而形成四类战略：优势与机会的组合意味着企业应充分利用自身的优势以及外部机遇，采用进取型战略，积极开发新市场或新产品；劣势与机会的组合以及优势与威胁的组合意味着企业要兼顾对自己有利与不利的方面，采用谨慎型战略，以稳定现在的市场份额和保持竞争优势为战略目标；劣势与威胁的组合意味着企业要充分认识自身的劣势与所面临的威胁，采用收缩型战略，将资源集中于自己具有核心竞争力的产品或市场。

	优势(S)	劣势(W)
机会(O)	进取型战略（SO战略）	谨慎型战略（WO战略）
威胁(T)	谨慎型战略（ST战略）	收缩型战略（WT战略）

图 3－5　SWOT 分析矩阵

二、数字化战略分析结论

由宏观环境分析、行业竞争态势分析与企业内部环境分析所构成的数字化战略分析的预期结论是提出数字化战略的愿景与使命，明确数字化战略的定位与目标，从而给出数字化战略的备选方案。

（一）数字化战略的愿景与使命

企业的愿景（vision）与使命（mission）是战略分析结论的重要内容，但二者往往容易混淆。很多企业在做战略分析时也未明确区分二者，而是将其统称为愿景和使命。以数字化运营的典范华为公司为例，其官网上的简介中明确表示“华为的愿景与使命是把数字世界带入每个人、每个家庭、每个组织，构建万物互联的智能世界”①。

① 详见华为公司官网（https：//www.huawei.com/cn/corporate-information）。

但实际上，愿景与使命还是有所区别的：企业的愿景是“目标陈述”，而使命是“行动陈述”。具体而言，企业愿景所描述的是企业希望经过较长时间后所能够达到的状态，这个状态可能是企业的市场地位或社会影响力等；而企业使命所描述的是企业为了实现愿景所要采取的行动。此外，从语言表述的角度看，通常情况下，愿景的表述相对凝练，而使命的表述较为具体。仍以华为公司为例，官网所描述的愿景与使命是经过更新的，而在此之前，华为的愿景与使命也是分别陈述的，其愿景是“丰富人们的沟通和生活”，使命是“聚焦客户关注的挑战和压力，提供有竞争力的通信解决方案和服务，持续为客户创造最大价值”（杨路明、陈曦，2018）。需要注意的是，对于开展数字化运营的企业，其愿景和使命也有必要突出数字化特征，例如，在表述中可以加入“智能”、“平台”与“生态”等关键词。

（二）数字化战略的定位与目标

战略定位是企业对自己经过战略实施之后的行业地位的预期，因此对于实施数字化战略的企业而言，数字化战略的定位是企业对自己实现或阶段性实现数字化战略之后的行业地位的预期。此外，对于实施数字化战略的企业，虽然战略目标可以归纳为实现数字化运营，但各企业的战略目标仍然有所区别。文卡查曼（Venkatraman，2017）将企业所处地位与数字化转型阶段分别作为两个维度，构建了数字化矩阵。而本教材在数字化矩阵的基础上，构建了以企业当前定位和战略定位为两个维度，以数字化战略目标为元素的数字化战略定位与目标矩阵（见图 3－6）。根据企业发展现状，可将企业当前的市场定位分为三类：（1）创立时间较短，尚未稳定的初创企业；（2）已经稳定发展，并在行业内受到认可的翘楚企业；（3）在行业内极具规模与知名度的领军企业。而企业开展数字化战略之后的预期定位也是这三类，由此可以对企业的数字化战略目标予以分析。

企业当前定位＼战略定位	初创企业	翘楚企业	领军企业
初创企业	经营绩效	行业地位	生态位
翘楚企业		行业地位	生态位
领军企业			行业地位/生态位

图 3－6　数字化战略定位与目标矩阵

1. 初创企业的数字化战略定位与目标

若企业当前是初创企业，而该企业的数字化战略定位仍为初创企业，那么该企业的数字化战略目标就是通过数字化运营，提升企业的经营业绩；若该初创企业的数字化战略定位是成为翘楚企业，那么该企业的数字化战略目标就是通过数字化运营，巩固该企业的行业地位；若该初创企业的数字化战略定位是成为领军企业（在现实中，实现这种战略定位的难度较大），那么该企业的数字化战略目标就是通过数字化运营，实现行业地位的提升或生态位的跃迁。

2. 翘楚企业的数字化战略定位与目标

根据战略管理的理论，企业的战略定位不能低于该企业当前定位，因此，若企业已经是行业翘楚，那么，该企业的数字化战略定位可以是翘楚企业或领军企业。当该企业的数字化战略定位仍然是翘楚企业时，企业的数字化战略目标是通过数字化运营的实现，巩固自己的行业地位；而当该企业的数字化战略定位是领军型企业时，企业的数字化战略目标是通过数字化运营，实现行业地位的提升或生态位的跃迁。

3. 领军企业的数字化战略定位与目标

由于企业的战略定位必须与当前定位相当或超越当前定位，因此，当企业已经发展成为领军企业之后，该企业的数字化战略定位只能是领军企业。此时该企业的数字化战略目标就是通过实现数字化运营，巩固其领军企业的地位或者使本企业的生态位再次跃迁。

（三）数字化战略的备选方案

完成战略分析任务之后，可以形成数字化战略的备选方案，这些备选方案可以分为四类，即成本优化类战略、性能优化类战略、市场优化类战略以及混合战略。

1. 成本优化类战略

成本优化类战略即通过采纳数字技术，在运营管理中的某个或多个环节压缩经营成本，实现降本增效。例如，工业互联网可以帮助企业更好地了解生产设备的使用情况，从而更加有效地调配设备，或更加及时地补充原材料。总成本领先战略和一体化战略都属于成本优化类战略。

2. 性能优化类战略

性能优化类战略是通过引入社交网络服务、自然语言处理及大语言模型等前沿数字技术，更好地发现和理解市场需求，进而开发新产品或创新现有产品，以满足消费者对更具优势性能的产品（或服务）的需要。在性能优化类战略实施过程中，数据发挥着重要作用。差异化战略是典型的性能优化类战略。

3. 市场优化类战略

市场优化类战略是通过应用大数据分析等技术，帮助企业深度分析现有的市场或寻找尚未开发的市场，从而使企业决定是否深耕当前的细分市场以巩固行业地位，或开发新的市场，通过发力多个市场，以期增加营收或者实现生态位的跃迁。集中经营战略和多元化战略均为市场优化类战略。

4. 混合战略

混合战略是在数字技术的支撑下，以企业现有资源为基础，将成本优化类战略、性能优化类战略与市场优化类战略加以混合使用，从而实现战略目标。例如，集中成本领先战略和集中差异化战略就是典型的混合战略。

第 3 节　数字化战略选择

一、通用型数字化战略

经过战略分析之后，决策者将得到关于数字化战略的备选方案，在此之后，决策者需要从中选定竞争战略，这就是战略选择。在所有的竞争战略中，部分战略的普适性较好，多数企业都可以使用，这类战略即为通用型数字化战略。本教材以汤普森等（Thompson et al.，2022）的通用竞争战略矩阵为基础，构建了包含总成本领先、差异化、集中成本领先、集中差异化与最优成本这五个战略的通用型数字化战略矩阵（见图 3－7），以此作为选择数字化战略的依据。

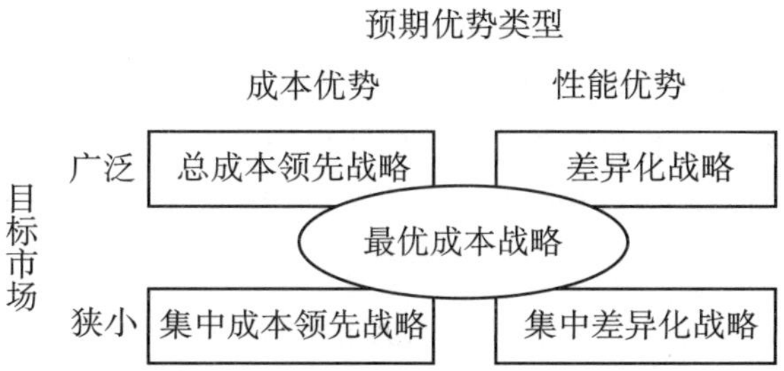

图 3－7　通用型数字化战略矩阵

资料来源：Thompson A A，Peteraf M A，Gamble J E，et al.，2022. Crafting & Executing Strategy：The Quest for Competitive Advantage：Concepts and Cases［M］. 23rd ed. New York：McGraw Hill.

特别需要说明的是，这些战略（包括后面要讲述的特色型数字化战略）虽非数字化战略所独有（传统的战略管理也可以使用这些战略），但是能成为数字技术的发力点，借助数字技术推动战略进程，从而深化数字技术与企业战略的融合，特别是发挥数据在企业经营中的重要作用，并将企业的价值链从实体价值链转型为数字价值链（见图 3－8），杨路明、陈曦（2018）与戴夫·查菲等（2023）也将其称为虚拟价值链，从而实现数字化运营。因此企业的数字化战略可以从这些战略中选择。

1. 总成本领先战略

所谓总成本领先，是指企业在产品（或服务）的开发、生产、营销、运维、售后及人力资源、财务管理等所有环节中所支付的经济成本要低于竞争对手，而并非某个或某些环节的成本低于竞争对手。当企业的目标市场广泛，也就是该企业的产品（或服务）拥有大量的潜在消费者时，若企业期望通过数字化运营实现成本优势，即借助数字技术（包括基础设施、硬件设备、应用软件以及数字内容等）压缩经营成本时，该企业应选择总成本领先战略。

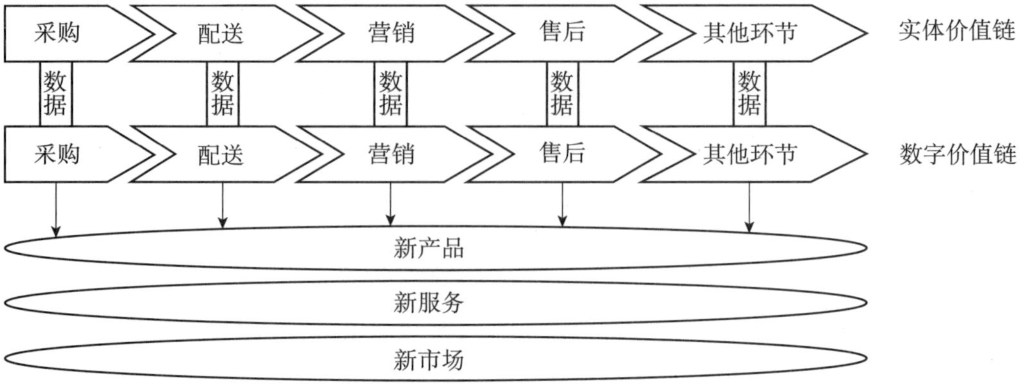

图 3－8　数字价值链

资料来源：杨路明，陈曦，2018. 互联网＋战略及实施［M］. 重庆：重庆大学出版社.

需要注意的是，当企业采纳数字技术时，例如，使用工业互联网技术实现生产设备监控与远程调配以及生产工艺创新，一方面不可避免地要增加软硬件设备购置、技术人员聘用等方面的费用，另一方面可以帮助企业减少在设备更新、作业计划及部门沟通等方面的成本，由此，企业经营所需的总成本还是有所降低的。这也是企业斥巨资研发或采购前沿的数字技术，却可以实现总成本领先战略，从而实现数字化战略目标（提升经营业绩或行业地位等）的重要原因。

2. 差异化战略

当企业的产品（或服务）拥有较大规模的潜在客户群，与此同时，企业计划通过数字化运营塑造（产品或服务的）性能优势时，应采用差异化战略。所谓性能优势，是指该企业的产品（或服务）拥有竞争对手所不具备的功能，或者在相同的功能上有更好的表现。差异化战略能够帮助企业避免激烈的同质化竞争、塑造深入人心的品牌形象，从而实现企业在经营业绩或行业地位等方面的战略目标。

数字技术对差异化战略的推动作用主要体现在两个方面：首先，数字技术可以帮助企业确定应在何处体现差异化。差异化战略的出发点不仅是要与竞争对手有所区别，而且要通过产品（或服务）所独有的或更加突出的性能满足消费者的诉求。社交网络与自然语言处理等技术可以帮助企业采集到更加翔实的消费者意见，并且充分挖掘这些意见，进而准确理解消费者诉求，锁定差异化战略的发力点。其次，数字技术可以帮助企业宣传差异化的性能。在企业实现了产品（或服务）的性能优化之后，还需要通过宣传推广，使消费者知晓产品（或服务）的差异化性能，而数字营销技术可以帮助企业获得更好的宣传与推广效果。

3. 集中成本领先战略

当企业的目标市场较为狭小，即企业的潜在消费者群体的规模较小时，应将此规模较小的市场作为自己的利基市场（niche market），将多数资源投入该市场并加以深耕，这就是集中经营战略（亦称专一化战略）。在这种情况下，若企业还希望通过应用数字技术降低成本并获得成本优势，那么，该企业应采用集中成本领先战略，以实现数字化战略的预期目标，而集中成本领先战略的实质就是同时采纳由集中经营战略与成本领先战略所构成的混合战略。

数字技术对集中成本领先战略的施行具有重要的推动作用。首先，数字技术有助于企业更好地收集、分析和理解消费者的意见，也就有助于企业更好地了解消费者的偏好，并知晓哪类消费者能够成为企业的忠实消费者以及企业的产品（或服务）与哪些消费者的诉求更加匹配，从而帮助企业锁定利基市场。其次，数字技术有助于企业更加合理地安排生产、调配设备、改进工艺以及促进各部门的沟通协作，从而降低生产与运营成本。正是在数字技术的支撑下，目标市场狭小且期望获得成本优势的企业可以更好地实施集中成本领先战略，用以增加营收或巩固行业地位。

4. 集中差异化战略

当企业的目标客户群规模较小时，企业可以选择深耕这部分客户，与此同时，若企业还想获得产品（或服务）在性能方面的优势，那么可以采用集中差异化战略，这是由集中经营战略和差异化战略所构成的混合战略。集中差异化战略的要点在于，首先锁定细分市场，然后根据这个细分市场中的消费者所特有的诉求改进产品（或服务），使之与细分市场中的消费者诉求深度匹配，进而实现经营业绩或行业地位提升等战略目标。

数字技术能够帮助企业推动集中差异化战略的施行。首先，以虚拟社区演化分析、消费者行为分析、情感分析、个体影响力分析以及群体聚集分析等为代表的数字技术能够帮助企业准确分析消费者的满意度，预测消费者的忠诚度，进而帮助企业锁定利基市场。然后，针对利基市场中的消费者，应用词频统计、情感极性分析以及主题统计等文本挖掘技术，明确消费者的诉求。由于利基市场中的消费者数量相对较少，因此应用相关技术可以更快、更准确地挖掘出消费者诉求。由此可见，数字技术对于集中差异化战略及其预期目标的达成具有重要的推动作用。

5. 最优成本战略

当企业难以准确界定客户群规模的大小（例如，企业的预期目标市场范围较广，但此时尚未完全进入），并且难以准确分析可能达成的竞争优势时（例如，企业的成本精简度和产品性能都难以超越竞争对手），企业应选择最优成本战略，即应用相对适宜的成本投入，为消费者提供核心服务。也就是说，最优成本战略的目标在于，不对产品做过度的开发，以较低的经营成本满足消费者对于产品（或服务）性能的最基本诉求，最大幅度地提升经营成本的使用效率。

数字技术对于最优成本战略也具有重要的推动作用。首先，消费者的诉求往往复杂多样，哪些是最为核心且必须满足的诉求？企业可以应用在线调研、文本挖掘等多种数字技术展开价值主张分析，从而寻求答案。其次，数字技术也可以帮助企业实现有效的成本管理，例如，可以使用数据仓库技术将企业在各个工作环节中的成本投入进行联机分析处理（online analytical processing，OLAP），从中找到可以精简之处。由此可见，数字技术可以推动最优成本战略的实施，实现增加盈利或巩固地位等目标。

二、特色型数字化战略

通用型数字化战略是多数企业在谋求数字化转型时都可以使用的，但有部分战略是少数规模较大、资源较丰富的企业才能够有效开展的，我们称之为特色型数字化战略。采用通用型数字化战略的企业往往是将提升经营业绩或巩固行业地位作为战略目标，而采用特色型数字化战略的企业可以将生态位跃迁作为战略目标，因为有能力采用特色型数字化战略的企业通常是行业内的翘楚或领军企业。关于特色型数字化战略，本教材主要介绍多元化战略和一体化战略。

1. 多元化战略

多元化战略也称为多角化战略，是指企业在原有产品线之外，增加新的产品（或服务）类别，从而扩大企业的经营范围，使之涵盖多个市场领域。但值得注意的是，部分采纳多元化战略的企业并未达到预期目标，反而增加了资金压力，甚至出现资金链断裂。原因在于，企业对自己所从事的主营业务往往更加熟悉，经过多年的运营，或已实现规模经济，或构建了自己的核心竞争力；然而对于新增业务，若该业务与主营业务在价值主张、工艺技术与目标市场等方面的关联较小（例如，主营业务是电子产品，而新增业务是文创产品），而且企业在这些新增业务领域通常缺乏经验的积累，也不具备核心竞争力，较难实现预期的投资回报率，同时也分散了主营业务的资源投入，致使主营业务也未实现预期的营收目标。

因此，较为切实可行的多元化战略是，深入分析主营业务的核心竞争力，包括工艺技术、价值主张、细分市场、盈利方式、广告宣传及客户关系等多个方面，将在这些方面与主营业务具有较大关联或可以实现资源共享的业务作为新增业务，力图使这些多元化业务构成相互耦合的生态圈。以小米公司为例，成立之初的主营业务是智能手机，之后，小米公司将业务范围拓展到智能家居领域。2023 年，小米公司又推出了智能汽车。纵观小米公司的多元化业务及其产品，可以做到工业技术共享（兼容小米的操作系统 MIUI OS 或全新 Hyper OS）、价值主张互补（涵盖智能家居的各大场景）、细分市场交叉（愿意尝试或接受新技术的消费者），从而构造了“人-车-家”全景生态链，实现了生态位的跃迁，并成为多元化战略的成功典范（本章末的案例分析对小米的数字化运营战略管理进行了更加详细的介绍）。

数字技术对于多元化战略的支撑表现为，在企业开展某项新业务之前，可以应用数字化的财务分析技术对新增业务进行风险评估，论证企业是否应将该项业务纳入经营范围；在从事该项业务之后，可以应用数据仓库与数据挖掘技术，帮助这些新产品（或服务）寻找目标市场、制定营销策略以及维系客户关系，努力构建数字平台或数字生态圈。由此，企业可以借助多元化战略实现生态位跃迁的数字化战略目标。

2. 一体化战略

一体化战略是指企业将其他的经营主体纳入自己的业务体系中，整合成为一个经济主体，例如，并购就是一体化战略的典型实现途径。一体化战略分为横向一体化战略与纵向一体化战略，二者的区别在于参与一体化战略的两个（或多个）企业是否属于供应链上的同一角色。完整的供应链由（原材料）供应商、生产商、批发商、零售商与消费者构成。横向一体化的特征是参与者在各自所处供应链上扮演同样的角色（这些参与者未必处于同一条供应链）。例如，生产商为了扩大再生产，兼并另一个生产商（例如，海尔集团），这就是横向一体化。而纵向一体化的特征是参与者在各自所处供应链上扮演不同的角色，例如，生产商为了在分销环节降本增效，并购了零售商（该零售商未必与生产商处在同一条供应链）。纵向一体化又分为前向一体化与后向一体化：沿着供应链的传递方向所实现的一体化即为前向一体化，如生产商并购零售商就是典型的前向一体化；反之，即为后向一体化，如作为生产商的华为投资多家科研机构。

数字技术对一体化战略的施行也起到了重要的支撑作用。例如，企业在实施一体化战略前，可以使用大数据技术对目标企业年报中的数值数据与文本数据进行挖掘与分析，从而论证并评估战略的收益和风险；而在企业实施一体化战略之后，可以借助社交网络技术，鼓励新老成员互动，快速实现团队融合，也可以采用数字营销技术帮助实现一体化的企业开展宣传推广工作。由此可见，获得数字技术支撑的一体化战略在实现一体化之后所形成的新的经济体，其运营过程中的数字化程度将会加深，特别是一体化战略的发起方，其与利益相关者的关系将更加密切，构成生态链或生态圈，实现生态位的跃迁。

第 4 节　数字化战略实施与评估

一、数字化战略实施

在选定具体的数字化战略之后，企业就可以准备实施该战略，在此过程中需要注意五个关键要素，分别是：战略动员、目标与行动、资源配置、成员沟通与文化支持。

1. 战略动员

前述的战略分析与战略选择工作，其参与者以企业的高层管理者为主，而战略实施工作需要全员的支持和参与，因此应面向企业的全体员工开展战略动员，使战略行动所涉及的员工都能够认识到实施数字化战略的重要性与必要性。例如，当企业决定采用差异化战略并要求研发部门持续优化产品性能时，就需要让研发部门的员工认识到持续创新的重要意义，特别是当前产品拥有较好的用户评价与较大的市场份额时，这种战略动员尤为必要。

2. 目标与行动

战略分析阶段所制定的战略目标（经营业绩、行业地位以及生态位）通常是宏观方向的描述，但在战略实施的过程中，每个职能部门以及每个员工的目标需要具体、清晰、可执行。因此，需要自上而下地对战略目标进行分解，例如，总经理需针对职能副总，将宏观目标分解为细化的目标，交由相应的职能副总执行；而职能副总需要将自己负责的战略目标继续分解，并交由相应职能部门的经理执行。当战略目标分解并落实给相应的人员之后，就可以由相应人员制订行动计划，具体而准确的目标有利于制订出可操作性强的行动计划。

3. 资源配置

对于多数实体企业而言，数字化战略是意义深远的战略变革或转型，同时，其实施难度也较大。因此，明确了战略目标并制订好行动计划之后，企业还需要关注资源配置问题，即企业是否具备可以支撑行动计划的人力、财力和物力资源，这些都是实施数字化战略的重要资源支撑。

（1）人资结构升级。数字化战略须由掌握数字技术、经济理论以及管理知识的人员来实施与执行，为此，企业可以将现有的人力资源结构加以调整，而调整的途径主要有以下三个方面：首先，员工培训，即对企业现有的员工进行以知识和技能互补为目标的培训，例如，对研发部门的员工开展管理知识方面的培训，帮助其更好地理解领导意图；对市场部门的员工开展数字技术方面的培训，帮助其更好地挖掘和理解消费者诉求。其次，人才引进，针对数字化战略实施的需求，招聘具备所需知识和技能的员工。再次，校企共建，企业还可以选择与高等院校开展校企共建，企业可以主动向高校提出人才需求，高校可以针对这些需求开展定制化教学或培养，从而实现企业人才招聘与高校就业推进的共赢。

（2）融资管理。数字化战略的实施往往需要较多的资金，用于人才的招聘与培训、设备的升级与维护等各项工作，为此，企业需要针对数字化战略展开融资管理。对于领军企业或翘楚企业而言，由于多年的信用积累，更容易从金融机构（例如，商业银行）处获得融资；然而，经营业绩与信用资质积累尚浅的企业，特别是初创企业，获得金融机构融资的难度较大，因此这些企业通常会寻求风险投资机构的融资。

（3）技术研发与采购。数字化战略的实施需要数字技术的支撑，而数字技术的获取途径包括两类：自主研发和外部采购。人力、财力与物力资源都极为充沛的领军企业往往选择自主研发，例如，华为、海尔等企业自主研发了工业互联网平台；而资源相对较少的企业会选择外部采购，例如，部分企业选择接入已有的工业互联网平台，然后借助平台上的工业软件实现本企业的数字化转型，这种做法类似于陈威如与王节祥（2021）所定义的依附式升级。企业根据自身资源禀赋情况选择技术获取途径。虽然两种途径有所区别，但只要技术选择适宜、使用得当，这两种途径都有助于企业数字化战略的实施。

4. 成员沟通

数字化战略的实施是企业全员的共同任务，需要全员的通力协作，而有效的沟通是协作的重要基础，因此成员之间能否实现有效沟通是决策者在数字化战略实施过程中应关注的重要问题。为此，部分规模较大的集团企业可以自主研发即时通信软件，用于内部成员的沟通；而自主研发通信工具难度较大的企业，可以使用微信、QQ等社交网络软件或腾讯会议、钉钉和Zoom等在线会议软件作为成员的沟通工具。此外，企业还需要为沟通工作创造制度条件，使数字化战略实施期间的成员定期沟通形成制度。

5. 文化支持

企业还需要塑造相应的文化，以支撑数字化战略的实施，此类企业文化的基调就是转型与创新。具体而言，就是积极拥抱创新，勇于谋求转型。转型与创新文化的塑造有利于企业员工在思想层面认可数字化战略的理念与规划，并愿意执行数字化战略。在塑造转型与创新文化的过程中，企业全体员工都有必要接受积极反馈：当转型或创新工作取得成绩时（例如，营收增加），员工应共享这些业绩成果；而当转型或创新工作尚未取得预期成效时，相关的员工，特别是管理者应注重复盘，总结经验教训，而非追究责任。这样做有助于提升员工对转型和创新的自我效能感，进而助力数字化战略的实施。

二、数字化战略评估

战略评估就是在战略实施的过程中，应用多种方法和工具对战略实施的效果进行评价，并与战略目标进行对比，从而发现偏差并进行纠偏。这里的偏差可能有多种，例如，战略分析过程中设定的战略目标不合理，或者战略选择过程中选定的战略不合理，又或者是战略实施的方法和途径不合理。因此，当战略绩效偏离预设目标时，战略评估人员需要积极寻找原因，并对偏离的战略目标（或战略方案、实施路线等）加以修订。为了确保战略评估工作的有效性，需要注意以下两个方面，即全面的评估指标与科学的评估过程。

1. 全面的评估指标

准确、合理的战略评估需要以全面的评估指标为基础，卡普兰等（Kaplan，1992；Kaplan，Norton，1996；Kaplan et al.，2010）提出的平衡计分卡就是全面评估指标的典型范例，涵盖四类指标，分别是财务绩效、客户关系、内部运营以及学习与成长。由此可见，全面的战略评估应兼顾财务指标与非财务指标，为此，数字化战略评估指标需包含以下三个方面：

（1）数字化程度指标。数字化战略以实现数字化运营为目标，因此，对于实施数字化战略的企业而言，运营管理方面的数字化程度应成为战略评估的重要指标。在数字经济时代，众多企业都在积极谋求数字化转型，因此学界对于企业数字化程度的评估问题也较为关注。很多学者，如王核成等（2021）与蒋鑫等（2024）都构建了企业的数字化成熟度模型（digital maturity model，DMM），并通过DMM测评企业的数字化程度。

（2）财务指标。财务指标是传统的评估指标，同时也是不可或缺的战略评估指标。常用的财务指标包括企业的盈利、现金流和资产负债以及营收、市场份额等。客观地说，财务指标并非最为重要的数字化战略评估指标，例如，部分企业的数字化战略目标是生态位的跃迁，在该战略目标实现的过程中，财务绩效的表现或许并不突出。然而，稳健的财务绩效是企业持续经营的重要基础，因此在现实的战略评估工作中，企业通常都会对财务指标给予充分的关注。

（3）发展潜力指标。开展数字化运营的企业往往会有巨大的前期成本投入，例如，以阿里巴巴和京东为代表的互联网企业需要投入巨额资金用于广告费和用户补贴，而以华为等为代表追求数字化转型的实体企业也需要投入巨额资金用于技术研发与生产设备升级，这就可能使企业实现盈利的过程变得很漫长。因此在尚未实现盈利之时，企业需要关注客户评价，企业声誉，消费者的活跃度、满意度与忠诚度以及利益相关者（例如，供应链的上下游企业）的业绩表现等指标，从而分析所实施的战略是否能够实现价值创造。

2. 科学的评估过程

数字化战略评估过程包括以下五个方面：

（1）制定评估指标。数字化战略评估的首要工作就是制定评估指标，指标包括前文所述的数字化程度指标、财务指标以及发展潜力指标。在此过程中，企业可以根据自己的战略目标对各类指标有所侧重。

（2）测评战略业绩。在确定评估指标之后，企业需要为各项指标评分，用于测评企业的战略绩效。测评人员通常为企业的高层管理者，但为了使测评的过程更加客观，企业可以聘请高校与科研院所的专家学者，也可以委派管理咨询机构。

（3）对比战略目标。战略业绩测评的结果需要与战略目标进行对比，分析企业的战略绩效是否达到了预期的战略目标。由于这项工作可以在战略实施的过程中或之后展开，因此用于和业绩测评结果对比的战略目标可能是阶段性目标，也可能是总体目标。

（4）寻找偏差原因。当战略业绩测评的结果与战略目标相符时，企业应继续执行当前的战略，否则，企业就应该寻找出现偏差的原因。例如，企业所使用的工业互联网与大数据分析等数字技术是否与自己的运营情况相匹配，或者当前的战略环境是否有所变化。

（5）采取纠偏措施。在找到使战略业绩与战略目标存在偏差的原因之后，企业需采取相应的纠偏措施，修正战略分析（或选择与实施）工作。例如，企业所处环境的变化往往导致原定战略不适用于当前的经济环境，此时，企业就应该及时调整竞争战略。

// 关键术语 //

数字化战略	PESTEL分析法	五力模型
竞争态势分析	愿景与使命	数字化战略定位与目标矩阵
通用型数字化战略矩阵	数字价值链	总成本领先战略
差异化战略	集中成本领先战略	集中差异化战略
最优成本战略	多元化战略	横向一体化战略
纵向一体化战略		

// 复习题 //

1. 阐明数字化战略管理与传统战略管理的区别。
2. 分析数字化战略管理的各项任务。
3. 分析数字化战略分析的方法及其适用范围。
4. 理解数字化战略实施的关键要素。
5. 数字化战略的评估指标有哪些？

案例分析

小米的数字化运营战略管理

小米作为最年轻的世界500强企业之一，是一家专注于智能硬件和电子产品研发的全球化移动互联网企业，也是一家专注于高端智能手机、互联网电视及智能家居生态链建设的创新型科技企业。小米的迅猛发展源自自身新业态的不断创新，以及企业数字化运营的强力支撑，现在其数字化能力使得小米之家可以服务方圆10千米以内的用户。小米于2020年下半年开了1 000家店，2021年快速建店8 000多家。2022年客流下降，但成交金额上升，1～9月店均客流下滑46%，但成交金额上升9%。

一方面，在企业内循环建设上，小米打造了基于敏态和稳态的混合型数字化运营平台，实现了互联网、新零售及硬件精准交付的数字化纽带建设，为小米的数字化运营战略管理奠定了基础。另一方面，在外循环生态建设上，小米通过互通互联的数字化生态管理，实现了与生态链企业的多场景、多业态融合，建立了独特繁荣的小米生态。2022年，小米招聘店长5 005人，新招店员16 755人，其中培养了2 268个成熟店长；且运营商的门店进驻率达到了88%。同时，小米还建立了会员体系，重视存量用户：上线半年获得了1.94万会员用户，他们贡献了12月24%的成交金额，贡献了小米13首月销量的37%。

在小米的数字化运营战略管理过程中，对企业原有的发展策略也进行改革创新。例如，在营销渠道策略方面，小米打破了原有的层层分销体系，所有门店都直接与小米对接，真正落实其设想的数字化及标准化管理模式。这使小米的每一个产品都从小米工厂直达各个门店，大大降低了利润的损耗以及时间的损耗。在数字化方面，基于小米研发的零售通 App，每家门店的库存、销售等经营数据，都能一目了然，融合业务 3Q22 小米之家线上订单占比 16.1%。在标准化方面，所有小米之家的装修风格都是统一的；同时，线下渠道在促销活动方面也与线上渠道保持同步。此举一方面提高了从产品出货到门店的效率；另一方面，由于直营店与授权店统一由小米负责招聘、培训和派遣店长，再由店长负责经营与管理，不仅能做到门店装修风格的一致，有利于品牌宣传，而且能做到产品真正同质同价。

数字化运营战略管理的不断优化也带动了产品质量管理的变革。以电视机的产品质量管理为例，采用全流程管理模式，使用数字化监控系统，从物料、部件到整机的设计、生产、测试层层把关；通过建立生产良率数字化可视系统，实时分析不同供应商各类部件的质量表现，不断优化企业质量标准，鼓励供应商与该标准看齐，促进行业发展。同时，对比部分手机厂商，小米通过统一给经营门店的经销商一个有竞争力的利润返点，让这些经销商在避免库存积压风险的同时，又能通过协同管理有效统一分货布局，保证了门店利润空间，从而吸引更多的投资者入局，有利于进一步加速铺设线下门店网络。

基于数字化运营战略管理，小米还推出了商务智能（business intelligence，BI）系统，通过数字化运营战略管理赋能门店来提升零售效率。此系统可以方便店长或区域经理随时随地关注门店运营情况，工作人员能够实时看到每个时刻的客流情况、销售情况、转化率、连带率、客单价，甚至顾客对门店购物环境与员工的满意程度。因此，企业可以对每天的客流量、售卖商品数量做到精准掌控，从而更准确地计算出当季新品的库存量和产销比，实现零库存经营，并通过实时调整每个店面的运营策略，做到收入与支出的平衡。

资料来源：刘芮铭，2023. 数字化背景下小米集团财务战略研究［D］. 哈尔滨：哈尔滨商业大学；小米集团 2022 年年度报告［EB/OL］.（2023-04-26）. https：//ir. mi. com/system/files-encrypted/nasdaq_kms/assets/2023/04/26/9-07-43/2022%20Annual%20Report_CHN. pdf.

思考题：

1. 小米的数字化运营战略管理有哪些新特点？
2. 在生态位跃迁方面，小米有哪些战略布局？
3. 数字经济环境下，小米的数字化运营战略管理面临哪些机遇与挑战？

// 第 4 章 //

数字化运营组织管理

学习目标

1. 理解数字化组织的定义。
2. 掌握组织的基本架构与数字化组织架构的新特征。
3. 理解数字化组织所具备的组织文化。
4. 理解数字经济时代组织变革的过程。

引导案例

SaaS 服务商的产业互联网转型升级

在很多人的心目中，云南是中国的旅游资源大省，有许多国家级的旅游度假胜地。与云南相比，贵州的旅游资源就没有那么丰富了，因此贵州的旅游业长期落后于云南，但在 2018 年云南的旅游收入不仅没有进入全国前三，还被贵州反超了。贵州旅游业的崛起得益于 2016 年贵州把大旅游作为全省“三块长板”之一，出台多项政策，推动旅游业实现井喷式增长。2017 年，为了扭转局面，云南决意发力旅游业，在根本举措和数字化方面投以重金，携手腾讯共同开展“一部手机游云南”项目，整治旅游行业乱象、整合省域旅游资源、助力旅游财富升级。

“一部手机游云南”项目依托互联网、大数据、人工智能等数字技术，建成了“一个中心，两个平台”，即旅游大数据中心以及面向政府的旅游综合治理平台和面向游客的旅游综合办事平台，既提升了当局的治理能力，又提高了游客的旅游体验，还打造了文旅财富标杆项目，为全国数字文旅财富升级探索出一条成功的路径。

资料来源：陈雪频，2021. 一本书读懂数字化转型［M］. 北京：机械工业出版社.

第 1 节　组织及其架构

一、组织与数字化组织的内涵

组织是运营管理工作的执行者，高效的运营管理工作需要依靠高效的组织。同理，数字化组织是数字化运营的执行者，因此，传统组织需转型为数字化组织，进而实现运营管理工作的数字化转型。

（一）组织与数字化组织的定义

罗宾斯和库尔特（2022）认为，组织是一群人为了实现共同目标而有意识地聚合而成的团体，本书沿用此定义。也就是说，一个典型的组织具有以下三个主要特征：首先，组织由人构成。通常情况下，组织不仅包括人。例如，生产加工型企业还拥有厂房、设备以及资金等，然而，人（即组织成员）是最为重要的，具有主导作用。组织成员在知识、经验以及利益诉求等多个方面往往具有差异性，因此，马奇和西蒙（2013）认为，组织理论所关注的就是有效实现信息与知识、利益与偏好存在差异的个体或群体之间的协作。其次，组织成员具有共同目标。共同目标即组织成员共同的利益诉求，在实现此共同目标的基础上，每个成员的利益诉求也将得以实现。因此，设定合理的共同目标，能够确保组织的凝聚力。最后，组织必须具有某种架构。组织架构（亦称组织结构）是组织内部的各个要素（人、财、物、信息等）相互作用的方式，也体现了组织成员的分工，因此，组织架构往往与组织所处发展阶段与技术水平（特别是信息通信技术）密切相关。

根据组织的定义，本书将数字化组织定义为：利益相关者为了实现数字化运营的目标而有意识地聚合而成并为之努力的团体。部分读者可能会对数字化组织的理解存在误区，认为数字化组织就是以数字化形态存在的组织，这里需要着重说明的是，数字化组织的本质是能够实现数字化运营的组织，也就是魏江等（2022）所说的"拥有数字化能力的组织"，其形态仍然是实体的。仍以生产加工型企业为例，若该企业已实现数字化运营，则该企业可以称为数字化组织，但该企业仍然需要向市场提供实体产品，而且企业的员工（包括工业机器人）与厂房设备也都是实体的。此外，组织在广义上包含营利组织（即企业）与非营利组织。在本书中，关于组织的探讨将侧重于营利性的企业组织。

（二）组织设计的要素

组织的设计需主要关注六个要素，即工作专门化、部门化、指令链、控制幅度、集权与分权以及正规化，从而构建有效的组织架构。

1. 工作专门化

工作专门化是指通过对工作内容以及完成此项工作所需的时间、精力与资源的研究，将全部工作分解为若干更加细分的操作内容，而这些细分的操作内容往往需要专业化的知识与技能。这些细分内容的专业化有助于提高工作效率。

2. 部门化

部门化是指在工作专门化的基础上，管理者可以将若干相似或相关的岗位整合在同一个部门，以使这些岗位相互配合，从而提升工作效率以及整个组织的管理效率。

3. 指令链

指令链是存在于组织架构内的一条或多条信息传递链，指令的发出者（即组织的高层管理者）与接收者或执行者（即组织的中层管理者以及基层员工）均是这个链条的节点。指令链应该清晰地界定每个节点的领导者与被领导者。

4. 控制幅度

控制幅度（也称管理幅度）是指一个管理者所能有效地直接领导与控制的被管理者的数量。需要注意，这里强调“直接领导与控制的被管理者”，也就是该管理者所下达指令的最直接的接收者。通常情况下，管理者在组织架构中所处的层级越高，该管理者的控制幅度越小。例如，企业的总经理作为该企业的高层管理者，其直接领导与控制的被管理者是分管各项业务的副总，而该企业的部门经理作为中层管理者，则可以直接领导与控制本部门所有的基层员工，对比总经理与部门经理可知，前者的管理层级高于后者，而控制幅度小于后者。

5. 集权与分权

集权是指组织的决策权集中在组织中相对较高的管理层级，相应地，分权是指组织的决策权分散于组织中多个相对较低的管理层级。通常情况下，组织更倾向于集权还是分权，与组织规模、信息通信技术以及管理者的能力相关。当组织规模较小，或者信息通信技术较为先进、能够帮助管理者接收和处理更多的信息，又或者管理者的能力极为出众，则组织会更倾向于集权；而当组织规模较大，或者信息通信技术尚不够先进，又或者管理者力有不逮，则组织会更倾向于分权。

6. 正规化

正规化是指组织中各项工作的标准化程度以及员工行为受到规则与制度约束的程度。高效的组织往往也是高度正规化的组织，即各项工作达到较高的标准化程度，并且组织的各项规章制度均能够严格执行。

二、组织架构

（一）传统的科层制架构

传统的组织架构称为科层制架构，“科”是指架构中往往分为多个职能部门，

“层”是指架构具有层级。典型的科层制架构包括直线制架构、职能式架构、直线职能式架构、事业部制架构以及矩阵式架构。

1. 直线制架构

直线制架构就是将组织成员按照其职级由高到低进行直线式的排列，指令由组织的高层管理者发出，层层传递至基层员工。在直线制架构中，每个成员都拥有直接的上级或下级，每个成员只对其直接下级传达指令，也只需要接受其直接上级的领导，通常情况下，不允许出现越级领导或越级汇报。直线制架构如图 4－1 所示。

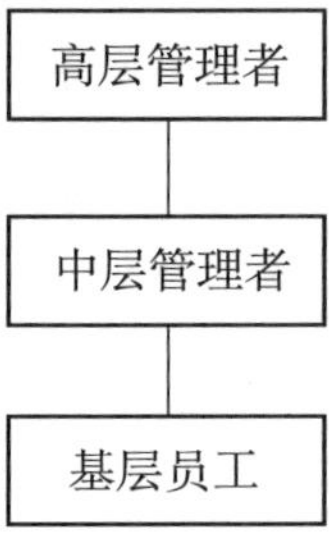

图 4－1　直线制架构

直线制架构的优点在于：首先，决策由组织的高层管理者做出，中层管理者与基层员工只负责执行，因此，决策的速度很快；其次，每个成员的权责与应执行的指令都非常清晰。直线制架构的缺点在于：首先，指令由高层管理者发出，经过中层管理者再到达基层员工，经过层层传递之后，极易出现信息失真的情况，决策执行者很可能并不理解决策者的真实意图，而决策者也难以及时接收到执行者的反馈；其次，重要决策均由组织的高层管理者做出，因此，高层管理者的权力过于集中，这对组织高层管理者的能力提出了较高的要求。因此，直线制架构往往适用于小型组织或者所处市场环境较为稳定的组织。

2. 职能式架构

职能式架构是将组织内的各项工作按业务职能进行划分，由此也就产生了不同的职能部门，例如，研发部、生产部以及市场部等。每个职能部门都安排专业人员作为部门主管，而这些部门主管与基层员工的直接上级均有权力向基层员工下达指令。需要注意的是，职能式架构的特点是在管理层划分职能部门，但是基层员工并未划分，也就是说，所有的基层员工可由所有的职能部门共用，由此构成典型的“U 形”架构（见图 4－2）。

职能式架构具有明显的优点：首先，职能部门可以对本领域的管理问题做出决策，从而实现专业化管理；其次，职能部门可以分担高层管理者的工作，这就使高层管理者能够集中时间与精力，关注对组织发展更具深远意义的战略问题。然而，职能式架构的缺点也非常明显，即各职能部门都拥有对基层员工的指挥权，权责并不清晰，存在多重领导的问题。因此，职能式架构往往适用于规模较小或所处环境相对稳定的组织。

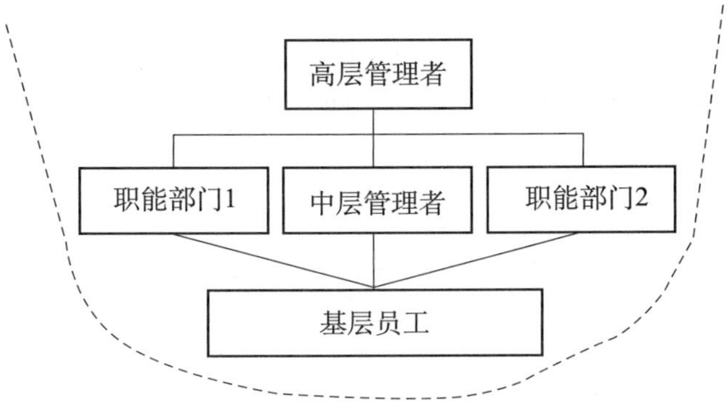

图 4－2　职能式架构

3. 直线职能式架构

直线职能式架构是当前应用最为广泛的组织架构。这种组织架构融合了直线制架构与职能式架构的特点，以直线制架构为基础，每个成员都有直接的上级或下级，每个成员只接受其直接上级的领导，也只能领导其直接下级；各级管理者均有相应的职能部门予以决策支持，但是这些职能部门只负责为管理者提供咨询与建议，或者为下级成员提供技术指导，并没有决策权与领导权。直线职能式架构如图 4－3 所示。

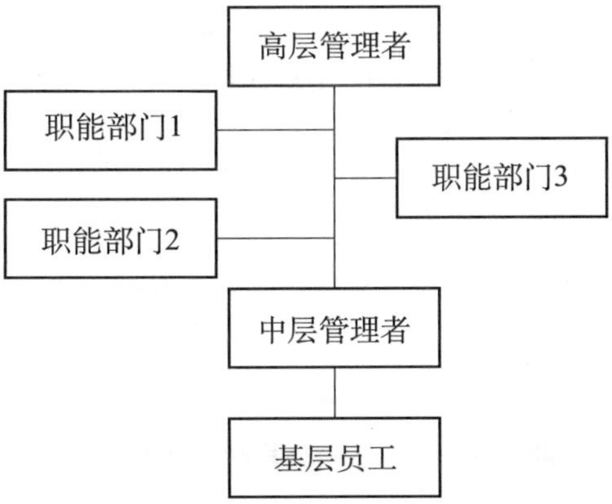

图 4－3　直线职能式架构

直线职能式架构既具有直线制架构的优点，那就是权责清晰，可以避免多重领导的问题，同时也具有职能式架构的优点，即专业化管理，并且职能部门可以分担高层管理者的部分工作。然而，该架构也存在缺点，那就是随着管理层级的增加，信息失真的情况仍然会出现；此外，各部门之间缺乏联系与沟通，而决策权的集中也往往导致下级部门或工作人员欠缺主观能动性。因此，直线职能式架构适用于中小型组织或决策时所需关注因素不是特别复杂的组织。

4. 事业部制架构

事业部制架构是指总公司从产品或区域等维度，将各项业务分门别类地进行整合，从而成立若干业务群，而这些业务群就称为事业部（见图 4－4）。事业部制架构的管理原则是“集中决策，分散经营”，即总公司负责对关乎发展的重要战略问题做出决策，而各事业部则在自主权的范围内独立贯彻与执行总公司的战略决策。

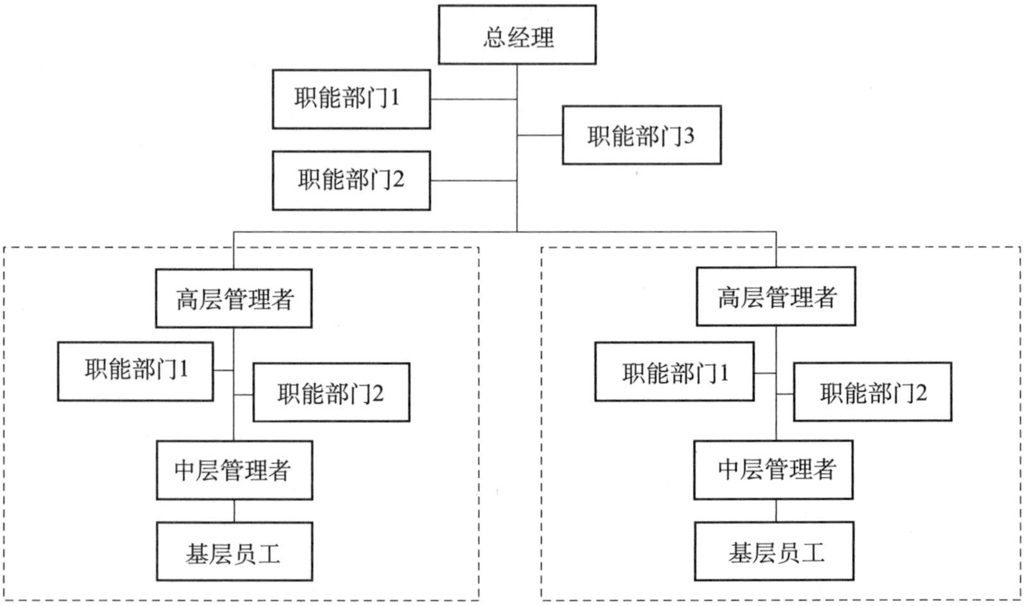

图 4－4　事业部制架构

事业部制架构是典型的分权式架构，具有多方面的优点：首先，各事业部的管理者可以分担最高管理者的决策工作，使最高管理者可以关注企业的重大战略决策问题；其次，事业部具有较大的自主权，更容易适应市场变化，也更容易发挥事业部管理者的主观能动性；再次，事业部管理者需要关注事业部的各项工作，多种能力都可以得到充分锻炼。然而，事业部制架构也存在一些缺点，那就是各事业部都拥有较为完备的职能部门，容易出现机构重复、管理人员冗余、经营成本增加的问题。事业部制架构适用于具有多个产品线或市场范围涵盖多个国家和地区的大型组织。

5. 矩阵式架构

矩阵式架构就是将组织成员按照工作内容划入不同的职能部门或不同的项目组，组织成员既要接受部门经理的领导，完成职能部门的工作，也要接受项目经理的领导，完成所在项目组的工作。职能部门与项目组作为两个维度，形成一个矩阵（见图 4－5）。通常情况下，项目组具有临时性，组织成员的晋升、评优等职权仍然归属于职能部门的管理者。

矩阵式架构的优点在于，这种架构可以帮助组织迅速应对突发状况。例如，消费者突然表现出对于某种产品或服务的需要，企业则可以抽调精干力量成立临

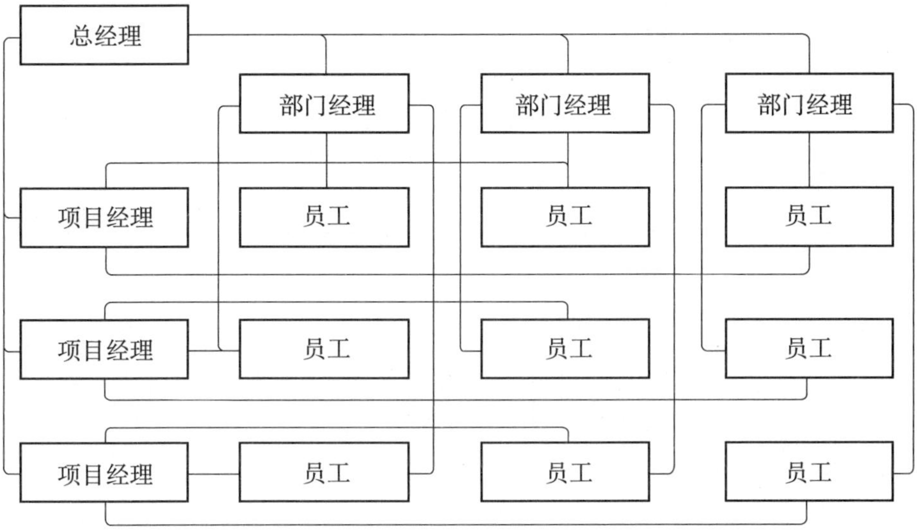

图 4－5　矩阵式架构

时项目组，展开研发工作，从而快速响应市场。然而，这种架构的缺点也较为明显，那就是组织的权责并不清晰，员工面临多重领导的问题。此外，各种资源在职能部门与项目组之间的分配也是对高层管理者的挑战。因此，矩阵式架构适用于所处市场环境很不稳定的组织，或者是咨询、广告等领域内的需要各方面专业人员的组织。

（二）数字化组织架构的新特征

数字化组织的架构并没有完全脱离传统的科层制架构，而是在信息通信技术的支持下，在传统的科层制架构基础上，表现出众多新特征，包括扁平化、网络化、虚拟化、平台化与生态化。

1. 扁平化

扁平化是指组织架构所包含的管理层级较少，每个管理者的控制幅度较大。组织架构实现扁平化的重要途径就是前沿信息通信技术的应用，例如，实现企业 2.0 理念所需使用的群体通信、社交网络与移动办公等技术（McAfee，2006；Dwivedi et al.，2023）。信息通信技术的飞速进步以及广泛应用使高层管理者的管理效率提升，从而有更多的时间与精力直接领导更多的员工。而当高层管理者扩大自己的控制幅度之后，以往负责上传下达的中层管理者的作用就不明显了。因此，在这种情况下，组织可以缩减中间层级，从而使组织架构更加扁平化（见图 4－6）。由此，就可以缩短指令链，减少信息失真，并降低管理成本，提升管理效率。团队是扁平化组织的基本工作单位，它是围绕特定项目或任务而组成的目标导向群体，通过其成员的积极协作和共同努力，力图取得远大于个体成员绩效总和的整体绩效（刘爱东，2009），也有利于企业快速接手新的任务或集中优势资源攻坚重点任务（王晓玲等，2020）。

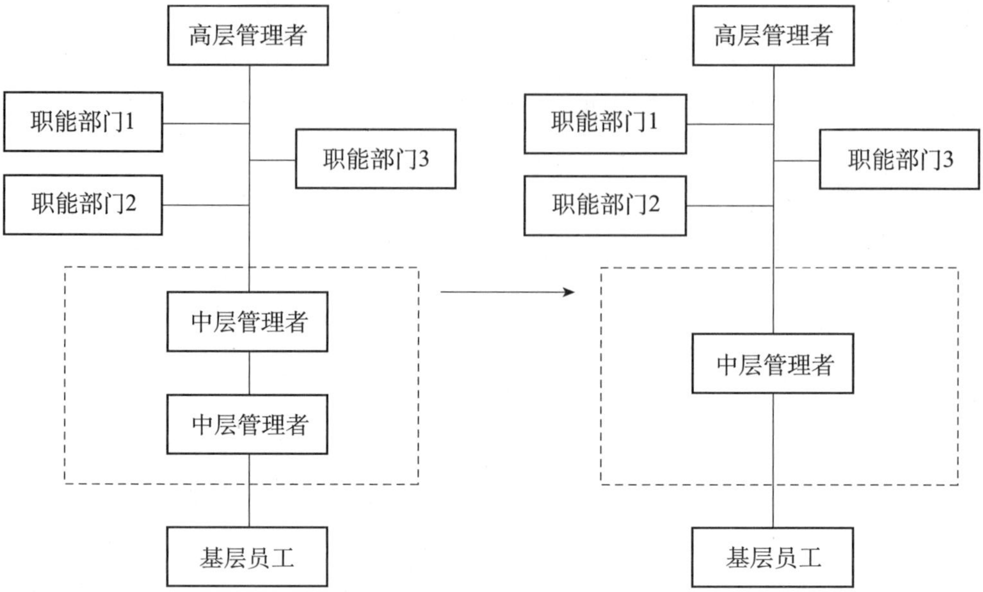

图 4－6　扁平化组织架构

然而，值得注意的是，虽然信息通信技术使得组织架构的扁平化成为可能，但是对于阿里巴巴与京东等大型企业而言，由于企业规模较大、架构复杂，即使缩减了部分中间层级，仍然需要面临管理成本与管理效率方面的巨大挑战。

2. 网络化

网络化组织架构是指拥有核心资源的企业（称为主导企业），通过控股或者兼并等方式，整合掌握其他优势资源的企业，由此，主导企业就和那些其控股和兼并的企业共同形成协作网络（见图 4－7），图中的企业 1 即为主导企业，企业 2 即为企业 1 控股或者兼并的企业，两个企业共同完成产品生产的全部工作。需要注意的是，网络化组织架构是针对主导企业而言的，而被控股和兼并的企业已经从属于主导企业，不再是具有自主经营权的企业组织。根据哈堪森（Hakansson，1987）的观点，网络化组织需要行为主体、活动和资源这三个基本要素，行为主体在参与活动以及资源传输的过程中能够建立起各种正式和非正式关系。网络化组织内部可以通过专业化分工以及信息共享等方式形成较为紧密的协作关系（李晓辉等，2017）。

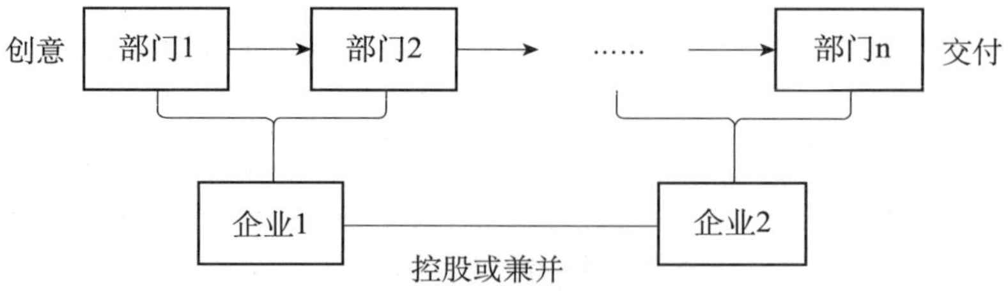

图 4－7　网络化组织架构

可以认为，扁平化是网络化的基础，因为对于主导企业而言，只有尽可能地实现组织架构扁平化，以降低管理成本、提升管理效率，获得更好的营收绩效，才有充足的资源去整合其他企业。而组织架构转变成网络化组织架构之后的主导企业为了提升经营绩效，也将会进一步加深企业组织架构的扁平化。

3. 虚拟化

虚拟化组织架构是在网络化组织架构的基础上形成的。当信息通信技术能够支持网络化的架构时，主导企业可以只保留少量具有核心竞争力的部门，然后控股或兼并其他企业，从而构建网络化组织，但这也会增加主导企业的成本压力。实际上，主导企业还可以通过协议的形式联合其他企业共同完成生产经营所涉及的各项活动，这就是虚拟化组织架构（见图 4－8）。与网络化组织架构的区别在于，采用虚拟化组织架构的主导企业与其他企业是通过协议所形成的联合，而非控股或者兼并，因此这些企业都具有自主经营权。

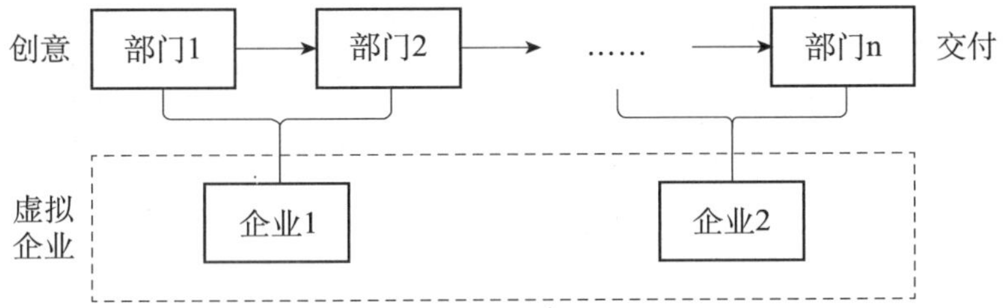

图 4－8　虚拟化组织架构

这些物理上分散、逻辑上集中的企业共同构成了虚拟企业，而虚拟化组织架构就是针对虚拟企业而言的。虚拟企业的本质是建立在信息网络基础上的企业协作网络，这种企业形态模糊了传统企业所固有的外部边界，并且可以实现并行分布式作业，从而比传统企业更具有流动性和灵活性。此外，由于主导企业可以与掌握更前沿技术的企业进行协作，因此，虚拟企业往往具备技术上的优势。虚拟企业具备如下优势：可以合理配置社会资源、快速获取竞争优势、易于实现规模经济以及能够分散企业经营风险。值得注意的是，由于处于虚拟化组织架构中的企业在物理上的分散性往往会导致信息不对称问题，这对虚拟化组织的运营形成了挑战（卢杰、章帆，2012）。

从协同关系上看，协作可以分为三大类：委托协作关系、上下游协作关系和平行交叉协作关系。不同的协作关系对协作管理的对象和精度要求不同，委托协作关系关注交付结果的同时也注重管控协作过程；上下游协作关系特别注重交付结果；平行交叉协作关系特别注重协作过程中的数据共享和数据状态的动态变化。为满足多种协作关系下的管理要求，虚拟企业可以通过顾颐等（2018）所提出的任务管理模式、定点非动态数据共享模式和开放式动态数据共享模式这三种方式实现协作式管理。

任务管理模式适用于委托协作关系，是将完整的研发、生产、销售或售后服务等任务发布给被委托方，并通过动态掌握被委托方的任务执行状态来实现协作的一种管理模式。通过任务的创建、发布、接收、执行过程控制实现协作过程及对信息的实时掌握，进而支撑协作目标的达成。定点非动态数据共享模式针对以交付结果为主的协作，采用数据定点方式发布交付结果以实现内外部协作，此类协作支持数据发布、接收和追溯。开放式动态数据共享模式适用于平行交叉协作关系下的数据共享协作，需要动态地反映数据的每一次更新和状态变化。

4. 平台化

平台亦称为第三方平台，其作用是向买卖双方提供基础设施和互动规则，买卖双方通过平台进行互动从而获得价值（陈剑、叶强、肖勇波等，2013）。在数字经济时代，以信息通信技术为支撑，很多企业开始寻求平台化转型，力图成为连接产品（或服务）供给与市场需求的第三方平台（见图 4－9）。特别是那些可以构建虚拟化组织的企业，其对信息通信技术的应用更加成熟，容易获得足够多的市场接触点，也就更容易实现平台化转型。因此可以认为，虚拟化是平台化的基础。根据穆胜（2018）的观点，对于买方，平台型组织应积极获取这些消费者的真实需求；对于卖方，平台型组织应能够迅速聚合各类优质资源；在供需之间，平台型组织应该力图促成需求者与供给者资源的匹配。

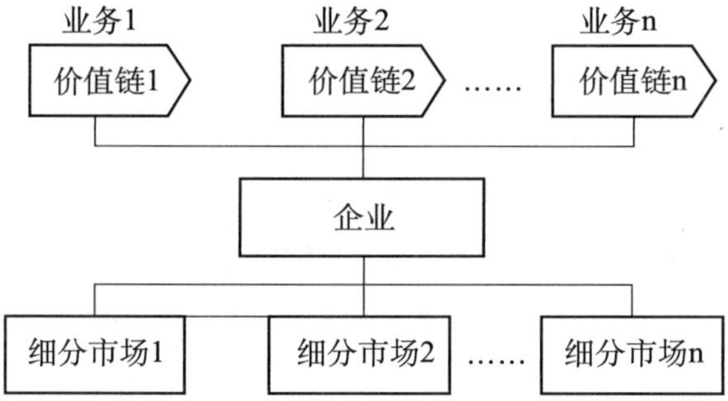

图 4－9　平台化组织架构

杨路明和陈曦（2018）认为，在大数据与互联网等数字技术的赋能下，平台型组织可分为以下四类：第一类是部分职能向外的平台型组织。这类组织将部分价值链或价值链上的部分职能交由外部主体承担，这种组织架构形式与虚拟企业极为相似。第二类是全面职能向外的平台型组织。这类组织将价值链上的全部职能都交由外部主体承担，此时，该组织已经成为完全的第三方平台，例如，淘宝网。第三类是部分职能向内的平台型组织。这类组织将部分价值链或价值链上的部分职能交由内部员工完成，即内部创业。第四类是全面职能向内的平台型组织。这类组织将全部的职能进行整合，从而形成可以独立经营的若干主体，并交由内部员工经营。对于部分或全部职能向内的平台型组织而言，组织与员工已不再是传统的雇佣关系，而是更接近合伙人的关系。

5. 生态化

生态化组织架构是在平台化组织架构的基础上形成的更加复杂的组织架构，具体表现为企业规模较大，拥有多条价值链，从而形成多个平台，而这些平台相互耦合，进一步形成复杂的生态圈（见图 4－10）。拥有这些平台的企业就是生态圈的创造者，魏江等（2022）称之为生态主。

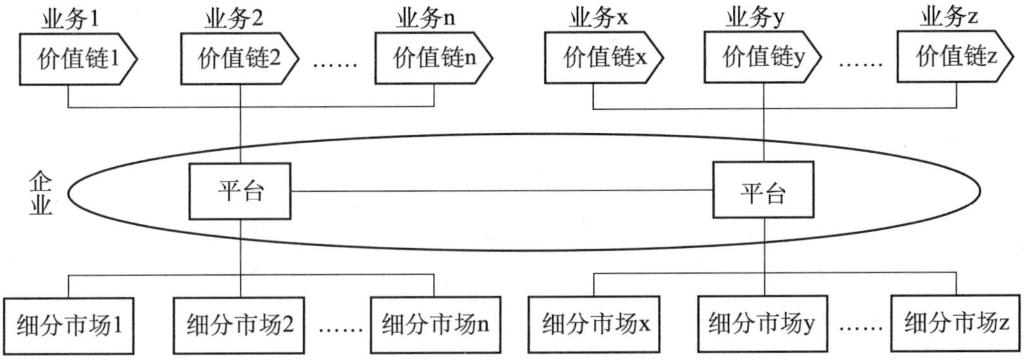

图 4－10　生态化组织架构

生态化组织架构得以形成的基础仍然是数字技术，特别是信息通信技术的广泛应用。在数字经济时代，市场变化非常迅速，这就要求企业的部门与人员之间开展直接连接市场的协作（杨路明、陈曦，2018）。传统的上传下达式的组织架构与沟通模式已经难以适应当前的市场，而在信息通信技术特别是互联网技术的支撑下，“平等”“协作”“共享”等互联网精神也在深刻影响着组织架构。由于基层节点对市场与消费者的情况最为熟悉，因此在信息通信技术的支撑下，给予基层节点充分的资源与自主权，使之成为自负盈亏的主体，是当前很多企业尤其是大型企业的选择。这些主体所经营的往往是企业现有的业务或相关业务，由于这些业务从属于（或者之前从属于）同一个组织，因此这些业务往往彼此关联，从而导致这些主体能够相互影响，进而构成商业生态圈。

第 2 节　数字化组织的创建

在当前的数字经济时代，传统组织应该谋求数字化转型。然而，转型往往意味着战略的调整与资源的再分配，这对组织而言是很大的挑战。因此，传统组织应根据自身实际经营情况与所掌握的资源，循序渐进地实现数字化转型，进而创建数字化组织。

一、组织创建的基本要素

在组织创建以及转型过程中，需主要关注六个要素：市场环境、战略规划、组织文化、人员素养、组织规模与技术能力（杨路明、陈曦，2018）。

1. 市场环境

企业要想发展，必须为市场中的消费者创造价值，也就必须时刻关注外部环境，即市场环境。因此，企业应采用哪种组织架构，或者是否必须变更现有的组织架构，最为重要的决策依据就是：何种组织架构能够更加有效地满足市场需求？现有的组织架构还能否满足市场需求？同理，传统企业是否应调整组织架构，推动组织向平台化、生态化转型，也应该以市场环境为主要决策依据。当企业现有的组织架构已经不能满足市场需求，或者需要投入更大的成本才能满足市场需求时，企业就有必要准备推进组织架构的转型。

2. 战略规划

组织的架构应该与组织的战略规划相匹配，当组织拟定好战略规划之后，就需要审视组织架构能否支撑此战略规划。例如，当企业发展到一定规模之后，可能希望实施多元化战略，从而满足更多的市场需求。此时，与组织战略较为匹配的架构应为事业部制，企业则需要根据多元化战略，从产品或区域等维度，划分具体的事业部，然后选定每个事业部的负责人，扩充职能部门并增加员工数量，从而为每个事业部投入足够的资源，使这些事业部具备自主经营以及自负盈亏的能力。

3. 组织文化

组织在调整其架构时也需要关注组织文化，但需要注意的是，组织文化所影响的是组织架构调整的速度与幅度，并非组织架构是否应该调整。也就是说，当企业所处的市场环境与企业的战略规划要求组织架构与之相匹配时，管理者就应该对组织架构做出调整。而此时，管理者就需要关注当前的组织文化，若组织文化的特点是乐于接受新的挑战，那么，管理者就可以加快组织架构调整的速度或者加大调整的幅度；反之，若组织文化的特点是谨慎应对市场的变化，那么，管理者就应该慎重推进组织架构的转型。

4. 人员素养

人员素养对于组织创建的影响主要体现在员工的能力结构是否可以支撑组织架构的创建以及调整。以矩阵式架构为例，项目组的工作涉及多个领域，因此，项目组就需要配备具有相应领域知识的员工。通常情况下，员工只对某个领域比较熟悉，此时，项目组需要从各个部门抽调具有不同专业知识的人员。然而，若员工的能力结构更加丰富，具有多个领域的知识，那么，组织所采纳的这种矩阵式架构的复杂程度就会降低，甚至不需要矩阵式架构，仅靠直线制架构就可以完成相应的工作。

5. 组织规模

组织架构也需要与组织规模相匹配。当组织的规模扩大时，管理者的控制幅度就会加大，这对管理者而言是一个挑战。因此，当组织的规模较小、业务量也较少时，管理者就会选择相对集权的组织架构，例如，直线制、职能式或直线职能式架构，因为较小的组织规模使得管理者拥有充足的时间与精力处理各种事务。然而，当组织规模较大时，管理者很可能难以拥有足够的时间与精力处理各个职能部门的事务，那么，就需要在当前的组织架构基础上，增设更多的中层管理岗位，并给予这些中层管理者更多的权利，或者实施组织架构的转型，采用更具有分权特征的组织架构。

6. 技术能力

技术能力是指组织当前可以获得的技术支撑，主要是信息通信技术，这对于组织架构的影响在于：信息通信技术能够帮助组织中的人员获取和处理信息，因此，当信息通信技术更先进时，管理者可以借助信息通信技术，弥补时间与精力的短缺，从而快速处理大量的事务，进而扩大自己的控制幅度，而与此同时，中层管理者的作用就不明显了。因此，先进的信息通信技术将使得组织架构更加扁平化。从这个意义上讲，管理者在创建组织或推动组织架构转型时，需要关注其可以获得与使用的前沿数字技术。

二、数字化组织的创建过程

数字化组织的创建是一个循序渐进的过程，需要经历扁平化、网络化、虚拟化、平台化与生态化这五个阶段。

（一）扁平化组织的创建

科层制是当前多数企业普遍采纳的组织架构形式，当科层制中的中间层级较多时，就会增加管理成本，也会使企业难以快速响应市场变化，从而降低管理效率。因此，很多企业都在寻求缩减中间层级的数量，使组织架构能够更加扁平化。

创建扁平化组织的原则是“分权＋技术”。“分权”是指管理者需要给予相关员工更多的决策权，使这些员工能够迅速应对市场变化，无须层层报批；“技术”是指企业需要加大对信息通信技术的投入与使用力度，从而提升管理者的信息处理能力，而不再过多地依靠中层管理者的上传下达。在二者中，分权是关键，只有管理者愿意给予下属部门足够的决策权，才能更好地实现组织架构的扁平化，否则，由于管理者的时间与精力问题，仅依靠技术，在现实中难以快速提升管理者的信息处理能力。

需要注意的是，扁平化组织架构所要缩减的是中间层级的数量，而非中层管理者的数量，在实际的运营过程中，这些中层管理者往往具有较高的专业素养以及丰富的领域知识，企业可以赋予这些中层管理者更大的决策权，使中层管理者能够直接面对市场，发挥更大的作用，而不是仅仅作为上传下达的信息通路。此外，在扁平化的过程中要注意权、责、利相对等的原则，管理者在给予下属较大的决策权之后，下属也就承担了更大的责任，同时也应该分享更多的经营收益。

（二）网络化组织的创建

创建网络化组织的原则是“聚焦＋投资”。“聚焦”是指企业需要认真梳理细分市场所需产品或服务的价值链，分析自己的核心业务（所涉及的产品或服务）在价值链中的位置，并且要专注于自己的核心业务；“投资”是指对于价值链中的上、下游的产品或服务，企业可以采用纵向一体化战略，通过投资其他相关企业，从而控股或兼并这些企业，进而构造完整的价值链。

在现实中，部分管理者往往愿意为了构造完整的价值链而扩大自己的业务领域，例如，兴建厂房、购置生产设备从而扩大产品线，但由于这些业务领域并非其长期深耕的主营业务，缺少领域知识与专业人才，因此往往难以获得较好的经营绩效。而网络化组织则可以使企业借助其所控股或兼并企业的专业优势，获得预期的经营成果。

（三）虚拟化组织的创建

创建虚拟化组织的原则是“聚焦＋协作”。首先，与网络化组织相似的是，虚拟化组织也要求企业将资源集中投入于其核心业务，从而体现“聚焦”原则，因此企业仍需要仔细分析价值链，寻找需要深耕的核心业务。其次，对于那些价值链不可或缺，但又不属于其核心业务的产品或服务，可以进一步寻找以这些产品或服务为核心业务的企业，然后与这些企业展开“协作”，共同形成物理上分散、逻辑上集中的虚拟化组织。

与网络化组织相比，虚拟化组织的应用范围更广。首先，构建网络化组织需要企业控股甚至兼并其他组织，这要求企业本身具有较大规模，并拥有极为丰富的人、财、物等资源，在现实中，满足这些要求的企业相对较少。其次，即使对于能控股或兼并其他组织的企业而言，随着业务领域的扩大，若想继续控股或兼并更多的企业，也将面临巨大的资源压力，而相比之下，通过与相关企业展开协作的形式构建虚拟化组织则更具可行性。

（四）平台化组织的创建

平台在现实中的应用非常广泛。以信息分享平台为例，只要能够实现信息传递，就可以称之为信息分享平台，例如，网站、电子广告牌等。然而，创建与经营平台化组织需要极为丰富的人、财、物以及信息等资源的支撑（陈威如、余卓轩，2013）。

创建平台化组织的原则是“开放＋赋能”。“开放”是指平台型组织作为买卖双方之外的第三方，应该通过广告宣传以及费用补贴等策略，尽可能多地吸引双方用户，以期积累大量的用户群体，既包括企业用户（卖方）也包括消费者用户（买方），从而实现网络效应。“赋能”是指平台型组织应通过自身的技术与资源优势，对于企业用户给予相应的支持，帮助企业更好地为消费者提供产品或服务，这样也就可以进一步吸引更多的消费者用户。例如，淘宝可以为卖方提供店铺装饰服务与数据服务，前者可以帮助卖方更好地展示商品，后者可以帮助卖方寻找细分市场，以及编写更具吸引力的标题检索词或产品简介。

（五）生态化组织的创建

创建生态化组织的原则是“开放＋共赢”。生态化组织通常由平台化组织发展而来，因此创建生态化组织仍需遵循“开放”原则，即生态圈的创建企业（生态主）需要尽可能地吸引更多的企业参与这个生态圈，从而使生态圈内形成多条相互关联、相互耦合的价值链，而生态圈内所涵盖价值链的数量越多，生态圈的疆界就越宽广。“共赢”是指生态圈的创造者以及所有参与者（也包括消费者）都能够获得价值，而要实现共赢，就需要生态主制定相应的规则，包括技术标准、经营规范等，参与者需要遵守这些规则。

生态化组织是当前组织架构最为复杂的数字化组织，通常，只有各领域的少数领军企业才拥有足够的资源与能力用于创建和经营生态化组织。例如，国内的阿里巴巴与腾讯，国外的 eBay 与亚马逊。由此也可以认为，平台化组织是生态化组织的基础，也是相关企业构建生态化组织并成为生态主所必须经历的阶段。

第 3 节　数字化组织的组织文化

组织文化是企业价值观的集中体现，而数字化组织往往拥有独特的组织文化，主要表现为三个方面：视客户为价值共创者、视员工为利益相关者以及视知识为发展驱动力。

一、视客户为价值共创者

在数字经济时代，由于信息通信技术的支撑，客户已经拥有足够的能力与企业共同创造产品或服务的价值，而企业则需要将与客户共创价值融入自己的组织文化。

（一）视客户为价值共创者的含义

视客户为价值共创者是指企业在生产与提供产品或服务时，不应该仅仅将客户视为价值的接受者，而应该认识到，客户也有意愿和能力为产品或服务贡献价值。客户采纳某种产品或服务，通常希望该产品或服务能够为自己提供价值，也就是满足自己的需要。实际上，客户所希望获得的这个“价值”是多元化的，既包括与产品或服务的性能直接相关的固有价值，例如交通工具可以满足出行的需要，而移动通信工具可以满足沟通的需要；也包括这些产品或服务的附加价值，如知名品牌或者口碑好的产品可以使客户获得更大的满足感。通常情况下，固有价值是由企业创造的，而品牌或者声誉价值的创造要依靠客户的交流与传播。尤为值得关注的是，在数字经济时代，即使是固有价值，往往也有客户的贡献。

（二）视客户为价值共创者的意义

将客户视为价值共创者对企业而言具有重要意义，主要体现在以下三个方面。

1. 准确了解用户诉求

企业若将客户视为价值共创者，就会更加重视用户的诉求，通过各种方式搜集和理解用户诉求。以小米公司为例，企业为用户创建了一个在线交流空间，即小米社区，并且推出了小米社区 App，用户可以通过小米社区为产品提出建议，而通过这些建议，企业则更容易了解用户的真实诉求。

2. 满足用户被尊重的需要

根据马斯洛的需要层次理论，每个人都有被尊重的需要，而且这是一种更加高级的需要。所以当企业将客户视为价值共创者，愿意倾听和理解其真实诉求时，用户能够感知到自己被尊重，这也可以帮助企业获得更好的用户评价。例如，小米公司在市场上的好评就与小米社区的用户密切相关。

3. 在生产的同时锁定销售

企业将客户视为价值共创者，并采纳其部分建议用于生产。当客户知晓自己的建议被采纳时，往往更愿意购买此产品或服务，这样，企业就可以在生产的同时锁定销售。例如，小米公司采纳用户的建议对产品进行改进，因此用户也更愿意继续使用小米的产品，从而提升了用户的忠诚度。

（三）视客户为价值共创者的途径

企业可以通过以下三个途径，将客户发展为价值共创者。

1. 构建信息通路

企业可以应用前沿的信息通信技术构建信息通路，鼓励客户通过这一通路向企业提出建议，表达自己的真实诉求。

2. 开展柔性生产

企业需要更新现有生产设备或在必要情况下投入使用新的生产线，力图开展柔性生产，也就是可以根据市场新需求快速制订或调整生产计划，以满足这些新需求。

3. 适配定制化部件

企业在研发与生产的过程中，可以使某些部件更容易实现定制化，从而为给用户创造与自身诉求相匹配的个性化价值提供条件和路径。

二、视员工为利益相关者

创建数字化组织，需要获得员工特别是基层员工的支持，因此，企业在实施数字化转型的过程中，应该将员工视为企业的利益相关者（stakeholder）。

（一）视员工为利益相关者的含义

将员工视为利益相关者是指在组织运营的过程中，可以赋予员工（尤其是基层员工）更多的决策权，允许员工分享更多的经营收益（甚至是股权），同时承担更多的经营责任，从而将员工的实际身份由组织的雇员转为组织的合伙人。

（二）视员工为利益相关者的意义

组织将员工视为利益相关者对于经营具有重要的意义，主要体现在以下三个方面。

1. 调动员工的积极性

将员工视为组织的利益相关者，可以显著调动员工的积极性。首先，作为利益相关者，员工将拥有（一定范围内的）决策权，这可以满足员工被尊重的需要，从而充分调动员工的主观能动性；当组织的员工具有较强的主观能动性时，可以有效避免组织架构的冗余，并提升组织效率（易生俊等，2017）。其次，作为利益相关者，员工不只是领取传统的固定薪资，他们可以更大比例地分享经营收益（甚至是股权），这就使得员工的薪酬与工作绩效深度绑定。由此，在充分调动主观能动性和薪酬与绩效深度绑定的作用下，员工的积极性会显著提升。

2. 促进组织架构的扁平化

将员工视为组织的利益相关者，就需要赋予员工更多的决策权，那么此时，中层管理者的上传下达作用已经不再明显，为了提升管理效率、降低管理成本，组织就会选择缩减中间层级的数量，从而使组织架构更加扁平化，也可以使高层管理者拥有更大的控制幅度，作为利益相关者的员工将会在高层管理者的管控下，行使自己的决策权。

3. 提升组织的创新能力

在数字化组织中，员工与市场和消费者距离更近，更加清楚市场与消费者的真实诉求，因此将员工视为组织的利益相关者，给予员工决策权，可以更加快速地响应市场需求的变化，从而可以根据消费者的实际需要发展新业态、新模式，由此提升组织的创新能力。

（三）视员工为利益相关者的途径

将员工视为利益相关者的途径包括以下三个方面。

1. 构建分权化的组织架构

组织可以积极调整架构类型，努力构建易于分权的组织架构。例如，创立若干的事业部或项目组，并赋予这些事业部或项目组更多的决策权。通过构建分权化的组织架构，员工可以自主决定更多的事务，从而成为组织的利益相关者。

2. 积极鼓励员工内部创业

组织应该创造各种条件，积极鼓励员工内部创业。例如，对于那些选择内部创业的员工给予人、财、物等资源的支持，并且施行容错制度。通过相应的举措，管理者可以将组织由传统的劳动力交易场所转型成员工实现自我价值的平台。

3. 创建合理的利益分配制度

组织还需要创建与分权化架构和内部创业制度相匹配的利益分配制度，使员工的权、责、利相对等，真正成为组织的利益相关者。例如，小米与华为公司的全员持股政策，使组织的全体成员都可以分享企业的经营收益，虽然两家企业全员持股的具体方案有所区别（小米的政策是员工个人持股，华为的政策是由工会代表员工持股），但都有效调动了员工的积极性。

三、视知识为发展驱动力

数字化组织以前沿数字技术为支撑，应充分认识到知识对于组织发展的重要性，因此，组织需要重视知识管理。

（一）视知识为发展驱动力的含义

视知识为组织发展驱动力是指管理者应该对知识的重要程度有准确的认知，从而积极针对知识资源进行收集、组织、创新、扩散、利用以及开发等各项管理活动，以期运用员工的群体智慧，提高企业的创新与应变能力，进而提升企业的竞争力，使企业实现可持续发展。

（二）视知识为发展驱动力的意义

将知识视为发展驱动力，可以促使企业主动地去寻找和确立更加新颖的商业模式，并能够结合数据、信息处理、信息通信技术以及组织成员的创新能力获得收益。具体表现在以下三个方面。

1. 创新商业模式

组织将知识视为发展的重要驱动力，就会更加重视知识与技术在经营过程中的应用，从而更好地满足消费者的价值主张，并且可以借助新技术实现价值传递，并创造新的盈利途径，由此就可以实现商业模式的创新。

2. 创新组织架构

在数字经济时代，知识成为组织发展的重要驱动力，那么体现知识的技术也将在组织中广泛应用，这些技术，特别是信息通信技术的应用将会提升组织成员之间的沟通效率以及管理者的信息处理能力，由此可以促使管理者创建更加高效的组织架构，从而促进组织架构的创新与转型。

3. 创新分配制度

知识成为组织发展的重要驱动力也就意味着知识成为组织经营的重要资源要素，而掌握更多与更重要知识的员工将在价值创造的过程中发挥更大的作用，组织收益的分配也将向这些员工倾斜。

（三）视知识为发展驱动力的途径

管理者可以通过以下五种途径将知识视为组织发展的驱动力。

1. 学习知识管理思想

要让全体员工认识到知识在市场竞争中所起的重要作用，积极引导和鼓励员工贡献自己的知识，使其成为组织的共同财富。

2. 设立知识主管

有条件的组织，特别是大型企业，可以尝试设立知识主管或称为首席知识官

(即 chief knowledge officer，CKO)。知识主管的主要职责包括制定知识政策、提供决策支持以及帮助员工成长。此外，知识主管还要管理和完善不断发展的知识体系，以及能够更有效地运用集体的智慧提高企业的应变和创新能力。

3. 选择知识管理策略

组织应该分析员工是主要依靠显性知识（explicit knowledge）还是隐性知识（tacit knowledge）解决问题，从而采用相应的知识管理策略。野中郁次郎（Nonaka，1995）所提出的 SECI 模型（见图 4－11）可以为显性知识与隐性知识的管理提供参考。SECI 模型针对显性知识与隐性知识提供了四种策略，分别是外化、融合、内化与群化。

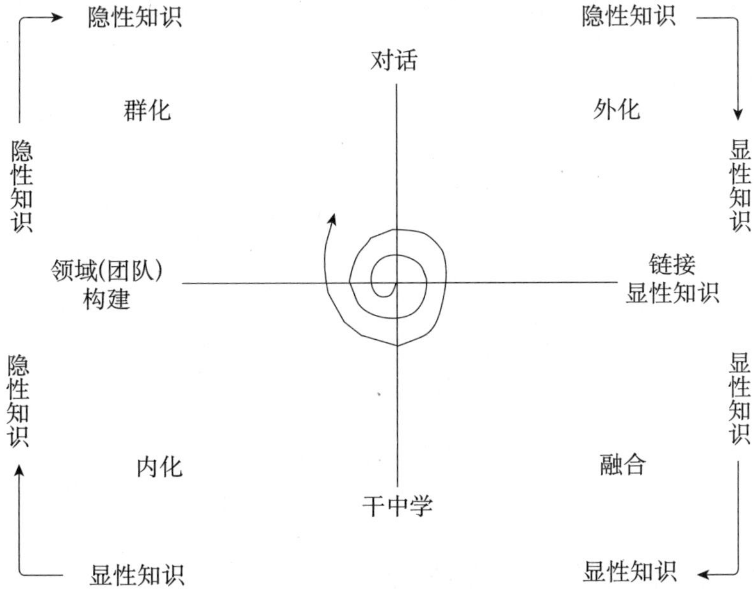

图 4－11　知识管理的 SECI 模型

资料来源：Nonaka I，1995. The Knowledge-Creating Company：How Japanese Companies Create the Dynamics of Innovation [M]. New York：Oxford University Press.

通过外化（externalization）策略，可以将隐性知识转化为显性知识（tacit to explicit），也就是将隐性知识进行清晰表达，使之成为显性知识。例如，将工作当中的经验教训以文字形式加以总结。外化策略的主要挑战是缺乏自动化的方式来获取隐性知识，而且很多组织缺乏激励员工贡献隐性知识的环境。

通过融合（combination）策略，可以将显性知识转化为显性知识（explicit to explicit），也就是将显性知识组合，从而形成更复杂、更成体系的新的显性知识。例如，多方面收集、整理和学习知识，从中获得新的发现。融合策略的主要挑战是大量知识存在于多模态的介质中，难以搜索和整合。

通过内化（internalization）策略，可以将显性知识转化为隐性知识（explicit to

tacit），也就是将显性知识转变为隐性知识，使之成为个人或者团体的实际能力。例如，通过阅读大量的书籍，丰富自己的知识。内化策略的主要挑战是在当前大数据时代，学习者往往面临信息过载的情况，在缺乏指导的情况下，学习者难以迅速找到合适的学习资料。

通过群化（socialization）策略，可以将隐性知识转化为隐性知识（tacit to tacit），也就是通过共享经验产生新的隐性知识。例如，新员工可以通过观察资深员工的工作，来学习经验和技巧。群化策略的主要挑战是怎样识别资深员工，新员工该怎样与这些员工交流沟通，从而实现经验的传递。

4. 创建知识共享体系

有利于知识共享的体系包括促进知识共享的组织架构、适合知识共享的知识网络、企业内部知识交易市场、适应知识管理的企业文化以及员工之间的知识交流制度。

5. 完善知识激励制度

知识激励制度应涵盖知识创新容错制度、知识权益制度、知识竞争制度与知识培训制度等多项规章制度，从而确保组织有效开展知识管理。

第 4 节　数字化组织变革

组织的数字化转型涉及组织变革的相关知识，而厘析组织变革的驱动力、知晓组织变革的过程对于理解组织的数字化转型具有重要意义。

一、数字经济时代组织变革的驱动力

张英奎等（2021）认为，组织变革是指组织的领导者应用组织管理以及其他相关理论对组织的要素与架构进行大幅调整，以使组织适应新的环境或新的发展阶段。推进组织变革的驱动力包括以下几个方面。

（一）宏观环境

组织架构与组织要素需要与宏观的政治法律因素、经济因素、社会文化因素以及技术因素等相匹配。例如，在当前的数字经济时代，信息通信技术迅速发展并普及，用户拥有更多的途径表达自己的真实诉求，同时也更加迫切地希望企业可以满足这些诉求，那么，企业就有必要使组织架构更加扁平化，从而快速响应用户诉求。

（二）组织战略

组织架构与组织要素需要适应组织的战略规划。例如，当组织实施多元化战略时，就会在原有的主营业务的基础上扩增产品线；由于每条产品线都有与之相对应

的细分市场以及经营策略，因此每条产品线应独立经营，那么此时，原有的直线制、职能式或直线职能式组织应将其架构变革为事业部制。

（三）组织规模

组织规模能够影响到组织架构的选择，进而推动组织变革。通常情况下，组织规模较小时，适合采用集权化的组织架构，而随着组织规模的扩大，组织架构应更具分权特征。以京东为例，2022 年底，京东的员工总数已超过 54 万人，原有的组织架构已经难以快速响应市场变化，为此，京东转而采用事业部制组织架构，每个事业部自负盈亏，力图做到“把经营决策权交给离客户最近、最了解市场需求的人”。

（四）组织的发展阶段

组织的发展阶段与组织规模相关，但也存在例外。通常情况下，处于初创阶段的企业的规模相对较小，而处于稳定发展阶段的企业的规模相对较大。然而，评价企业处于哪个发展阶段，主要取决于所提供的产品或服务能否很好地为消费者创造价值。若企业当前的产品或服务已经难以满足新的市场需求，用户数量已经开始下滑，那么可以认为该企业需要转型，从而进入一个新的阶段。而新阶段的发展要求，也促使企业进行组织架构与要素方面的变革与调整。

例如，前台的研发与市场人员需要迅速响应市场需求，后台的人力、财务、数据等资源能否给予及时的支撑，这对企业而言是巨大的挑战。为此，以阿里巴巴为代表的大型互联网企业选择调整组织架构，创立基于前台、中台和后台的“三台型”组织。在“三台型”组织架构下，企业可以基于产品线的共性需求，整合前端、后端、开发与运维等各项重要工作，形成以产品为中心的平台型组织（赵兴峰，2019）。在平台型组织中，前台以产品为核心，重点是满足用户的动态需求；而以业务为中心的中台和以服务为中心的后台可以为前台提供决策支持和资源保障，从而使组织能够更加敏捷地响应前端用户的需求，并为前端提供更快、更好的服务（见图 4 - 12）。

二、数字经济时代组织变革的过程

根据王冰、毛基业和苏芳（2022）的观点，传统组织实现数字化转型、创建数字化组织的变革过程可以分为以下三个阶段，即初步尝试阶段、推广深化阶段与全面整合阶段。

（一）初步尝试阶段

在初步尝试阶段，高层管理者可以通过认知搜索式的学习，识别和挖掘那些偶发但有助于组织转型的机会，进而触发对组织转型的局部探索。值得注意的是，在这个阶段，组织的高层管理者可以先针对变革或转型工作设定总体目标，但不需要

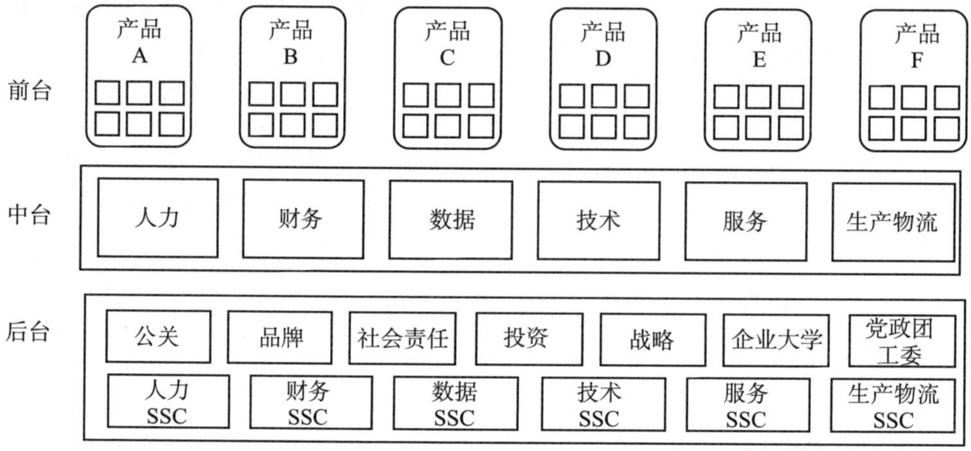

图 4-12　以产品为中心的平台型组织的概念图

资料来源：赵兴峰，2019. 数字蝶变：企业数字化转型之道［M］. 北京：电子工业出版社.

对组织的架构与人员进行大幅调整。

（二）推广深化阶段

经过初步尝试阶段，组织变革的工作将进入推广深化阶段。在这个阶段，高层管理者要通过经验学习（也就是从以往的管理工作中总结经验），寻找并且积极把握组织变革的关键机遇，力图将初步尝试阶段的组织变革的工作成果加以扩大，使组织架构更加扁平，组织管理更加高效。

（三）全面整合阶段

推广深化阶段的工作达到预期目标后，组织变革就将进入全面整合阶段。此时，高层管理者需要通过复盘组织的经营现状，积极学习其他组织甚至其他行业的模式与业态，特别是数字经济时代出现的新模式、新业态，进一步扩展本组织业务的深度和广度，并借助前沿的信息通信技术促进业务组之间的交流，或通过中台模式促进业务之间的关联以及后台资源的多向流动。此外，还要鼓励员工参与业务类型的创新，扩增产品线，为今后构建企业级生态圈做好业务与资源准备。

在组织变革的整个过程中，谋求变革的组织还需要积极采取区分策略和整合策略。前者的目的是鼓励个体员工或项目组能够积极尝试产品或业务方面的创新，从而探索组织的转型路径；后者的目的是促进产品线或项目组之间在资源以及信息方面的交流与互补，共同提升经营绩效。在实际的组织管理工作中，区分策略和整合策略在组织变革的三个阶段均可以使用，以期推动各阶段的组织变革工作。

// 关键术语 //

直线制	职能式	直线职能式	事业部制
矩阵式	扁平化组织	网络化组织	虚拟化组织

平台化组织　　　　生态化组织

// 复习题 //

1. 说明数字化组织的架构与传统组织架构的区别与联系。
2. 组织创建需要关注的基本要素有哪些？
3. 数字化组织的组织文化具有哪些显著特征？
4. 说明传统组织转型为数字化组织所需的发展阶段。

案例分析

海尔：组织变革助推数字化转型

海尔实施组织变革所体现的是管理理念的升级。传统企业的组织架构是串联式的，从研发设计、生产制造、营销、服务到用户有很多层级，但中间层级并不了解用户的具体需求。海尔的理念是将用户诉求作为企业经营的出发点，因此伴随着管理理念的更新，海尔的组织架构也在变革。为了真正理解并满足用户需求，海尔力图减少那些不直接面对用户的中间层级，从而实现对市场和用户的快速响应。因此，海尔转型成为平台型企业：对内，海尔通过内部创业的方式成立了数百家小微企业；对外，海尔的创业平台通过汇聚上千家风险投资机构，吸引了数千家创客式的小微企业。由此，海尔的组织架构从传统的金字塔式的科层制，转变为小微企业的生态圈，海尔也转型成为一个汇聚各方资源、使各方利益最大化的利益共同体（见图 4－13）。

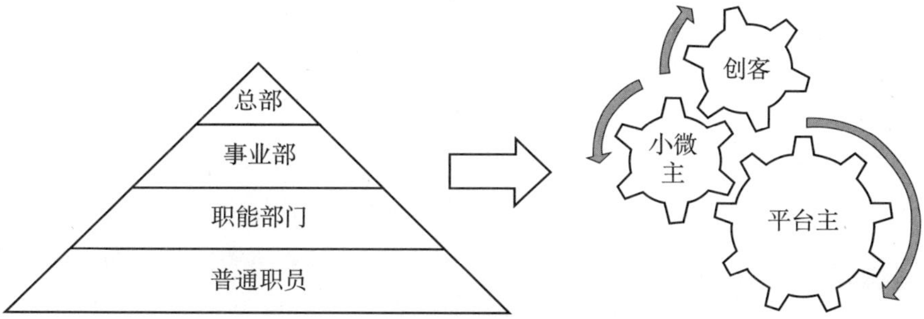

图 4－13　海尔转型前后的组织架构对比

伴随着组织架构的变革，海尔全面升级为“人单合一”模式。所谓人单合一，就是让员工对接用户，以满足用户需求为目标，管理者成为资源提供者，从而极大地提高企业的沟通和决策效率，增强了企业在市场上的竞争力。“人单合一”模式的关键是紧盯用户，整合企业内外部资源，满足用户的需求。海尔在海外并购和整合过程中，通过“人单合一”模式，规避了因为文化和管理方式的差异导致的文化冲突，既保持了原有管理团队的理念和文化，又能真正帮他们提高竞争力，真正做到了“和而不同”。

可以这样认为，海尔的组织转型已经超越了传统意义上的组织扁平化，它真正变成了一个创新创业的平台。海尔提供各种资源，让创业者在平台上自由施展。这种组织转型必将成为大企业实施组织转型的新范式。

资料来源：陈雪频，2021. 一本书读懂数字化转型［M］. 北京：机械工业出版社.

思考题：

1. 阐述海尔组织变革与管理理念的关系。
2. 阐述海尔的组织变革对数字化转型的意义。

// 第 5 章 //

数字化运营流程管理

学习目标

1. 掌握流程与流程管理的内涵，理解端到端流程。
2. 理解流程规划工作所涵盖的各项任务。
3. 理解流程优化的原则和工具，了解流程优化的环节、配套制度与相关策略。
4. 理解流程实施的内容与策略，了解流程实施的注意事项。
5. 掌握流程评估的指标，理解流程评估的任务。

引导案例

工业互联网服务

工业互联网（industrial Internet）是由相关企业所提供的数字平台服务，工业企业可以通过接入工业互联网平台，调用平台上的工业 App，从而实现远程运营。在工业互联网服务的支撑下，工业企业可以实现数字化运营。当前，以海尔、百度、阿里巴巴等为代表的众多大型企业都在积极布局工业互联网平台，助力工业企业的数字化转型。使用工业互联网服务是工业企业在数字经济时代的发展趋势，而相关企业则有必要对原有的流程进行改进与优化，从而适应数字化运营的要求，提升企业的运营绩效以及市场竞争力。

第 1 节　流程与流程管理

一、流程与流程管理的内涵

流程（process）是工作流转过程的简称。组织内的工作往往需要多个部门、多个岗位、多个工作者的参与，并且需要在部门、岗位以及工作者之间进行流转，从而完成这些工作。因此，流转过程的效率与效果可以深刻影响工作的效率与效果，而这也是学习与研究流程及流程管理的意义所在。

（一）流程的内涵

关于流程，很多学者都给出了自己的定义。哈默（Hammer，1990）认为流程是将一个或多个输入转化为（对组织用户）有价值的输出的活动。达文波特（Davenport，1992）认为流程是一系列活动的集合，这些活动是结构化且可测量的，能够为组织所面对的市场和用户创造特定的输出。这些关于流程的定义的共同之处在于，它们都认为流程由各种相关活动组成，通过这些活动，可以将输入转化为输出，并且强调这些输出对于用户的价值。

综合以上关于流程内涵的论述，本书认为，流程是指一系列有序的活动，这些活动是可控的，能够将组织的输入（例如，原材料或数据等要素）转化为对内外部客户有价值的输出（即产品或服务）。

（二）流程管理的内涵

流程管理就是对流程的管理，经典的流程管理具有较为深刻的内涵，而在数字经济时代，流程管理的内涵也更加丰富。

1. 经典的流程管理的内涵

根据“流程”与“管理”的内涵，流程是能够将输入转化为有价值的输出的一系列活动，而管理指管理者运用相关的知识、技能与工具进行计划、组织、协调以及控制，从而提升工作的效率与效果。由此可知，流程管理是指需要从事流程所涉及活动的工作者运用知识、技能与工具，对这些活动的执行过程进行计划、组织、协调以及控制，使输入能够更加快速有效地转化为对客户有价值的输出。流程管理的内涵包括以下四个方面：

首先，流程管理的主体是相关的工作者。流程管理的实施者，也就是从事流程相关活动的工作者，就是流程管理的主体，因此，要想改进与优化流程，首要工作是提升组织中的工作者的思想认识，这样才能确保后续相关工作的顺利进行。

其次，流程管理的客体是流程所涉及的活动。流程由一系列活动构成，这些活动是有序的，并且经过这些有序的活动之后，可以将输入转化为输出。流程管理的客体就是这些活动，经过流程管理后使这些有序的活动更加可控。

再次，流程管理的任务是在流程执行过程中实现管理职能。管理的职能包括计划、组织、协调与控制，而流程管理的具体任务就是对流程所涉及的各项活动进行计划、组织、协调与控制，也就是通过管理的各项职能实现这些活动的有序执行。

最后，流程管理的目标是提升流程的效率与效果。管理的目标是提升效率与效果，因此流程管理的目标就是提升流程执行的效率与效果，也就是通过流程管理工作，使得从输入到输出的转化过程可以更加快速地完成，并且使输出更有价值，更符合客户的诉求。

2. 数字化转型背景下流程管理的内涵

在数字经济时代，当组织（特别是传统实体组织）力图实现数字化转型时，创新的流程管理对于组织的运营更为重要，因为数字化转型的重要任务之一就是优化组织的流程。因此，在数字化转型的背景下，流程管理也具有更加丰富的内涵。

首先，流程管理的主体（也就是作业流程的规划者与制定者）需要加深对于流程数字化重要意义的认识。流程数字化并不仅仅是应用数字技术实现作业环节的精简，或作业流程的自动执行与调配，更为重要的是优化组织的价值创造过程，力图使组织的数字价值链（相较于以往的实体价值链）更为新颖、更加稳固、更有韧性。

其次，流程管理的客体需要数字化的工具加以管理。数字经济时代的流程管理需要依靠数字化的工具实现流程的数字化。因此，在数字化转型的背景下，数字技术与相关工具（例如，业务中台、工业互联网等）的选择、学习与使用应该成为流程管理的重要内容，为各项活动的工作者所重视。

再次，流程管理的任务具有新的内容。在数字经济时代，数据成为重要的价值创造要素（数字经济的内涵之一就是数据要素化）。因此，在数字化转型的背景下，组织在流程管理的过程中，还需要注意积累运营数据，利用这些数据进一步优化组织战略、确定细分市场、理解客户诉求，从而更好地为组织和客户创造价值。

最后，流程管理的目标更加多样。流程管理的目标是提升流程的效率与效果，因此，在数字经济时代，流程管理的目标还应该包括助力组织的数字化转型，从而使组织在实施数字化转型的过程中以及实现转型之后，可以持续保证流程的效率与效果。

二、流程与组织管理和战略管理的关系

流程应该与组织管理及战略管理相适应，从而提升运营的效率与效果。

（一）流程与组织管理的关系

在运营过程中，组织应该力图使流程与组织的形态、架构以及制度相适应。

1. 流程应该匹配组织形态的调整

流程包括多项活动，通过完成这些活动，为客户创造价值。在组织的发展过程中，组织形态可能会有所调整，因而组织的客户及其诉求、组织的营收方式等都会随之调整，而流程也应该与之相匹配。例如，当前很多企业都在试图进行平台化转型，即从单纯出售产品或服务的售卖型企业发展成为向交易双方提供配套服务的平台型企业，在转型前后，由于企业所面对的客户发生了变化，相应的流程亦应随之调整。

2. 流程应该推动组织架构的调整

随着组织的发展，组织架构也需要有所调整，而组织的流程则需要对此发挥推动作用。以直线职能式架构转变为事业部制架构为例，在直线职能式架构时期，相关决策需要由职能部门的负责人进行初拟，然后由决策层审核并做出决策；当组织转变为事业部制架构后，该流程也需要持续优化，从而成为组织的运营基础。事业部制架构的特点是组织拥有多个事业部（以京东为例，拥有京东商城、京东快递、京东科技等多个事业部），每个事业部可以采用直线职能式组织架构，所以，优化之后的适用于直线职能式架构的流程也将有助于组织在事业部制组织架构下运营。

3. 流程应该助力组织制度的完善

要使流程包含的各项活动为客户创造价值，需要与之相配套的组织制度。因此，在流程的执行过程中，为了确保流程的效率与效果，需要对相关制度加以改进，使之有助于推进流程。从这个意义上讲，流程及其管理也有助于组织制度的完善。

（二）流程与战略管理的关系

战略引领组织发展的方向，而通过执行流程所包含的各项活动则可以达成组织的发展目标。因此，组织战略对流程也会产生影响，具体表现在以下三个方面。

1. 战略定位影响流程的目标客户

组织通过流程所包含的各项活动为客户提供产品与服务，从而满足客户诉求。也就是说，组织需要先找到目标客户，才能准确理解客户的诉求，从而合理规划流程。而战略管理可以明确组织的市场定位，从而定义组织的目标客户。由此可知，组织战略影响到组织对客户的认识，进而影响组织对于满足客户诉求的流程的规划。

2. 战略选择影响流程的价值创造

组织在发展过程中有很多备选战略，例如总成本领先、差异化、集中化等，而不同的战略所需的价值创造方式也有所区别。以总成本领先和差异化两种战略为例，前者通过压缩经营成本，为客户提供低价格的产品与服务；后者则通过与竞争者（所提供的产品或服务）之间的差异，为客户提供更好的体验。因此，价值创造方式不同，组织所规划的流程也要不同。

3. 战略实施影响流程的预期输出

组织所选择的战略不同，则流程的侧重点也会有所区别。仍以总成本领先战略和差异化战略的对比为例，前者重视压缩成本，那么流程的预期输出则是低于竞争企业的经营成本和有竞争力的市场价格；后者重视与竞争产品或服务的差异，那么流程的预期输出则是使客户获得与采纳竞争产品或服务时有所差异的、更好的使用体验。

三、流程管理新理念：端到端流程

端到端（end to end）流程是流程管理领域的新理念。端到端流程是指将客户的诉求作为流程管理的出发点和目标（哈默、赫什曼，2020）。也就是说，流程管理的各项工作要以客户诉求为导向，而对流程管理绩效的评估，也要以是否满足客户诉求为重要指标，使流程管理工作形成一个闭环，从而为客户创造价值，并以此提升组织的市场竞争力。

第 2 节　流程规划

流程管理的首要任务就是对流程进行规划，这项任务又可以进一步分为流程概览、流程划分、流程识别以及流程选择。

一、流程概览

流程概览的目的是对组织流程现状进行梳理，并形成总体认识。进行流程概览时，可以绘制流程的概览图，从而展示流程与组织架构、流程与组织战略以及各个流程之间的相互关系。流程概览工作的重点包括以下三个方面。

（一）全面收集组织内外部的相关资料

收集组织内外部的相关资料是流程规划的基础，因为只有掌握丰富的资料，并进行深入的分析，才能够充分理解组织的现状，并对流程形成清晰的认识，从而找到流程管理与优化的发力点。

（二）深刻理解组织的流程

在收集相关资料并对流程形成较为清晰的认识的基础上，还需要对这些流程具有更深刻的理解。例如，了解企业与上游的供应商、下游的批发商和零售商以及终端客户之间的关系和价值创造方式，由此形成对流程的深刻认识。

（三）对流程进行分类

在理解了组织的流程之后，可以根据流程在组织运营中的作用对流程进行分类。例如，与战略规划相关的流程可称为战略性流程，与战略执行相关的流程可称为运营性流程，而与配套工作相关的流程可称为支撑性流程。

二、流程划分

流程概览可以帮助相关的工作者在总体上认识流程，然而，想要更加深入、细致地理解流程，则有必要对流程进行划分。根据自上而下、逐步细化的原则，可以将流程进行逐级划分。在现实中，通常将流程划分为三级（王学东，2017），在少数情况下，还需要进一步细化，并且随着流程的细化，流程的工作内容将更加具体。

（一）一级流程

一级流程是指对组织业务进行较为宏观的划分之后所定义的流程，例如，组织管理、战略管理、客户关系管理等就属于一级流程。可见，一级流程是对很多工作的概括与总称。

（二）二级流程

二级流程是在一级流程的基础上，进一步细化而定义的流程。以一级流程“战略管理”为例，将其进一步细化，可分为战略规划、战略执行以及战略评估等，这些是从属于战略管理的二级流程。与一级流程相比，二级流程较为具体和明确。

（三）三级流程

将二级流程再进一步细化，可以得到三级流程。仍以“战略管理”为例，一级流程“战略管理”可分为二级流程战略规划、战略执行、战略评估等，其中二级流程“战略规划”又可分为宏观环境分析、行业环境分析以及竞争态势分析等，这些就是三级流程。与二级流程相比，三级流程更加具体和明确，并且可操作性更强。

三、流程识别

所谓流程识别，是指识别核心流程，也就是识别那些能够对组织的运营发挥关键作用的流程。核心流程的识别过程通常包括以下三个环节。

（一）流程分解

流程由各项活动所构成，因此可以分解为一系列的活动，这些活动有助于将输入转化为对客户有价值的输出，也就是说，这些活动创造了价值。通常情况下，可以分解的流程是三级流程，因为三级流程更加具体，由三级流程分解所得的各项活动也将更加明确。例如，三级流程“竞争态势分析”可以分解为市场调研、数据统计以及策略分析等多项活动。

（二）活动价值评估

将三级流程分解为各项价值创造活动之后，可以采用德尔菲法、问卷调研法以及田野实验法等方法，对这些活动进行评估，所要评估的是每项活动创造了多少价值，从而找到那些对于价值创造具有较大贡献的活动。以三级流程“竞争态势分析”为例，针对该流程，需要评估该流程所包含的市场调研、数据统计以及策略分析等活动的价值。

（三）流程价值评估

在对活动进行价值评估之后，可以知晓每项活动的价值，然后，可以将每个流程所包含的活动的价值进行汇总，从而计算得到每个流程（具体而言，是每个三级流程）的价值。仍以三级流程“竞争态势分析”为例，该流程所包含的市场调研、数据统计与策略分析等活动的价值之和即为该流程的价值。

四、流程选择

流程选择也是流程规划的重要内容。流程选择就是在各个备选流程中选择最佳方案，使投入使用的流程更加具有效率和效果。流程选择工作需要遵循以下三个原则。

（一）客户诉求导向

组织运营的重要目标是为了满足客户的诉求，只有在满足客户诉求的基础上，才能实现经济效益与社会效益。因此，选择流程时能够更有助于满足客户诉求，或与客户诉求更加匹配的流程应为组织优先选用的方案。

（二）输出价值导向

流程可以将输入转化为有价值的输出，需要注意的是，这里的“价值”是指输出对客户的价值，也就是流程的输出能否满足客户的诉求。因此，从这个意义上讲，流程的安排应以客户诉求为导向，与此同时，也需要以输出价值为导向，那些能够实现（对客户）更有价值的输出的流程应为组织优先选用的方案。

（三）核心流程导向

核心流程即价值较大的流程，因此，在选择流程时应该尽量确保将要使用的流程中的核心流程所包含的各项活动可以完成，从而使全部流程能够为组织创造最大价值。也就是说，能够使核心流程及其所包含的各项活动得以有效完成，而贡献更大价值的流程应为组织优先选用的方案。

第 3 节　流程优化

组织通过流程所包含的活动将输入转化为输出，从而为客户创造价值。不同的流程所能创造的价值是有所区别的，因此，有必要对组织的流程进行优化，以获得能够创造最大价值的流程方案。

一、流程优化的原则

组织对于流程的优化应该遵循三大原则，即客户导向、市场导向和竞争力导向。

（一）客户导向

客户导向是指优化之后的流程能够更好地满足客户诉求。组织流程的输出需要满足客户诉求，从而为客户创造价值，这是组织发展的基础。因此，在对流程进行优化时，应该深刻理解客户诉求，力图使优化之后的流程能够为客户创造更大的价值。

（二）市场导向

市场导向是指优化之后的流程能够拥有更大的市场需求。组织想要获取经济效益，前提是要满足客户诉求，与此同时，还需要有足够的市场需求。为此，组织在进行流程优化时，需要开展充分的市场调研，找到具有较大潜力的细分市场，以此作为组织的目标市场。然后，针对该目标市场优化流程，争取使流程的输出与目标市场相匹配，从而获得较大的市场需求。

（三）竞争力导向

竞争力导向是指优化之后的流程能够巩固组织的核心竞争力。满足客户诉求、获得市场需求，这些都是组织发展的重要条件，但随着竞争的日益激烈，组织还必须注重培养自己的核心竞争力。因此，组织在进行流程优化时，需要分析自己的核心竞争力，然后对于那些与核心竞争力密切相关的流程及活动，可以分配更多的人、财、物、信息等资源，从而使优化之后的流程能够巩固并提升组织的核心竞争力。

二、流程优化的工具

组织对流程进行优化时可以使用数字基础设施、决策支持以及专家推理等工具，推动流程优化相关工作的开展。

（一）数字基础设施工具

流程优化需要信息通信技术的支撑，而信息通信技术的应用则需要依靠数字基础设施。传统的数字基础设施包括光纤、电缆、宽带等，而新兴的数字基础设施则包括 5G 技术、物联网、区块链、人工智能等工具。数字基础设施为流程优化提供了其所需的工具与技术平台，是流程优化的重要支撑。

（二）决策支持工具

决策支持工具通常包括数据库和数据仓库，它可以对业务数据进行分类、聚类和预测，从而实现对业务数据的挖掘与分析。在决策支持工具的作用下，基层管理者与员工也能够对部分较为复杂的业务做出决策，有助于提升决策的效率与准确性，并且可以使高层管理者更加专注于战略规划、组织架构等重大决策问题，进而提升组织的运营绩效。

（三）专家推理工具

专家推理工具是在某个领域内，能够做出具有领域专家水平的决策的软件程序。与决策支持工具的重要区别是，专家推理工具主要面向组织的高层管理者，并为其提供决策依据。专家推理工具可以预测各个备选流程的运营绩效，从而向高层管理者进行展示。由此，高层管理者可以根据组织的战略目标，从各个备选流程中寻找与之匹配的最佳方案。

三、流程优化的环节

在对组织的流程进行优化时，需要经过三个环节，即梳理业务活动、规定业务流程以及明确责任主体。

（一）梳理业务活动

流程由一系列活动构成，因此在对流程进行优化时，首先需要梳理各项业务活动。以战略管理为例，其所涉及的业务活动包括宏观环境分析、行业环境分析、竞争态势分析、市场定位分析、竞争战略分析、战略绩效分析等多项活动，这些活动构成了战略管理的相关流程。

（二）规定业务流程

梳理并知晓了业务活动之后，可以将部分活动进行归并，使其构成业务流程，还可以将部分流程进行归并，进一步构成新的流程。以战略管理所涉及的各项活动为例，宏观环境分析、行业环境分析与竞争态势分析等构成战略规划流程，市场定位分析与竞争战略分析等构成战略制定流程，战略绩效分析则属于战略控制流程，而战略的规划、制定与控制等流程则共同构成战略管理流程。

（三）明确责任主体

优化流程必须做到权责明确，并且要明确责任主体。首先，要明确各项具体活动的责任主体，而将部分活动归并成流程之后，还需要明确该流程的责任主体。其次，明确责任主体需要注意权责对等，也就是要给予责任主体相应的自主权，支撑责任主体有效执行相应的活动与流程，从而使这些活动与流程履行相应的职能。

四、流程优化的配套制度

流程的优化需要相应的配套制度予以支撑，主要包括研发管理制度、作业管理制度、岗位与培训制度以及激励制度等。

（一）研发管理制度

研发管理制度的建立是为了降低研发成本、提升研发效率，从而持续为用户提供令其满意的质优价廉的产品。

数字化组织研发管理的核心在于实现工艺知识的共享，而工艺知识共享的实现需要构建研发基础数据库，包括产品基础数据库、标准规范数据库、产品工艺数据库、研发案例库、流程模板库和研发需求库等，用以提供产品研发和过程监控两个子系统所需的基础数据。在数字经济时代，产品运营的范畴不再局限于将产品卖给用户，而是希望用户能够一直使用和持续购买，并不断分享和反馈使用体验，所以在产品设计与研发阶段引入用户参与，有助于使产品与用户成为价值共同体。

在企业收到用户的反馈信息后，需要从数据支撑层获取相关数据并结合预先制定的各种业务逻辑规则做出回应。因此，构建一个由数据支撑层、业务逻辑层以及用户交互层组成的研发支持体系（见图 5－1）并将其制度化是研发数字化转型的必由之路。

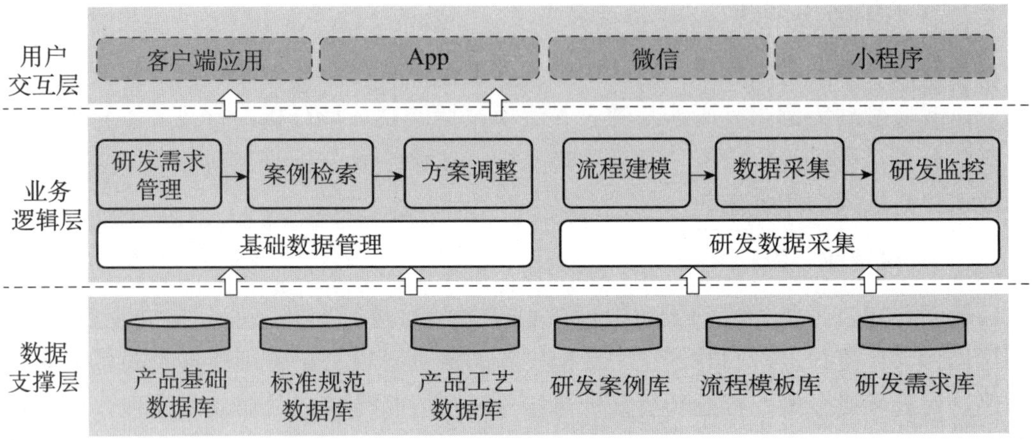

图 5－1　产品研发支持体系的总体结构

资料来源：胡耀光，2019. 企业数字化转型与工业 4.0 渐进之路：电子元器件行业视角［M］. 北京：电子工业出版社.

数据支撑层为组织的正常运行提供必要的数据服务。业务逻辑层是实现系统功能的核心环节，它制定了基础数据管理、研发数据采集等业务的规则和逻辑。用户交互层的主要目的是提供一个人机友好、清晰简明的图形化界面，方便用户的数据输入和数据信息的获取（胡耀光，2019）。

（二）作业管理制度

数字化作业车间（简称数字化车间）的建设是企业实现数字化转型的关键，因此需要将数字化车间的作业流程加以规范，并形成制度。

数字化车间的体系结构可分为基础层和执行层，涵盖产品作业的全过程，此外，数字化车间还需要连接企业的管理层，如图 5－2 所示。数字化车间的基础层由制造设备以及生产资源组成：制造设备用于承担加工、检验、物料运送等任务，多采用数字化作业，可以自动采集信息或执行指令；而生产资源包括劳动力、物料、工装辅具、传感器等，可借助条码、RFID 等数字技术进行标识，以此实现数字化作业。数字化车间的执行层主要负责车间计划与调度、工艺执行与管理、生产物流管理、生产过程质量管理以及车间设备管理等。由于数字化工艺是数字化作业的重要基础，针对部分中小企业没有独立的产品设计和工艺管理的情况，可在数字化车间中加入工艺设计系统，为这些企业的运营提供数字化工艺信息。图 5－2 给出的数字化车间体系仅包含产品生产过程涉及的最基础的功能模块，企业可根据自身的实际情况增设其他模块，如生产安全管理系统、能效管控系统等。

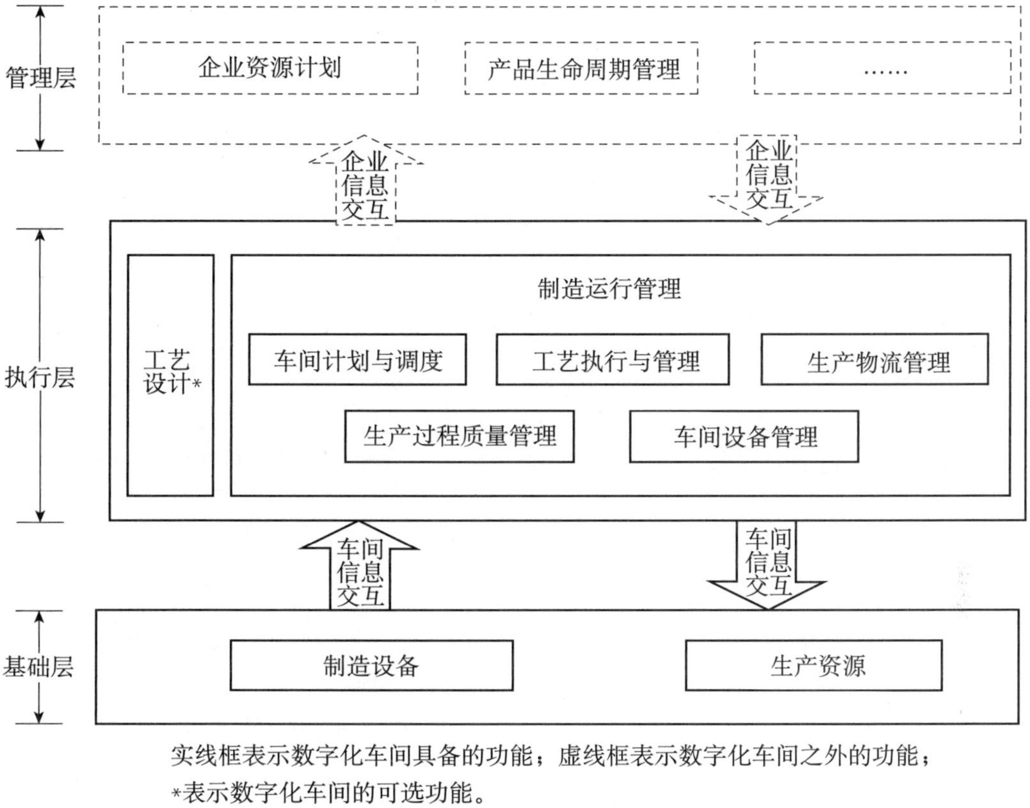

图 5 - 2　数字化车间的体系结构

资料来源：国家智能制造标准化总体组，2018. 智能制造基础共性标准研究成果（一）[M]. 北京：电子工业出版社.

数字化车间的各个功能模块都具有信息集成模型，可以实现自决策；而且这些模块都能够与数据中心以及企业的其他管理系统进行信息的双向交互。此外，模块与模块之间也能实现数据的直接调用。图 5 - 3 给出了数字化车间各个功能模块之间的主要数据流。

（三）岗位与培训制度

流程的岗位制度是指流程及其所包括的活动必须有对应的岗位，且需要明确这些岗位的权责。此外，每个岗位都要有直属的主管岗位，在流程运营过程中，每个岗位只由其直属主管岗位来领导，从而避免多重管理的现象。

流程的培训制度是指在流程运营之前以及运营过程中，需要注重对相关工作者进行培训，并且要实现培训常态化。培训工作有助于提升员工对相关工作的胜任力以及业务流程的运营绩效。

（四）激励制度

流程的激励制度是指对于流程所包含的活动对应岗位的工作者，要根据工作的

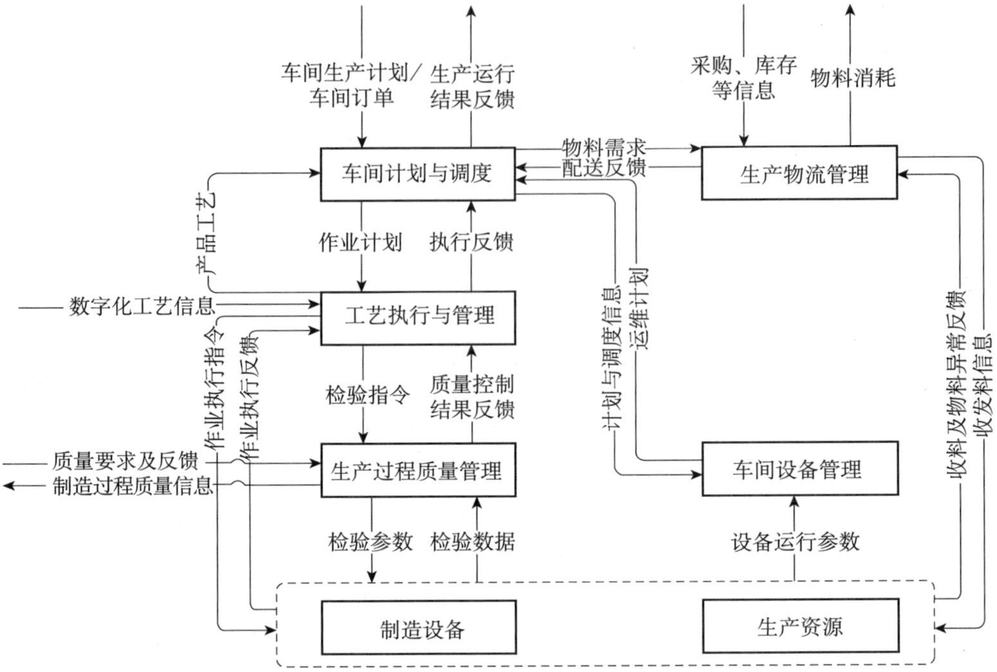

图 5-3　数字化车间的主要数据流

资料来源：国家智能制造标准化总体组，2018. 智能制造基础共性标准研究成果（一）[M]. 北京：电子工业出版社.

绩效给予相应奖励（包括物质层面与精神层面的奖励）。激励制度可提升工作者的积极性，从而使优化之后的流程获得更好的运营效果。

五、流程优化的策略

在流程优化的过程中，还需要采用相应的策略，包括获取高层管理者的支持、尊重基层员工的诉求，以及选择重要流程进行优化，通过这些策略可以提升流程优化工作的绩效。

（一）获取高层管理者的支持

流程优化需要高层管理者，特别是决策者的支持。由于流程优化涉及组织运营的多项活动，这也就涉及组织的多个部门。因此，流程的优化工作往往涉及部门之间的利益再分配。在这种情况下，若缺乏高层管理者的支持，那么，流程优化工作很可能难以开展。

（二）尊重基层员工的诉求

由于流程优化涉及利益的再分配，因此在优化过程中不仅需要获得高层管理者的支持，还需要尊重基层员工的利益诉求。在实际的工作中，需要与相关工作者充分交流与沟通，使员工能够深刻理解流程优化对于组织运营以及自身利益的重要作用，并且在做流程规划时充分满足员工的诉求，争取获得员工对流程优化的支持。

（三）选择重要流程进行优化

组织的流程涵盖多个方面，往往较为复杂，若对全部流程进行优化，则难度相对较大。因此，在进行流程优化时，可以选择部分重要流程（例如，对于价值创造贡献最大的那部分流程）进行优化，然后再优化其他流程中较为重要的部分。由此，则可以循序渐进地实现全部流程的优化，从而提升组织的运营绩效。

第 4 节　流程实施

经过优化之后的流程可以开展实施工作，从而为组织和客户创造价值。组织需要关注流程实施的内容、策略以及相关的注意事项。

一、流程实施的内容

流程实施的内容主要包括两个方面：流程审核与流程执行。

（一）流程审核

流程优化工作完成之后，相关工作者（包括组织的高层管理者、流程所涉及部门的管理者与基层员工代表）可以对该流程进行审核，并深入讨论。审核的重点在于该流程与客户诉求、市场需求、组织战略意图的匹配性以及其可执行性。经过讨论后，需要改进的地方可以再进一步完善，而审核之后的流程可加以执行。

（二）流程执行

在流程的执行期间，工作者需要按照审核之后的流程展开工作，在此过程中，相关工作者需要注意以下几个方面。

1. 严格遵守流程规则

作为流程的执行者，在工作过程中，必须严格遵守流程执行的相关规则，确保流程执行的效率与效果。

2. 尽量满足客户诉求

组织的流程需要以客户诉求为导向，因此工作者在执行流程的时候，需要在组织所授予的权限范围内，在遵守流程规定的前提下，尽可能地满足客户诉求。

3. 客观记录流程问题

流程即使经过优化，也会不可避免地存在一些问题，特别是在流程执行初期，会存在与客户诉求或执行环节不匹配之处。在这种情况下，作为流程的执行者，相关工作者应该遵守流程规则，与此同时，还需要客观记录问题，并将这些问题及时反馈，帮助高层管理者优化流程。

二、流程实施的策略

在流程的实施期间，组织架构、技术使用以及管理制度等方面都需要进行策略性调整。

（一）组织架构

流程经过优化之后，原有的组织架构可能不再与之相匹配，此时，需要对组织架构进行调整。例如，部分流程经过优化之后，实施的时候需要各个部门共同执行，那么，组织架构需要更加柔性化，使之在必要的时候可以由直线制、直线职能式或者事业部制等架构转化为矩阵式架构。

（二）技术使用

以数字化转型为目标所优化的流程在实施的过程中，需要运用信息通信技术。因此，组织需要在流程实施之前以及实施过程中，购买相应的软硬件设备并投入使用，以确保优化之后的流程的输出能够满足市场需求，并与组织战略相匹配。

（三）管理制度

业务战略的实施还需要相应的管理制度予以支撑，主要包括培训制度与奖励制度，前者可以帮助员工迅速掌握执行流程所需要的知识和技能，而后者则有助于提升流程执行者的工作积极性。

三、流程实施的注意事项

流程实施还需注意以下三个方面的问题。

1. 以客户诉求为导向

流程的目标是将输入转化为对客户有价值的输出，因此流程的实施也应该以客户诉求为导向，而非以任务为导向。若流程的执行者仅以任务为导向，满足于流程规则所要求的任务而忽视了客户诉求，那么，整个流程的输出可能难以与客户诉求以及组织战略匹配。

2. 将流程的执行效果纳入利益相关者的考核

为了促使流程的执行者能够以客户诉求为导向，需要将流程的执行效果（满足客户诉求）作为利益相关者（流程的执行者及其主管领导）的考核任务，使得这些利益相关者在流程执行过程中，既重视流程规则，也重视客户诉求。

3. 将数据处理与分析的权限赋予基层员工

在流程执行期间，会积累大量的数据，特别是在大数据时代，业务数据积累速度飞快，且体量巨大，需要及时处理与分析。因此，可以在基层员工的职责范围内，将数据处理与分析工作适当分配给这些员工，从而实现数据要素化，推动组织的数字化转型。

第 5 节　流程评估

在流程实施的过程中以及实施之后，需要对流程的执行效果进行评估，进而分析该流程是否还需进一步的改进与完善。

一、流程评估的指标

流程评估的指标主要包括两类：效率指标和效果指标。

（一）效率指标

效率指标所评估的是流程的执行效率，例如，流程实施之后，组织所获得的浏览量（page view，PV）、访客数（unique visitor，UV）等。通过这些指标，可以评估当前的流程执行效率以及当前流程的效率是否比原有流程有所提升。

（二）效果指标

效果指标所评估的是流程的执行效果，包括客户的平均在线访问深度、客户满意度以及组织的投资回报率等。通过评估效果指标，可以分析当前流程的输出是否满足客户诉求，是否为客户与组织创造了价值，以及与组织的战略目标相比，是否还需要进一步优化。

二、流程评估的任务

根据王学东（2017）的观点，组织对流程进行评估时的任务主要包括以下五个方面。

（一）监督流程实施

此项任务的主要内容是，审核流程执行者的工作是否符合流程的规则，确保相关工作者能够在规则范围内，执行流程所涉及的各项活动。

（二）记录流程绩效

在评估流程时，需要记录流程执行的绩效，包括效率指标与效果指标，并以此作为衡量工作者业绩的依据。

（三）寻找绩效偏差

在实施流程之前，高层管理者对于此流程的绩效会有一定的预期，因此可以比较流程的预期绩效与实际输出，分析二者之间的偏差，进而分析出现偏差的原因以及改进途径。

（四）规范考核体系

将流程的绩效指标纳入员工的考核体系，由此就可以通过对员工的考核，进一步提升流程的执行绩效。

（五）分析评估结果

对流程的执行绩效进行评估之后，组织的高层管理者需要深入分析评估结果，特别是流程的执行结果与客户诉求、市场需求以及战略预期之间的对比，从而找到继续优化与改进流程的发力点。

// 关键术语 //

流程管理	流程规划	流程识别	流程优化
流程实施	流程评估	效果指标	流程绩效

// 复习题 //

1. 端到端流程与传统流程管理有何区别和联系？
2. 流程选择需遵循哪些重要原则？
3. 流程优化应遵循的原则有哪些？
4. 流程实施的策略有哪些？
5. 流程评估的指标与注意事项是什么？

案例分析

中兴通讯：以流程为核心，挖掘数字化转型方法论

数字化转型的发展趋势已经深入人心，但到底该如何实施数字化转型，遵循的步骤和逻辑如何，可能很多公司和管理者都没有明确的思路。

科技公司通过实践逐渐摸索出自己的答案。中兴通讯相关负责人表示：对一个企业来说，数字化转型以“系统可生长、业务有韧性、成本能降低”为锚点，能实现提效、增值，应对确定性和不确定性的挑战游刃有余，则大概率走在了正确的道路上。

在数字化转型过程中，诸多公司不约而同地提到一点：作为一把手工程来抓。如果业务部门不能本着提质增效的原则对流程进行优化和变革，数字化转型也不能成功，这是基本逻辑。因此，中兴通讯的数字化转型由CEO、CTO、COO共同负责，使“数字化”成为全员参与、能端到端拉通组织的事情。

在企业开展数字化转型前，要从确定性挑战和不确定性挑战两个维度进行分析。其中确定性挑战包括以下几个方面：首先是传统企业“烟囱”化的IT系统架构、彼此分立的应用系统，导致信息流通不畅；其次是业务流程冗长、烦琐，业务执行周期长；最后是企业运营成本居高不下。针对这些问题，通常要从提效角度寻求解决。不确定性挑战则包括以下几点：首先是缺乏足够的全局数据支撑，预测和断言能力不足；其次是企业韧性不足，缺乏灵活应对外部环境突变的能力，抗风险能力差。针对这些问题，则需考虑如何给企业增值。

对此，中兴通讯以公司三大业务流程“高效产品开发（HPPD）、线索到回款（LTC）、客户问题提出到解决（ITR）”为核心，遵循用户思维、数据思维、平台思维等基本原则，提炼出通用的数字化转型方法论，即“极致场景、局部工具、全域数据、最大化交易”。因此，要想使企业完成数字化转型，需从交易架构出发，以“极致场景”牵引和闭环验收，识别出各领域的高价值场景；从作业人员角度打造可提供极致体验的“局部工具”；综合考虑各领域业务数据的低成本消费诉求，企业内普遍建立数据思维，从用户场景推动端到端的“全域数据”治理；通过能力模块化、产品组件化的低成本模式来实现“最大化交易”。

在具体实践中，首先，由于在企业众多业务场景中，能根本改变运营状况的场景是最接近客户的场景，因此企业需秉持用户导向、价值判断、高频优先等基本原则，筛选出最具价值的若干关键场景，其他场景可围绕高价值场景展开。其次，应通过前端统一触点拉动，在每个子领域内打造可提供极致体验的局部工具。

接下来，通过企业全域数据治理，利用数据横向汇聚完成数据洞察，实现业务状态透明可视；通过自助式数据获取和分析，赋能一线数据作战平台；通过数据全流程贯通，实现业务上下游信息快速传递和共享；最终通过数据质量的持续提升，确保其真实反映业务、减少纠错成本，从而做到数据驱动变革，形成企业运营管理的内驱力。

在此基础上，以组件化和服务化的思想构筑可生长的数字交易架构平台，进一步促进企业内外部交易。

由此，企业可通过数字化转型驱动业务变革，通过面向外部客户的交易路径，打开企业内部业务能力，从而获取“最大化交易”成果，最终发展成极致云公司。

资料来源：骆轶琪．中兴通讯副总裁陈志萍：以三大业务流程为核心　挖掘数字化转型方法论［N］．21世纪经济报道，2022-09-26.

思考题：

1. 流程数字化具有哪些优势？
2. 如何实现流程的数字化管理？

// 第 6 章 //

数字化运营用户管理

学习目标

1. 理解用户决策过程。
2. 理解用户满意的内涵。
3. 理解用户体验的内涵及要素。
4. 掌握用户画像的概念、意义与类型。
5. 理解用户画像的属性标签与表结构。
6. 了解用户画像的应用。
7. 理解用户信任的内涵。
8. 掌握用户预测的过程。
9. 理解用户聚类的模式。
10. 了解用户管理绩效评价的各种指标。

引导案例

电子商务企业的商品推荐服务

淘宝、京东商城等都是当前中国的大型电子商务平台，汇集了大量的消费者。这些电子商务企业在运营的过程中，都采用了通过推荐系统向用户提供商品的个性化推荐服务。例如，当用户浏览或者购买过某种商品之后，这些平台就会向用户推送“您可能还喜欢”的商品。推荐系统的原理是根据用户的行为数据，包括消费记录以及对所购商品的评价，计算用户的兴趣偏好，以及用户与用户之间、商品与商品之间的相似度，进而向用户推荐其可能感兴趣的商品。凭借个性化推荐服务，电子商务企业有效提升了用户体验与用户忠诚度。

第 1 节　用户忠诚

用户忠诚对企业的经营与发展具有重要意义，要提升用户忠诚度，需要深刻理解用户决策过程，从而掌握用户的心理，并通过调动用户的心理感知，提升用户的转化率以及购物或使用中的体验。

一、用户决策过程

特班和乔恩（2020）指出，在数字经济时代，用户（包括个人用户与企业用户）购买产品与服务的决策过程包括五个阶段：需求识别、信息检索、评估议价、支付配送以及售后评价。

（一）需求识别

用户在决定是否购买某种产品或服务时，首先要进行需求识别（need recognition），目的在于确认自己的现实状态与理想状态是否存在不匹配，以及是否需要通过产品和服务以改进当前的状态。作为产品和服务的提供商，相关企业应充分了解用户需求，根据用户需求提供产品或服务。此外，企业还应在用户进行需求识别时，通过信息通信技术向用户展示产品和服务的优势，力图使用户相信企业所提供产品和服务能够满足自己的需求，并且能够帮助自己达到理想状态。

（二）信息检索

在识别并确认需求后，用户需要进行信息检索，用户需要检索的信息主要包括两方面：购买哪些产品以及从哪个提供商处购买。在数字经济时代，互联网是用户检索信息的主要途径。然而，互联网上的巨量信息使得企业及其所提供的产品或服务难以被用户关注。在这种情况下，产品或服务提供商可以通过网络广告与搜索引擎优化（search engine optimization，SEO）等多种方式，提升企业产品或服务的相关信息在搜索引擎检索结果中的排序，从而使这些信息更容易受到用户关注。

（三）评估议价

检索企业与产品（或服务）的相关信息后，用户将会选择部分企业及其提供的产品（或服务）作为备选，然后对这些备选的产品或服务进行评估，进而决定购买哪个企业提供的产品（或服务）。在评估时，价格是用户较为关注的要素，因此用户往往会在这一阶段与企业议价，而议价的结果则影响到用户的评估。通常情况下，当用户面对卖方市场[①]或购买量较少时，议价权相对较低，只能接受市场价格；相

① 卖方市场即卖方较少而买方较多，产品供不应求。

应地，当用户面对买方市场[①]或购买量较大时，议价权相对较高，能够获得更为低廉的价格。

（四）支付配送

用户选择提供商及其产品或服务后，就可以向提供商支付相应的费用，提供商则向用户配送产品或服务。当前，用户通常会选择在线支付的方式来支付货款或服务费。提供商的配送方式包括两种：一种是通过自有快递进行配送，如京东商城，用户购买的京东自营商品均通过京东快递配送；另一种是通过第三方快递公司进行配送，如淘宝网店，经营者需要通过第三方快递公司配送用户购买的商品。这两种配送方式各有利弊：前者可以在更大程度上确保快递服务的质量（及时性、安全性等），然而需要投入大量的成本；后者所需的成本投入较少，但是提供商对快递服务质量的把控较弱。

（五）售后评价

在用户支付费用、提供商配送产品或服务之后，用户需要根据使用体验对提供商的产品以及相关服务进行评价，提供商则需要为用户提供咨询、质保以及维修等售后服务。在现实中，提供商往往非常重视售后服务，因为售后服务是影响用户体验，进而影响用户评价的关键要素；而用户评价可以进一步影响提供商的品牌声誉，对于提供商而言这是非常重要的无形资产，能够深刻影响提供商的生产与经营活动。为此，提供商不仅关注产品（或服务）的质量，也关注售后过程中所提供的服务以及与用户的沟通，从而更好地提升用户评价。

二、用户满意

对企业而言，向用户提供使其满意的产品或服务是提升市场竞争力的关键要素。特别是在数字经济时代，企业与用户通过互联网进行交易，用户对于网络信息、交易平台以及配套服务都会有所感知，从而对企业做出评价。特班和乔恩（2020）认为用户满意度可以用如图 6－1 所示的满意度模型予以表示。

（一）信息质量

对于信息质量，用户主要关注三个方面：内容准确性、内容时效性以及内容完整性。

内容准确性是指企业所展示的产品与服务的相关信息应该准确、丰富，通过这些信息，用户可以了解产品与服务的特性，分析这些产品与服务能否满足自己的需求。内容时效性是指企业应该及时将产品与服务的最新信息告知用户，使用户能够迅速了解最新的产品与服务能否更好地满足自己的需求，进而决定是否采纳最新的

---

① 买方市场即买方较少而卖方较多，产品供过于求。

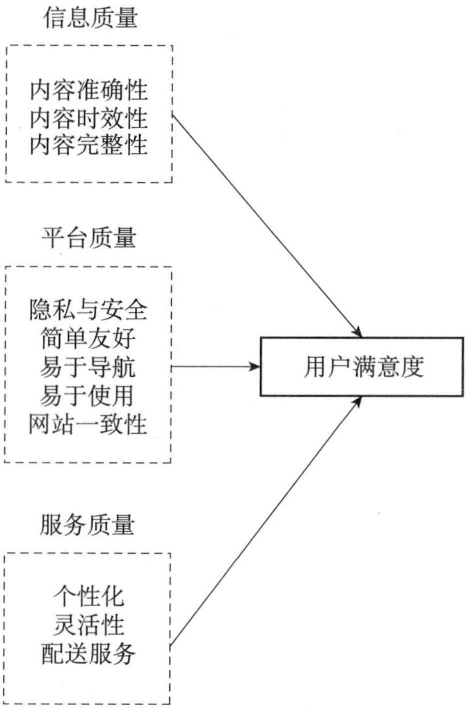

图 6-1　用户满意度模型

资料来源：特班，乔恩，2020. 电子商务：管理与社交网络视角：第 9 版［M］. 北京：机械工业出版社.

产品与服务。内容完整性是指产品与服务的相关信息应该完整，使用户能够全面了解企业的产品与服务。在数字经济时代，很多企业都会通过数字技术向用户展示产品与服务，例如，京东、淘宝等平台上的网店会通过图片、视频展示产品以及服务的特性，从而确保内容的准确性、时效性与完整性。

（二）平台质量

在数字经济时代，用户往往需要通过互联网平台（企业的官网或京东、淘宝等第三方平台）与企业交易，因此用户会关注这些互联网平台的质量。而互联网平台的质量主要表现在以下三个方面：首先，互联网平台能否确保用户隐私数据以及个人信息的安全，从而提升用户对该平台的采纳意愿；其次，互联网平台的界面是否简单友好，平台是否具有简便易用的导航功能，从而帮助用户使用该平台，并提升用户的使用体验；最后，在企业的发展过程中，这些平台在界面风格以及功能布局等方面能否保持一致，从而使用户感知到企业及其产品（或服务）的稳定与可靠。

（三）服务质量

服务质量也深刻影响着用户的满意度。对于产品与服务，用户往往具有个性化诉求，希望企业能够提供具有个性化与灵活性的产品与服务。在当前的数字经济时代，企业可以应用信息通信技术采集与分析用户行为大数据，充分理解用户偏好，从而向用户提供“千人千面”的个性化服务。例如，京东、淘宝等电子商务平台可以根据用户的购买记录向用户推荐其可能感兴趣的产品，而今日头条以及各种短视频平台等内容服务商则可以根据用户的浏览记录向用户推送其可能感兴趣的内容。此外，配送服务也是服务质量的重要方面，相关企业，特别是京东、淘宝等电子商务平台，都致力于提供快速、准确、安全的配送服务，力图提升用户的购物体验，进而提升用户的满意度。

三、用户体验

企业所提供的产品（或服务）以及用户在使用产品或服务时所获得的体验都可以为用户创造价值，因此企业所能创造的用户体验是影响企业发展的关键要素。

（一）用户体验的内涵

章剑林和沈千里（2013）引用 ISO 对于用户体验的定义，认为用户体验是“用户使用产品和服务之前、使用期间以及使用之后的全部感受”，并将用户体验分为六种基础体验：感官体验、交互体验、情感体验、信任体验、价值体验以及文化体验。

1. 感官体验

感官体验是用户生理层面的体验，关注的重点是用户在使用产品或服务时从感官层面所获得的舒适性。感官体验是最为基础的用户体验，只有获得了良好的感官体验之后，用户才会持续采纳产品或服务，从而进一步获得其他方面的体验。

2. 交互体验

交互体验是用户在操作时所获得的体验，关注的重点是可用性和易用性。交互体验主要包括两个方面，即用户与产品之间的交互以及用户与用户之间的交互。也就是说，企业应该力图使产品的应用更加简便，并使用户之间易于交流和沟通，从而为用户创造价值。

3. 情感体验

情感体验是用户心理层面的体验，关注的重点是通过用户多次使用产品、系统或服务并与之互动的过程，使用户形成一种（对产品或服务）友好的态度或意识。当用户获得较好的情感体验后，就可以进一步提升对产品或服务的忠诚度。

4. 信任体验

信任体验是涉及生理、心理以及社会文化等多个层面的综合体验，关注的重点是产品或服务的可信性。在数字化运营过程中，企业需要依靠互联网向用户提供产品与服务，而网络的虚拟性也使得用户对企业往往缺乏信任。因此，可以认为信任体验是企业进行数字化运营的重要基础，只有获得用户对企业以及企业所提供产品或服务的信任，才能建立并提升用户对企业的忠诚度。

5. 价值体验

价值体验是用户对商业价值的体验，即用户在使用产品或服务的过程中所形成的对于该产品或服务的商业价值的主观感受。价值体验是用户对产品或服务的商业价值的认可，由于用户对产品或服务的商业价值的认知能够影响用户的忠诚度，因此价值体验具有非常重要的意义。在现实中，价值体验不仅受到产品和服务特性的影响，还受企业的品牌形象、社会声誉以及宣传策略等方面的影响。

6. 文化体验

文化体验涉及社会文化层面，注重的是产品或服务的文化性与时尚性。用户采纳产品或服务是为了满足自己的需求，然而，若企业的产品或服务在满足用户需求的基础上，能够进一步为用户提供具有文化性与时尚性的体验，就可以使用户获得更大的效用，从而与其他企业的产品或服务形成差异，进而提升用户的忠诚度。

（二）用户体验的要素

提升用户采纳与使用产品或服务之后所获得的体验是影响企业运营的关键，而用户体验的提升蕴含在产品与服务的开发工作之中，可以分为五个层面：战略层、范围层、结构层、框架层以及表现层。

1. 战略层

成功的用户体验源于成功的战略规划，其核心为企业的价值主张（value proposition），也就是企业所提供的产品或服务能够为用户提供何种价值。这些产品或服务的价值主张应该详细而明确，既包括显性价值，也就是用户明确表述的希望企业提供的价值，也包括用户难以明确表述的隐性价值，例如，用户在使用产品或服务过程中所获得的个性化体验。战略层的工作对于用户体验而言是至关重要的：首先，企业需要确认用户需求，并辨析哪些是用户的核心需求；其次，企业需要根据用户需求制定产品或服务目标，使产品或服务能够满足用户的核心需求。

2. 范围层

范围层的工作是决定产品与服务的特性以及这些特性的组织形式，而这些按照一定规则相互组织的特性构成了企业的产品与服务。战略层的工作所要解决的问题是“为什么要提供这一产品或服务”，与之相对应，范围层的工作所要解决的问题是“这一产品或服务是什么”。企业所提供的产品或服务，实质上是一系列特性的组合，这些特性使企业的产品与服务具备相应的功能，从而可以满足用户需求。此外，范围层的工作还包括评价用户需求的优先级，先满足用户的基本需求，然后通过产品迭代的方式满足用户的高级需求。

3. 结构层

范围层的工作定义了产品与服务的特性及其组织形式，以及用户需求的优先级，从而抽象地描述了产品或服务。那么，在范围层工作的基础上，还需要创建一个概念结构，并将其应用于产品开发，从而形成可视化的产品或服务，而创建概念结构就是结构层的主要工作。通过结构层的工作，企业可以对产品或服务形成更加直观和清晰的认知，并初步预测产品或服务能否满足用户需求，以及能否提升用户体验。

企业在结构层的工作为之后的产品或服务开发以及提升用户体验等工作奠定了基础。

4. 框架层

结构层创建了产品或服务的概念结构，框架层的工作是进一步凝练结构层所创建的概念结构，包括外观、功能导航以及信息交互等。产品或服务的外观应该简洁且易于学习；功能导航应该清晰，能够帮助用户快速找到其所需功能；信息交互则是帮助用户实现与产品或其他用户的交流沟通，因此应该确保所传递的信息易于理解。需要注意的是，在数字经济时代，服务往往通过网络向用户提供，外观、功能导航与信息交互体现在承载这些服务的网页之中。

5. 表现层

表现层涉及具体的产品开发与网页制作，并将产品与服务交付给用户。经过表现层的工作之后，用户将接触到产品以及网页所提供的各项功能，以及文本、图片、视频与音频等多种元素。表现层的产品或服务能够满足用户需求，从而使用户获得体验。因此，在表现层的工作中，企业应关注用户评论，根据用户提出的意见和建议，及时调整与改进产品或服务，从而使产品或服务的特性与用户需求更加匹配，进而提升用户的使用体验。

第 2 节　用户画像

用户画像是帮助企业理解用户的兴趣与偏好的重要工具，已经实现或力图实现数字化运营的企业都极为重视构建准确、清晰的用户画像。

一、用户画像简介

用户画像可以帮助企业追溯用户行为、分析用户偏好，对于企业的数字化转型与运营具有重要意义。

（一）用户画像的概念

用户画像（personas）是从用户的人口属性、行为属性及社交属性等多个维度采集数据，并对这些数据加以挖掘、统计与分析，从而对用户进行多维度的刻画，以期深刻理解用户偏好，其范例如图 6－2 所示。可以认为，用户画像就是用户的标签，它有助于企业识别用户，从而能够更有针对性地向用户提供产品或服务、提升用户体验，并保护用户的数字化资产。通过用户画像，企业可以实现产品或服务的精准推荐与个性化定制、广告的精准推送以及业务风险的识别。此外，通过用户画像，企业还可以统计用户分布、了解产品或者服务的市场份额、分析市场竞争力。由此可见，用户画像是帮助企业开展数字化运营的重要工具。

（二）用户画像的意义

用户画像对于企业的战略决策、产品（或服务）开发以及数据管理都具有重要

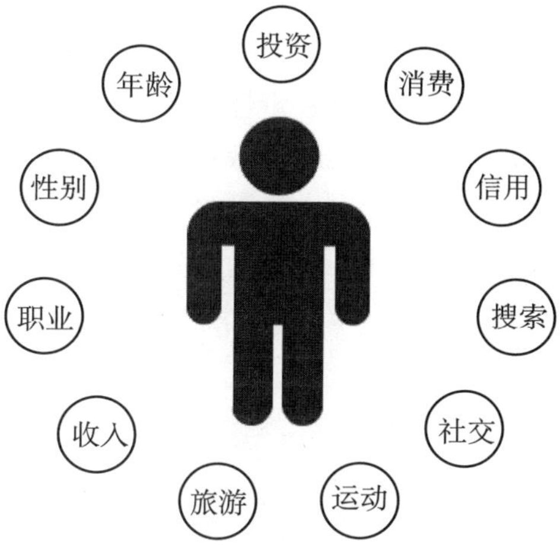

图 6-2　用户画像示意图

意义。

1. 对企业的战略决策的意义

用户画像可以帮助企业深刻理解用户的行为特征与市场的竞争态势，从而准确描述企业的市场定位，寻找企业的目标客户以及细分市场，预测产品（或服务）的市场规模，并且与竞争企业形成差异，提升投资回报率。

2. 对产品（或服务）开发的意义

用户画像可以帮助企业更好地理解用户的兴趣偏好。例如，当前的互联网企业可以实时采集用户的浏览、购物等行为数据，从而赋予用户数百个甚至数千个身份标签。借助这些身份标签，互联网企业能够刻画翔实、清晰、立体的用户画像，以期全面掌握用户的兴趣偏好。在理解用户兴趣偏好的基础上，企业可以准确知晓用户需求，从而根据用户需求定义产品或服务所应具有的特性以及这些特性的优先级，由此提升产品或服务的特性与用户需求的匹配程度，进而提升用户的使用体验以及用户忠诚度。

3. 对数据管理的意义

用户画像可以帮助企业管理数据资产、挖掘数据价值，由此可以使企业通过数据资产获得更大的收益。此外，用户画像也属于企业的数据资产，也就是说，在确保用户数据安全的前提下，企业可以通过用户画像的交易和流通为企业创造收益。

（三）用户画像的类型

用户画像可以分为定量画像与定性画像两种类型。

1. 定量画像

定量画像是指通过用户的属性数据与行为数据精准描述的用户画像。这些数据包括用户的人口统计特征、检索行为（例如，电子商务企业的浏览量、访客数与转化率等）以及购买行为（例如，用户通过网络所购买的产品、用户的购物车记录以及用户的评论等）。

2. 定性画像

定性画像是对用户进行定性地刻画。定性画像往往通过电话调研、网络问卷调研、访谈调研以及权威的第三方机构的统计数据收集用户信息，从而帮助企业深入理解用户。一方面，与定量画像相比，定性画像所涉及的样本量较少，因此难以描述多数用户的行为特征；但另一方面，正是由于定性画像是通过少量的样本所获得的，因此可以对样本所涵盖用户的需求与特征进行精准定义，使企业深刻理解这部分用户（赵宏田，2019）。

二、构建用户画像

在构建用户画像时，需要选择基本属性、行为属性、社交属性等属性维度体系，还需要定义表结构与元数据。

（一）属性标签

可以将用户画像的构建过程简单地理解为“给用户贴标签”，这些标签分为三类：统计类标签、规则类标签以及挖掘类标签（赵宏田，2019）。

1. 统计类标签

统计类标签是最为基础的用户标签，所标识的是用户的人口统计信息与基本行为信息。用户的人口统计信息包括年龄、性别、职业、住所等；用户的基本行为信息包括访问频次、访问时长以及访问深度等。

2. 规则类标签

规则类标签是企业先定义用户的行为，从而确定规则，然而再根据规则给用户贴标签。以用户活跃度为例，企业可以制定规则，将一段时间内（一个月或一个季度等）的交易次数超过某一数值的用户定义为活跃用户。

3. 挖掘类标签

挖掘类标签是指通过机器学习算法，对用户的相关数据进行挖掘，然后根据数据挖掘的结果给用户贴标签，实现对用户属性和行为的预测。例如，企业可以应用机器学习算法，对用户的消费数据或社交数据加以挖掘，从而分析用户的偏好。

（二）表结构

定义表结构是用户画像构建工作的重要内容。定义表结构的重点是定义三个问题：数据选择、数据分区（即数据的存储方式）及数据标签提取（数据的应用方式）。根据业务场景的不同，表结构可以分为基于每日全量数据的表结构与基于每日增量数据的表结构。

1. 基于每日全量数据的表结构

每日全量数据表在更新时，需要在每个日期所对应的分区中加入该日期之前

（包括该日期）所有日期的数据。基于每日全量数据的表结构的优势在于，可以快速查询新增的全量数据，劣势在于难以查询更加细粒度的用户行为数据。

2. 基于每日增量数据的表结构

每日增量数据表在更新时，只需要在每个日期所对应的分区中加入该日期当日的数据。基于每日增量数据的表结构的优势在于，可以准确查询到特定时段内具有特定标签的用户的具体行为数据，劣势在于难以构建企业用户群的全局视图。

（三）元数据

元数据（metadata）用于描述数据的属性，因此也被称为数据的数据。用户画像的元数据所定义的是用户画像数据表中各个字段的属性，包括字段的类型、含义以及相关的备注说明。在定义元数据时，要兼顾数据的可扩展性与数据冗余，也就是说，既要使表中数据可以扩展，也要减少数据冗余。以用户编码（通常定义为 user_id）为例，虽然数据类型通常被定义为字符型，但在现实中，用户编码往往是以字符形式存储的数值及英文字符，鲜少使用中文字符，原因是单个英文字符所需存储空间为 1 个字节，而单个中文字符所需存储空间为 2 个字节（部分数据库甚至需要 3 个字节）。

三、用户画像的应用

用户画像在企业的数字化运营中具有广泛应用，场景主要包括经营分析、精准营销以及个性化推荐等。

（一）经营分析

企业可以通过用户画像实现商品分析、用户分析以及渠道分析等多种经营分析任务。在商品分析方面，通过用户画像，可以准确知晓哪些产品或服务更容易受到用户的偏好，从而帮助企业选择经营范围；在用户分析方面，通过用户画像，企业可以深入了解各种产品以及服务的客户群所具备的特征，从而帮助企业寻找细分市场；在渠道分析方面，通过用户画像，企业可以分析各个渠道的注册、留存以及营收状况，追踪用户行为，分析用户对于各种渠道的偏好，各种渠道的获客成本、付费转化率与投资回报率，从而整合与管理多样化的渠道，进而开展全渠道运营。

（二）精准营销

用户画像可以帮助企业实现精准营销。例如，当企业需要发送营销短信或邮件时，可以借助用户画像锁定目标用户，精准推送该用户可能感兴趣的营销短信或邮件。在用户画像的辅助下，精准营销可以使企业有效提升经营业绩。例如，通过用户画像锁定目标用户之后，企业可以有效提升营销短信或邮件的推送效率。也就是说，与未借助用户画像的粗放式推送相比，企业借助用户画像实施精准营销，在短信或邮件推送之后，会有更多的用户选择阅读，并登录短信或邮件所链接的网站或移动应用程序，购买相关的产品或服务，从而显著提升企业数字化用户管理的各个关键绩效指标（key performance index，KPI），包括用户的活跃度、复购率，网络平台的浏览量、访客数、转化率以及总交易额（gross merchandise volume，GMV）等。

（三）个性化推荐

个性化推荐是企业开展数字化运营的重要策略，而用户画像可以帮助企业进行产品与服务的个性化推荐。由于用户画像可以定量描述用户的人口统计信息与行为信息，因此通过用户画像可以计算用户之间的相似度。例如，在用户购买商品后，企业往往会邀请用户根据购物或使用体验对商品进行评价；企业在获取了用户对其购买的多个商品的评分后，就可以运用皮尔逊相关系数计算用户之间的相似度，并向用户推荐与该用户最为相似的其他用户购买过的商品，从而实现商品的精准推荐。

企业在进行产品或服务的个性化推荐时，需要注意两个问题：一是数据稀疏性（sparsity）问题，即用户的评分数据较少，难以计算用户相似度；二是冷启动（cold start）问题，也就是对于新注册的用户，由于该用户的购买记录较少，因此行为数据也较少，难以分析用户的偏好。数据稀疏性问题与冷启动问题是制约个性化推荐的重要问题，谋求数字化转型的企业往往会采用业界更为先进的推荐算法与推荐技术，力图解决这两个问题，从而提升个性化推荐的准确率。

第3节　用户洞察

深刻的用户洞察可以帮助企业理解用户心理，有助于提升用户对企业的信任度，同时也有助于企业预测用户行为，并据此开展运营管理工作。

一、用户信任

用户信任对于企业的数字化运营具有重要意义。特班和乔恩（2020）认为，用户对网络商户、购物渠道与商业环境的信任共同构成用户对数字化运营的信任。用户信任度模型如图 6-3 所示。

（一）对网络商户的信任

用户对数字化运营的信任，首先表现为用户信任开展数字化运营的企业，即网络商户。影响用户信任网络商户的直接原因是网络商户的可信性。网络商户的可信性具体表现在企业资质、社会责任、诚信经营、安全控制与隐私控制等方面，而用户会通过个人经验对这些方面进行评价，从而分析网络商户的可信性。

对企业而言，应通过用户的人口统计数据以及行为数据等深入分析用户的心理特征，进而加强用户对企业的信任。例如，企业可以依靠权威机构对企业资质、产

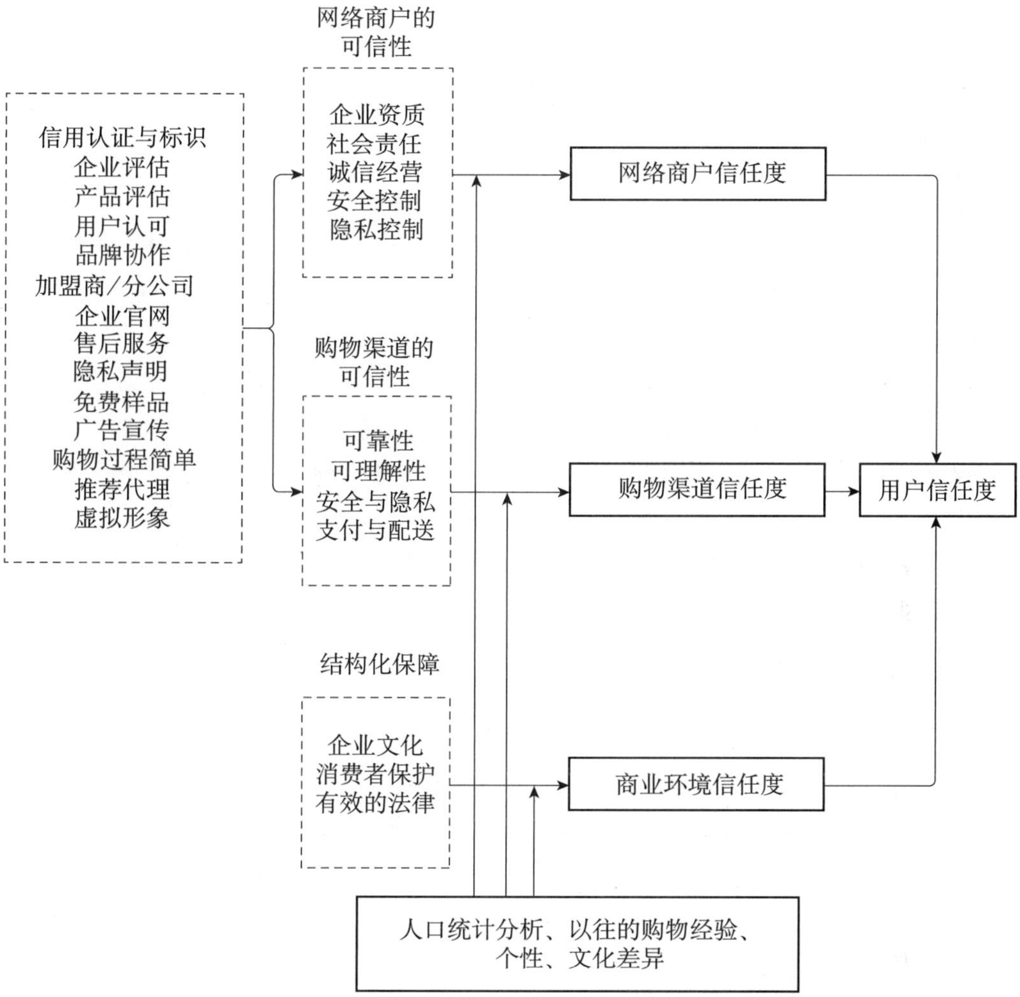

图 6-3　用户信任度模型

资料来源：特班，乔恩，2020. 电子商务：管理与社交网络视角：第 9 版［M］. 北京：机械工业出版社.

品质量等的认证获取用户信任，也可以通过改进企业官网、简化购物过程以及提供免费样品等方式，加深用户对产品或服务的了解、提升用户对企业品牌的认知，从而使用户获得更好的购买与使用体验，并使用户更加信任企业及其提供的产品与服务。

（二）对购物渠道的信任

用户对数字化运营的信任还表现为对购物渠道的信任，而购物渠道的可靠性、可理解性、安全与隐私以及支付与配送等方面影响购物渠道的可信性，用户的个人经验影响用户对购物渠道可信性的感知，从而影响用户对购物渠道的信任。

开展数字化运营的企业需要通过多种途径提升用户对购物渠道（特别是数字化渠道）的信任。例如，企业可以加强对各种渠道的管理，这些渠道包括网络渠道

（网络平台开设的网店）与实体渠道（企业的实体店），以及企业的加盟商和分公司等机构。通过对这些渠道的管理，企业可以使各种渠道提供与渠道特性相适应的支付、配送以及售后等服务，并规范这些渠道的价格策略与用户隐私保护策略，从而使这些渠道提供更为可靠的服务，使用户更好地理解各种渠道及其提供的服务。

（三）对商业环境的信任

对商业环境的信任也是用户信任数字化运营的重要方面，用户会通过个人的知识与经验分析网络商户的企业文化与当前的相关法律法规等能否为用户提供有效的、结构化的保障，从而感知商业环境的可信性。

创造可信的商业环境需要政府有关部门与网络商户共同努力。对于政府部门而言，需要制定并落实相关的法律制度，规范用户的经营行为、保护用户的合法权益。例如，2019 年 1 月 1 日起施行的《中华人民共和国电子商务法》对电子商务平台的各种经营行为做出了相应的规范。网络商户需要遵守相关法律、规范经营行为，在此基础上，可以通过广告宣传等方式塑造企业的品牌形象、提升用户对商业环境及企业产品（或服务）的信任度。

二、用户预测

数字化运营能够使企业获取巨量的用户行为数据，而这些数据可以帮助企业实现用户预测。史雁军（2018）将数字化运营中的用户预测分为五个环节：设定预测目标、构建数据指标体系、分析相关数据、展示预测结果以及制定管理策略。

（一）设定预测目标

进行用户预测的首要工作是设定预测目标，也就是预测工作所期望达到的业务目标，包括增加用户数量、提升用户活跃度以及巩固用户忠诚度等。设定预测目标的意义在于可以明确数据采集与分析的范围。在数字经济时代，企业可以获取巨量的用户数据，导致面临信息过载（information overload）的问题。因此，设定预测目标可以使企业更有针对性地采集与分析数据，从而提升用户预测的准确度以及用户预测工作的效率。

（二）构建数据指标体系

在设定预测目标的基础上，企业可以根据预测目标构建数据指标体系，由此可以进一步明确所需要的数据。企业可以从两个维度构建数据指标体系，即用户属性与业务属性。在用户属性维度，企业可在用户画像中的人口统计数据与行为数据中选择相关数据，用以构建数据指标体系；而在业务属性维度，企业则可根据业务场景，选择产品或服务的相关数据，用以构建数据指标体系。

（三）分析相关数据

构建了数据指标体系之后，企业就可以据此采集相关数据。数据采集工作完成之后，通常这些数据的结构较为复杂，也可能与分析工具不兼容，因此需要先进行数据清洗、整合、集成与规约等预处理工作。在数据预处理完成之后，企业可以应用数据挖掘算法与工具对这些数据进行挖掘与分析。由于数据挖掘的结果与所使用的算法以及数据集密切相关，因此企业在分析相关数据时，需要应用多种算法对多个数据集进行挖掘与分析，从而提升数据挖掘与分析结果的准确率。

（四）展示预测结果

数据分析工作完成之后，企业可以应用数据可视化工具对结果进行直观展示。当前的数据可视化工具可以展示用户的网页浏览、社交关系、地理位置以及兴趣偏好等行为特征，这不仅可以帮助分析人员快速、全面理解数据分析的结果，知晓用户行为特征，还可以帮助分析人员检视数据分析的结果是否可信以及过程是否需要改进。

（五）制定管理策略

在完成前述各项工作的基础上，企业可以根据分析结果，预测用户的偏好、信用等级与流失倾向等，从而制定相应的管理策略。例如，当预测结果表明某位用户具有较大的流失倾向时，企业可以及时回访，了解该用户的需要，也可以向该用户推荐最新产品以及赠送优惠券等，从而通过这些服务提升该用户的体验与忠诚度。

三、用户聚类

用户聚类就是根据用户画像中各个标签的属性值，将用户划分为若干群体，而基于产品的聚类、基于品牌的聚类和基于行为的聚类是较为常见的用户聚类模式（史雁军，2018）。在数据挖掘领域，较为常用的聚类算法包括 K 均值算法与层次聚类算法等，当前以人工神经网络（artificial neural network，ANN）为基础的深度学习算法也常用于聚类分析工作中。

（一）基于产品的聚类

基于产品的聚类是根据用户所购买的产品或服务（及其组合）将用户群体进行划分。这种聚类模式可以帮助企业发现不同类别的产品或服务之间的关联性、某个特定产品或服务与其他产品或服务之间的关联性以及特定的用户群体与产品或服务之间的关联性。

（二）基于品牌的聚类

基于品牌的聚类是根据用户购买的产品或服务的品牌划分用户群体。这种聚类模式有助于寻找偏好特定品牌的用户，从而理解用户对品牌的忠诚度。基于品牌的聚类模式可以帮助企业识别忠实用户，这类用户往往偏好于该企业的品牌，购买产品或服务时更加注重品牌而非产品或服务的特性，因此努力维系这类用户将会使企业获得较大的收益。

（三）基于行为的聚类

基于行为的聚类是根据用户的购买行为将用户群体加以划分。以购买渠道为例，可以将用户划分为网络渠道用户、实体渠道用户、电信渠道用户以及社交渠道用户等。基于行为的聚类模式可以帮助企业更加准确地理解用户的行为，从而帮助企业改进产品与服务，以及调整运营策略，进而提升企业的数字化运营绩效。

第 4 节　用户管理绩效评价

对于用户管理工作的绩效，可以通过黄成明（2014）所总结的流量指标、转化指标和效率指标以及用户价值指标与客服职业素养指标等多种指标加以评价。

一、流量指标

流量泛指网络平台（例如，淘宝网、拼多多或京东商城）的访问者数量，具体而言，主要包括以下几个指标。

1. 浏览量

浏览量也称为访问量（page view，PV），指用户所访问的页面的总数。用户每访问一个网页就计作一个访问量，而且同一个页面刷新一次也计作一个访问量。浏览量指标可以用于评估网络平台对用户的吸引力。

2. 访客数

访客数也称为独立访客数（unique visitor，UV），一个注册过的 ID 或一个 IP 地址都可以计作一个访客数。在现实中，往往出现同一个访客多次访问的情况，因此网络平台通常会针对这种情况进行去重处理。例如，部分网络平台规定，同一个访客在 24 小时内的重复访问只计一次。

此外，访客数还分为新访客数和回访客数。所谓新访客，是指某 ID 或 IP 地址首次访问这个网络平台（之前从未访问过），而回访客即再次访问平台的访客。

3. 当前在线人数

当前在线人数通常是指实时在线的访客数，但是部分企业对实时的定义较为宽泛，一般会给定一个时段，在此时段内的访客数即为当前在线人数。

4. 平均在线时间与平均访问量

平均在线时间指平均每位访客在访问网页时所停留的时长。计算停留时长需要知道访客访问第一个页面的时间点与访问最后一个页面的时间点，这两个时间点之差就是停留时长。因此，若有访客只访问一个页面，那么网络平台就不能获取该访客的停留时长。

平均访问量也称为平均访问深度，是指在规定时间内，平均每个访客的次均浏览量，也就是每个用户每次浏览的页面数量均值。

5. 日均流量

日均流量，就是某网络平台在规定时段内平均每日的流量，日均浏览量与日均访客数都属于日均流量的概念范畴。

6. 跳失率

跳失率也称为跳出率，是那些只浏览了一个页面就离开的访问次数（或访客数）占全部访问次数（或访客数）的比例。该指标也可用于评估网页内容能否有效吸引访客。

二、转化指标

转化是指在用户访问网络平台之后，通过用户管理工作，将这些潜在的消费者变成实际的消费者。通常情况下，转化的全过程包括注册账号、咨询客服、收藏商品、添加购物篮（车）与下单成交。相应地，转化指标包括注册转化率、咨询转化率、收藏转化率、购物篮（车）转化率、订单转化率等。

1. 注册转化率

注册转化率是指选择成为注册用户的访客数占所有新访客数的比例，当用户管理工作的目标是积累注册用户时，该指标具有重要意义。

2. 咨询转化率

咨询转化率是指向客服人员进行咨询的访客数占全部访客数的比例。在现实中，客服人员是用户管理工作的重要参与者，因此企业应对咨询转化率加以重视。

3. 收藏转化率

收藏转化率是指将商品添加收藏或关注个人账号的访客数占该商品的全部访客数的比例。可以通过分析收藏转化率，评价消费者对商品的兴趣或偏好，进而开展用户管理。

4. 购物篮（车）转化率

购物篮（车）转化率是指将商品添加到购物篮（车）的访客数占该商品的全部访客数的比例。购物篮（车）转化率可有效评估消费者的购物偏好，对用户管理工作具有重要价值。

5. 订单转化率

订单转化率是指已经完成订单并付款的访客数占全部访客数的比例。订单转化率不仅是评估消费者偏好的重要指标，也可用于评估用户管理工作是否有效提升了企业的经营业绩。

在实际的经营工作中，企业常通过漏斗图对上述转化率进行可视化的展示（见图 6-4），从而评估相关工作的绩效，进而改进经营策略。

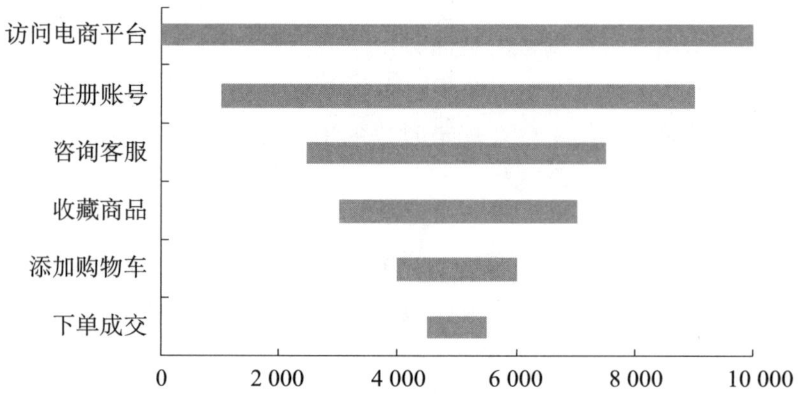

图 6－4　漏斗图示例

三、效率指标

效率指标用于评价用户管理工作的效率，主要包括获客成本、客/件单价、连带率以及投资回报率等。

（一）获客成本

获客成本就是数字网络平台为吸引访客所需支付的成本，这里主要介绍新客成本与客均成本。新客成本是指企业为了吸引一个新用户访问、注册或购买所需支付的用户管理成本；客均成本（也称为单人成本）是指平均吸引每个访客所需支付的成本。这两个指标较为接近，但也有所区别，前者需要区分访问、注册与购买行为，并针对这三类行为分别计算新客成本，而后者在计算时并不需要对这些行为加以区分。

（二）客/件单价

客单价就是平均每位用户购买商品时所支付的费用；而件单价是指所有已出售商品的平均售价。例如，某网络平台当月共计出售商品 1 000 件，为 10 000 个用户所购买，营业额为 100 万元，那么，该网络平台当月的客单价为 100 元，件单价为 1 000 元。在现实中，当营业额已经达到预期目标时，客单价较低，意味着消费者数量较多，这说明用户管理工作吸引了更多的用户，或平均每个用户存在较多的复购行为；而件单价可用于分析消费者的偏好，件单价较高，说明消费者的偏好可能集中于少数商品，通过分析找到这些商品，将有利于网络平台的经营与用户管理工作。需要说明的是，客/件单价指标虽然重要，但是在评估数字化组织的经营绩效（包括用户管理在内）时，最为重要的是整体效益而非单笔交易的收入（任浩，2017）。

（三）连带率

连带率是指所售商品总量与小票数量的比值，消费者在实体商店购物时会有小票，而在网络平台购物时也会有电子小票。连带率越大，说明用户单次购物的数量较多，而这也意味着用户管理工作的绩效越好。

（四）投资回报率

投资回报率（rate of investment，ROI）是指经营收入与总投资额的比值。对于用户管理工作而言，投资回报率的含义就是企业用于用户管理的投入（例如，企业为购买客户关系管理软件或客户沟通所支付的费用）能够为企业所创造的收入。

四、用户价值指标

用户管理工作直接关系到用户为企业所创造的经济价值。从经济价值的角度出发，可以通过用户的当前贡献与潜在贡献以及用户忠诚度等指标衡量用户管理工作的绩效。

（一）当前贡献

用户的当前贡献可以理解为用户在现阶段为企业创造的经济价值。在评估用户贡献时，需要定义“现阶段”与“经济价值”。企业可以根据自己的实际需要，将某个时段定义为现阶段（例如，距离评估之日最近的一个月或一个季度），然后评估用户的贡献。经济价值的含义也需要企业予以明确，通常，经济价值既包括直接经济价值（即用户所支付的费用），也包括间接经济价值。例如，由于用户的好评或宣传提升了企业的知名度，带动了企业的营收，因此可以认为用户间接地为企业创造了经济价值。

（二）潜在贡献

用户的潜在贡献可以理解为用户在今后的某个阶段为企业创造的直接或间接经济价值。在开展评估工作时，企业首先要明确“今后的某个阶段”的时间范围。例如，企业可以定义，所要预测的是自评估之日起往后的一个月或一个季度的用户价值，然后根据现有的数据，选择合适的算法（移动平均法、指数平滑法或者线性/非线性回归算法等），计算用户可能创造的经济价值。

（三）用户忠诚度

用户忠诚度是评估用户价值以及用户管理工作的重要指标，然而在评估时，企业需要仔细斟酌忠诚度的定义。在现实中，部分企业会通过用户复购次数评估该用户的忠诚度。具体过程是：首先，明确时间范围，例如，距离评估之日最近的一个月或一个季度；其次，确定评估标准，也就是根据产品或者服务的特点，将用户在规定时间范围内的复购次数与忠诚度的等级对应起来。

五、客服职业素养指标

客服人员的职业素养直接影响到用户管理工作，在部分场景下（例如，网络购物）甚至关系到企业形象，因此客服人员的职业素养应成为评估用户管理工作绩效的重要维度。

（一）商品知识熟知程度

作为客服人员，应该非常熟悉所在企业的商品具有的各项性能，原因在于：商品性能是用户的重要决策依据，若客服人员能够清晰、翔实地解答用户提出的关于商品性能的问题，就可以帮助用户在购买以及使用过程中做出准确决策，从而使用户获得预期的价值与体验，并提升用户的满意度，这也正是用户管理工作的重要内容。

（二）相关知识熟知程度

客服人员也有必要熟悉相关领域的知识，这是因为用户在咨询客服人员的时候，往往也会询问一些与购物相关，但又并非商品性能的问题，例如关于开具发票或商品配送的问题。对于这些问题，客服人员也应该给出准确、细致的解答，因为这些问题也能够影响用户的满意度以及用户对于企业形象的评价。

（三）话术应用熟练程度

对于客服人员工作中的常见问题，企业往往总结了较为成熟的话术，而话术培训也是客服培训的重要内容。作为客服人员，应该熟练掌握回答常见问题的话术。当前，很多企业的呼叫中心会部署相应的功能模块，客服人员在面对部分问题时，可直接调用成熟的话术做出回答，甚至部分企业已经实现自动解答（即用户输入问题后，呼叫中心可以自动解答，而无须客服人员参与），然而这种标准化的回复未必能够准确解答用户的个性化问题。由此可见，客服人员仍然需要熟练掌握话术，然后在此基础上对用户的问题给出有针对性的回答，从而有效解决用户的问题。

（四）用户咨询满意程度

用户对于客服人员给出的解答的满意程度也是客服职业素养的重要评价内容。用户在咨询时，最为关注的是客服人员能否解决所咨询的问题；此外，用户也非常关注客服人员解决问题的速度。简言之，能否快速、有效地解决问题，关系到用户对于客服工作的满意程度。为此，很多企业的呼叫中心可以与订单管理模块实现联动，从而使客服人员可以及时获得相关部门的支持，共同提升用户的满意程度。

// 关键术语 //

用户忠诚　　用户满意　　用户体验

用户画像　　用户信任

// 复习题 //

1. 用户决策过程对企业开展数字化运营有哪些意义？
2. 提升用户满意度的途径有哪些？

3. 用户体验的各种基础体验的相互关系是怎样的？
4. 根据用户体验的要素分析改进用户体验的方法。
5. 用户画像的各属性标签有何区别与联系？
6. 用户画像的两种表结构有哪些优劣势？
7. 举例论述用户画像在企业数字化运营中的应用。
8. 用户信任度与用户忠诚度存在何种关系？
9. 用户预测有哪些作用？
10. 对比分析用户聚类的各个模式。
11. 用户管理绩效评估各种指标的重要程度如何？
12. 提升客服工作效果的途径有哪些？

案例分析

东方甄选：重视用户体验，发力农产品双语直播

东方甄选是新东方为寻求转型而推出的直播带货平台。自推出后，东方甄选这种农产品双语知识型直播带货模式成为全社会广泛关注的话题。这种商业模式虽然并未突破原有电商直播的商业模式，但是也有其创新之处，主要体现在以下四个方面。

一、价值创造

东方甄选助农直播能够创造经济与知识的双重价值。东方甄选的主播老师通过双语直播带货，同时结合地理、历史、哲学等学科知识，不仅为相关商户创造了经济价值，同时也为观看直播的用户提供了知识价值。

二、资源整合

东方甄选助农直播能够有效汇聚抖音平台的流量资源。一方面，直播电商告别野蛮发展时代后，优质内容型直播更易获得平台的流量倾斜；另一方面，新东方的创始人俞敏洪作为知名企业家、东方甄选主播老师作为知识分子，这些人都有着优质的形象。因此，东方甄选在抖音平台的头部主播缺位的情况下，成为抖音平台在 2022 年“6·18”前夕进行流量倾斜和重点扶持的直播间。

三、客户需求

东方甄选的目标用户主要是有学习需求的城市年轻群体以及城市中产家庭的家长。根据目标客户群体，东方甄选定位于中高端市场。选品环节注重品质，直播环节注重知识与文化方面的讲解，将客户需求与直播内容、售卖产品紧密结合，这样做有助于产生更多黏性客户，更易让客户买单。

四、盈利模式

传统直播电商的盈利模式为“坑位费＋佣金”，而在现实中，坑位费问题往往制约着很多品牌方的盈利。有的品牌商支付数万元的坑位费，但直播销售额仅数百元；也有直播间采取免坑位费的模式，佣金却达到营业额的 30％左右。东方甄选采取的

是免坑位费与差异化的低佣金盈利模式：东方甄选不收取坑位费；与此同时，由于农产品的利润率较低，因此东方甄选根据所售卖的产品，对相关的农业公司抽取不同佣金，平均的佣金比例为15%，从而做到了兼顾履行社会责任和赚取利润。

资料来源：王荣，2023. 商业模式创新案例研究：以东方甄选农产品双语直播为例［J］. 上海商业，(1)：8-10.

思考题：

1. 东方甄选是如何重视用户体验的？
2. 东方甄选直播的创新经验有哪些？

// 第 7 章 //

数字化运营供应链管理

学习目标

1. 掌握数字化采购的内涵，了解数字化采购成熟度评价指标。
2. 掌握数字化仓储的内涵，了解数字化仓储系统的构成。
3. 理解数字化渠道管理中的全渠道模式。
4. 理解新零售的概念及特征。

引导案例

亿邦智库联合发布《发现创新——2022 数字化采购发展报告》

《发现创新——2022 数字化采购发展报告》（简称《报告》）以“发现创新”为主题，由亿邦智库联合中国物流与采购联合会公共采购分会共同发布。它们通过深入调研 100 余家企业，与多方专家和企业深度探讨，解析数字化采购转型路径，探明服务商和供应商创新模式，探寻数字化采购发展趋势。《报告》指出，央国企作为数字化采购的主要推动力量，可为各类大中型企业实现采购数字化提供创新样板，其发展路径和目标值得借鉴。央国企数字化采购发展路径主要分为三条：管理软件集成延伸；招投标工具扩展；电商采购商城通融。数字化采购服务商以创新挖掘需求，利用新模式、新技术发挥数字价值，从产品、交易、交付、服务等多个方面加强自身服务能力，完善数字化采购业态。技术服务商有四大创新模式：打通数据壁垒，实现一体化采购协同；标准化产品定制化组合满足企业需求；定制智能客服满足采购场景需求；低代码支撑采购系统灵活敏捷。供应商有四大创新模式：数据智能应用构建线上线下协同供应链；多品类覆盖，提高品质与品牌化；提供场景化的产品方案，服务一站式采购；加速推进智能物流和全国仓配网络建设。为实现采购企业降本和供应链协同提效的双重目标，数字化采购有五大发展趋势：从单一内部采购服务转向对外开放；上云将成为采购数字化升级的必要途径；数字化将采购服务属性转向价值创造；标准化应成为数字化采购一体化的前提；供应链全面协同推动产业数字化进阶。

资料来源：亿邦智库，中国物流与采购联合会公共采购分会．发现创新：2022数字化采购发展报告［EB/OL］.（2022-07-30）．https：//m. ebrun. com/494135. html？eb=search_chan_pcol_content.

第1节　数字化采购管理

数字经济时代，供应链数字化转型已成为驱动企业高质量发展的重要引擎。通过数字技术与企业组织、商业模式的有效融合，推动供应链整体的转型升级，实现供应链数字化发展，对于削弱“牛鞭效应”、降低供应链风险、提升供应链韧性和安全水平①等具有重要意义。目前，不同的学者对于数字化供应链管理的概念有不同的理解。本书认为，数字化供应链管理是先进数字技术与现代供应链管理的深度融合，以提质降本增效为出发点，运用大数据、物联网、云计算和人工智能等先进数字技术，实时收集和分析供应链管理中产生的数据信息，挖掘数据价值，形成战略规划、协同采购、生产制造、物流交付和售后服务等供应网络业务流程的管理模式。本节先从数字化供应链管理中的数字化采购谈起。

一、采购与数字化采购的内涵

（一）采购的内涵

根据耿波和聂强大（2021）的观点，采购是指个人或组织在一定的条件下通过信息收集、整理和评价，从供应市场获取产品或服务作为企业资源，以保证企业生产及经营活动正常开展的系列行为及活动。根据美国供应管理协会给出的定义，采购是指组织为了追求和实现自身的战略目标，识别、采办、选择、获取与管理所需的所有资源。由上述定义可知，采购不仅需要采购人员主动地对用户需求做出反应，还需要进行市场分析以确定所有可能的供应商，对供应商进行评估，并通过谈判或协商的方式选择供应商、确定购买合同，进而获取所需资源。

采购有狭义和广义之分。狭义的采购就是购买，即由买方支付对等的货币，向卖方换取所需物品的行为过程，在买卖双方的交易过程中，伴随着物品所有权的转移。而广义的采购是指除了以购买的方式占有所需物品的所有权外，还可以通过租赁、借贷等途径取得所需物品的使用权。需要说明的是，这里的物品既包括生活资

① 党的二十大报告明确指出：“我们要坚持以推动高质量发展为主题，把实施扩大内需战略同深化供给侧结构性改革有机结合起来，增强国内大循环内生动力和可靠性，提升国际循环质量和水平，加快建设现代化经济体系，着力提高全要素生产率，着力提升产业链供应链韧性和安全水平，着力推进城乡融合和区域协调发展，推动经济实现质的有效提升和量的合理增长。”

料，又包括生产资料；既包括实物资料，如原材料、生产工具、机器设备等，又包括非实物资料，如服务、信息、高新技术等。

对企业而言，采购可分为日常采购和战略采购。日常采购是采购人员根据确定的供应协议和条款，以及企业的物料需求时间计划，以采购订单的形式向供应方发出需求信息，并安排和跟踪整个物流过程，确保物料按时到达企业，以支持企业的正常运营的过程。战略采购是采购人员根据企业的经营战略需求，制定和执行采购企业的物料获得计划，通过内部客户需求分析、外部供应市场分析、竞争对手分析、供应基础分析等，在标杆比较的基础上设定物料的长短期采购目标、达成目标所需的采购策略及行动计划，并通过行动计划的实施找到合适的供应资源，达成企业在成本、质量、时间、技术等方面的综合指标的过程（耿波、聂强大，2021）。

（二）数字化采购的内涵

1. 数字化采购的概念

亿邦智库根据国家统计局和上市公司数据整理测算得出，2021年中国企业采购市场规模超过174万亿元，但数字化采购渗透率不足10%，这意味着在企业数字化转型进程中，数字化采购将成为企业提高核心竞争力的重要手段。为了研究数字化采购的内涵，本书梳理了国内外相关文献对于数字化采购的定义，如表7-1所示。

表7-1 数字化采购定义汇总

定义	提出者及提出时间
数字化采购是供应商和商业用户通过大数据分析、流程自动化和全新协作模型，提升采购职能效率，大幅降低成本，从而实现更快捷、更透明的可持续采购	宋志浩等，2017年
数字化采购通过应用人工智能、物联网、机器人流程自动化和协作网络等技术，打造可预测战略寻源、自动化采购执行与前瞻性供应商管理，助力企业降低成本和管控风险，并发掘新价值来源	佚名，2017年
数字化采购以提质降本增效为出发点，面向从寻源到合同、从订单到支付及供应商管理等采购全流程，应用互联网、大数据、人工智能等新一代信息技术，构建数据驱动型的新型采购体系，实现采购系统升级、业务创新、流程优化和管理变革，提升供应链响应速度和协同效率	国家工业信息安全发展研究中心，2019年
数字化采购是指通过互联网及数字技术，将传统线性供应链推向业务在线、集成协同、数据驱动、生态智能，实现阳光透明、降本提效及创新增长效益，形成数字供应链新模式新业态的产业数字经济活动	亿邦智库，中国物流与采购联合会公共采购分会，2022年
数字化采购是通过引入大数据、人工智能、云计算等技术，升级企业采购管理方式，以线上化、数字化贯穿供应商寻源、招投标、供应商准入、签约及交付全流程，提高采购效率，降低采购综合成本	启信慧眼，2023年

综合上述定义可知，数字化采购需要具备互联网、数字技术和采购流程这三个要素。因此，本书认为，数字化采购是互联网及数字技术与采购业务全流程的深度

融合，是借助互联网为企业打造或者使企业参与可以连接供应链各方成员的平台，利用数字技术对端到端的采购活动进行数字化管理，实现采购执行自动化、采购全流程可视化、采购决策预测智能化、供应链协同生态化，助力企业降本增效，有效管控风险，使采购成为为企业创造价值的数字经济活动。

此外，由上述文献可知，当前关于数字化采购的研究已经得到了国内外学者的广泛关注，但他们对于数字化采购管理尚未给出明确的定义。本书认为，数字化采购管理是与企业数字化组织架构相匹配的采购管理，是以需求为中心，运用数字技术收集、分析、处理数据信息，高质量、低成本、高效率地完成寻源、招标、供应商评估、下订单、签合同、验货入库、出具发票及结算等采购业务流程的管理模式。

2. 数字化采购的特点

数字化是实现采购管理现代化的必然选择，数字化采购具有四个关键特点。

（1）可预测战略寻源。寻源是指在采购工作中寻找到合适的供应商。数字化采购通过收集历史数据，建立并完善支出知识库，使供应商绩效、信用评价、产品质量与价格、交付时间、采购成本、谈判场景和结构等信息实现可预测，帮助企业挖掘优质供应商资源，匹配最具价值的合作伙伴，实现战略寻源转型。

（2）可实现企业内部协同。实施数字化采购的企业能够在企业内部高效地整合数据，集成信息，实现数据信息共享。采购部门和仓储、财税等部门协作，制订需求计划，优化库存结构，强化资金管控，完善供应商准入、考核及绩效评价等制度，实现采购各环节无缝对接，降低采购成本，促进采购管理高效运行。

（3）可实现企业内外协同。数字化采购借助数字平台将企业内部集成化的采购系统与外部供应商、生产商、物流服务商等的信息系统集成共享，实现供应网络的互联互通，以及供应链链路上的需求协同、供应协同、生产协同、物流协同等内外全面协同，提升了供应链响应能力，降低了采购风险，形成共享、共赢生态。

（4）自动化采购执行。数字化采购利用数字技术自动感知物料需求，通过流程自动化及系统集成工具，自动触发请购及审批流程，实现从寻源到合同、从订单到支付等采购全流程的自动化，帮助企业有效管控风险，全面提升采购执行效率。

二、数字化采购成熟度评价指标

成熟度的概念源于生态学领域，表征自然生态系统从早期阶段到成熟阶段的相继发展，现已广泛应用于心理学、经济学、管理学等学科领域，泛指达到理想状态的程度，同时用来表征达到理想状态的进化过程（钟志贤等，2023）。构建数字化采购成熟度评价指标体系，帮助企业客观评估其数字化采购水平，有助于企业精准找出其难点和痛点，明确优化提升方向，对促进企业采购数字化健康发展具有重要意义。

通过前述对数字化采购内涵的分析，确定企业数字化采购成熟度评价的关键维度，即数字化采购战略、数字化采购技术能力、数字化采购业务应用场景和数字化采购产出能力。下面基于这四大关键维度分析各个维度的构成要素，如图 7－1 所示。其中，数字化采购技术能力和数字化采购业务应用场景的具体内容参考了《发现创新——2022 数字化采购发展报告》（亿邦智库等，2022）中的相关内容。

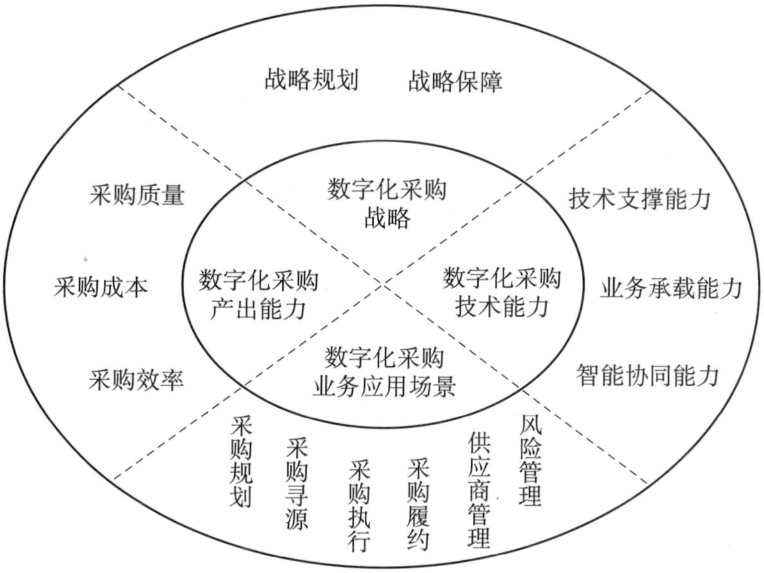

图 7－1　数字化采购成熟度模型的构成要素

（一）数字化采购战略

在企业数字化采购成熟度模型中，数字化采购战略是企业实现采购数字化转型目标以及保障采购数字化可持续发展的重要推动力量，需从战略规划和战略保障两个方面进行评价。战略规划反映了企业对数字化采购工作的重视程度，不仅包括战略规划、计划、制度类的文件，还包括战略从上至下的一致性。这种一致性可进一步分为数字化采购战略文件一致性和数字化采购战略一致性两个指标。战略保障是企业为完成采购数字化转型目标而采取的各种保障措施的总称，可从资金、人才、组织三个层面进行评价，对应数字化采购资金投入、数字化采购人才保障和数字化采购组织建设三个指标。

（二）数字化采购技术能力

在企业数字化采购成熟度模型中，数字技术的应用是推动企业采购数字化转型的基础力量。数字化采购技术能力可从技术支撑能力、业务承载能力和智能协同能力三个方面进行评价，其中技术支撑能力可进一步分为数智支撑能力、多态适配能力、敏捷持续能力和兼容拓展能力；业务承载能力可进一步分为需求计划管理、采购寻源管理、采购执行管理、仓储物流及逆向物资管理、供应商管理和采购支撑管理；智能协同能力可进一步分为流程协同能力、监管协同能力、数据协同能力和多端协同能力。图 7－2 给出了数字化采购技术能力的具体内容。

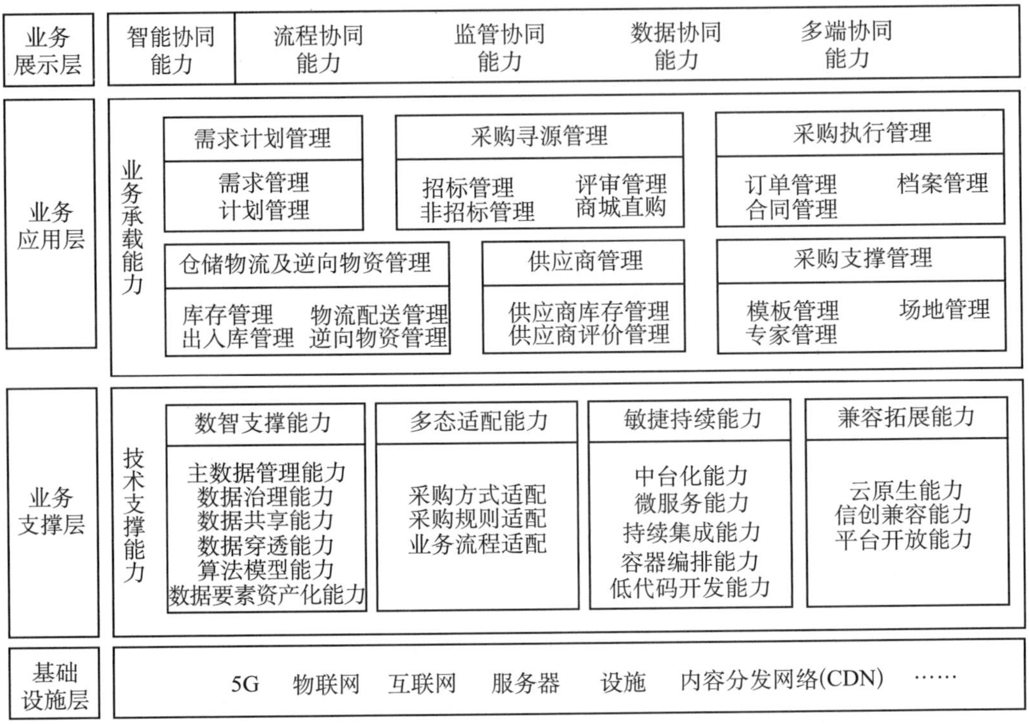

图 7－2　数字化采购技术能力架构

（三）数字化采购业务应用场景

数字化采购业务应用场景可以直接反映采购数字化的应用程度，是企业数字化采购成熟度模型的重要组成部分。以采购业务流程为主线，确定业务流程类应用场景，即采购规划、采购寻源、采购执行、采购履约；以支撑采购业务的管理活动为主线，确定管理支撑类应用场景，即供应商管理和风险管理。管理支撑类应用场景对于加强采购及供应链领域安全能力建设，确保重要产业链供应链安全，提升防范化解重大风险能力[①]具有积极意义。图 7－3 给出了数字化采购业务应用场景的具体内容。

---

① 党的二十大报告明确指出："坚定维护国家政权安全、制度安全、意识形态安全，加强重点领域安全能力建设，确保粮食、能源资源、重要产业链供应链安全，加强海外安全保障能力建设，维护我国公民、法人在海外合法权益，维护海洋权益，坚定捍卫国家主权、安全、发展利益。提高防范化解重大风险能力，严密防范系统性安全风险，严厉打击敌对势力渗透、破坏、颠覆、分裂活动。"

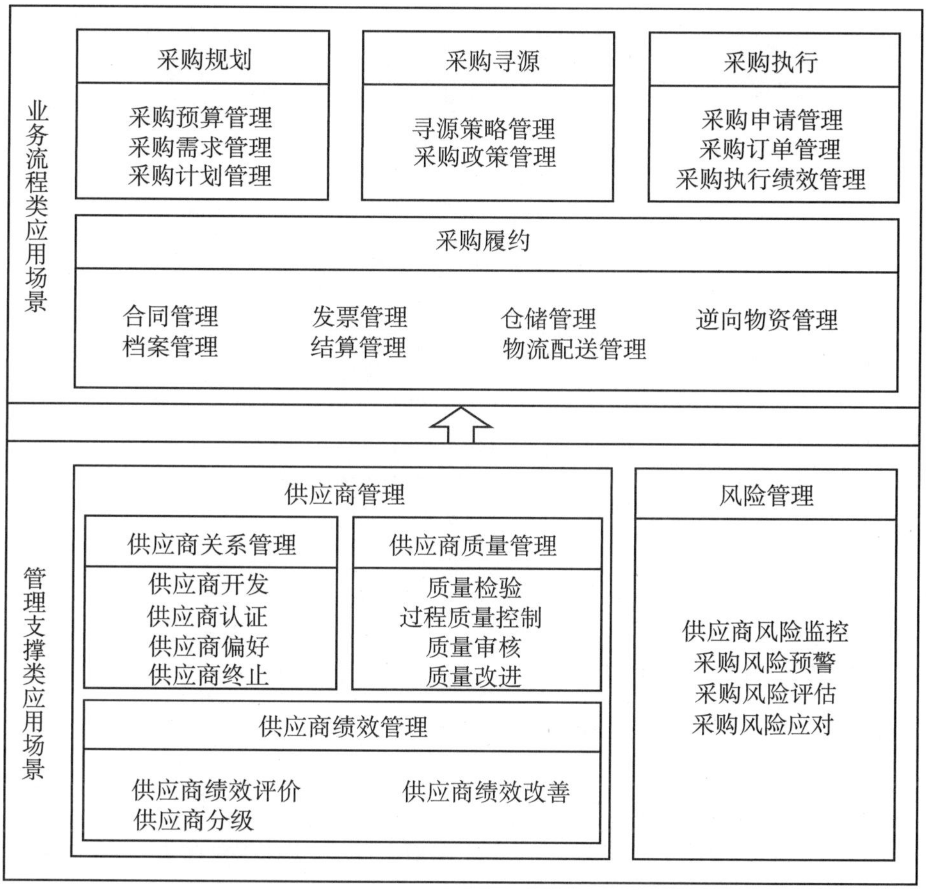

图 7－3　数字化采购业务应用场景架构

（四）数字化采购产出能力

企业实施采购数字化转型的目的是提高采购产品的质量，提升采购效率，降低采购成本，进而提升其核心竞争力。因此，数字化采购产出能力可分为采购质量、采购效率、采购成本三个指标。

表 7－2 给出了企业数字化采购成熟度评价指标体系。其中，数字化采购技术能力有三级指标，详见图 7－2。

表 7－2　企业数字化采购成熟度评价指标体系

评价维度	一级指标	二级指标
数字化采购战略	战略规划	数字化采购战略文件一致性 数字化采购战略一致性
	战略保障	数字化采购资金投入 数字化采购人才保障 数字化采购组织建设

续表

评价维度	一级指标	二级指标
数字化采购技术能力	技术支撑能力	数智支撑能力 多态适配能力 敏捷持续能力 兼容拓展能力
	业务承载能力	需求计划管理 采购寻源管理 采购执行管理 仓储物流及逆向物资管理 供应商管理 采购支撑管理
	智能协同能力	流程协同能力 监管协同能力 数据协同能力 多端协同能力
数字化采购业务应用场景	采购规划 采购寻源 采购执行 采购履约 供应商管理 风险管理	详见图 7-3
数字化采购产出能力	采购质量 采购效率 采购成本	根据企业实际关注指标确定

三、数字化采购成熟度等级

数字化采购成熟度等级描述了企业在采购数字化转型过程中可能经历的发展阶段，它为企业提供了一系列提升采购数字化水平的路径策略。借鉴能力成熟度模型集成（capability maturity model integration，CMMI）的思想，我们将企业数字化采购成熟度等级划分为初始级、基础级、明确级、规范级、优化级五个级别。级别越高表示企业数字化采购成熟度越高，数字化采购成熟度越高代表企业的数字化采购水平越高。

1. 初始级

企业缺乏采购数字化发展意识，数字技术应用程度低，虽未建成采购管理信息系统，但依托信息工具实现了部分业务流程的线上处理，大部分业务场景依赖人工线下完成，企业数字化采购成熟度较低。

2. 基础级

虽然企业未构建明确的数字化采购战略，但信息化技术开始应用于采购业务流程，具有与采购管理相关的若干信息系统，实现了部分业务场景的线上操作与管理，企业内部未实现信息系统的集成与采购数据信息的共享。

3. 明确级

企业开始重视采购数字化发展，制定了明确的数字化采购战略，初步落实了数字化采购战略规划；初步建成数字化采购平台，实现了内部信息系统的集成化、与外部资源的部分集成和数据信息的交互共享；实现了采购主要业务场景的数字化应用；数字化采购战略稳步推进，数字技术与企业数字化组织具有一定的匹配性。

4. 规范级

数字化采购战略得到有效实施，数字化采购平台进一步完善，与供应链上下游、内外部深度集成，实现了内外协同与数据信息的全面共享；数字技术应用不断升级，实现了采购全流程业务场景的数字化应用和自动化处理；基于大数据和人工智能等创新技术实现了采购活动的智能预测，驱动采购管理决策智能高效；组织敏捷性增强，数字技术与数字化组织匹配性增强。

5. 优化级

数字化采购战略成效显著，拥有成熟完善的一体化数字化采购平台，实现了企业内外部所有资源的全面集成与协同发展，形成了以企业为核心的供应网络生态；成熟应用数字技术，实现了采购供应链全业务场景、全流程、全组织的数字化应用；基于数据驱动的采购供应链管理实现了智能预测、决策与优化，形成了共享、共赢的生态；数字技术与数字化组织相匹配相适应。

第2节　数字化仓储管理

一、仓储与数字化仓储的内涵

（一）仓储的内涵

仓储具有两层含义：一是“仓”；二是“储”。“仓”即仓库，为存放、保管、储存物品的建筑物和场地的总称，可以是房屋建筑、洞穴、大型容器或特定的场地等，具有存放和保护物品的功能。“储”即储存、储备，表示收存以备使用，具有收存、保管、交付使用的功能。根据中国国家标准 GB/T 18354—2021《物流术语》，仓储是指利用仓库及相关设施设备进行物品的入库、储存、出库的活动；其中，储存是指贮藏、保护、管理物品。

在供应链一体化背景下，仓储不仅是生产制造和商品流通中的重要一环，还是物流活动的重要环节，因此仓储对于满足客户需求与生产需要、协调供求关系等具有重要作用。仓储也可进一步解释为：为了确保社会生产、生活的连续性，而利用存储设施对物品进行贮藏、保护、管理、搬运（包括装货、卸货、入库、出库、按订单拣货、包装）等一系列作业活动，以实现物品储存或转运的活动（杨建华、王为人，2016；王皓，2023）。

企业仓储战略的制定也应聚焦于提升供应链的竞争优势，因此仓储管理决策不仅包含仓库内部的功能区布局、存储规划、作业流程、库存控制等微观层面的决策，还包含仓库类型、选址、数量与规模等宏观层面的决策。其中，宏观层面的仓储决策应与物流网络规划进行联合优化。为了更好地理解供应链或物流网络中可能包含的仓储类型，从仓储功能视角出发，可将仓储分为储存仓储、物流中心仓储、配送中心仓储和运输中转仓储（杨建华、王为人，2016）。储存仓储为物品较长时期存放的仓储，一般设置在偏远地区，非常注重对物品的质量保管，存放的物品通常具有品种单一、存量大、存放时间长和存储费用低的特点。物流中心仓储是以有效实现物流管理为目的的仓储活动，它不仅是对物流过程、数量和方向进行控制的环节，还是实现物流时间价值的环节。物流中心仓储一般设置在储存成本较低、交通较为便利的地区，储存的物品通常采用批量的方式出入库，具有较强的吞吐能力。配送中心仓储，从消费者视角出发，是商品在配送交付给消费者之前所进行的短期仓储；从销售企业视角出发，是商品在销售前的最后储存。配送中心仓储的主要目的是支持销售、满足消费者快速收货的需求，储存物品具有品种多、批量少的特点，因此非常注重对物品存量的控制。运输中转仓储具有转运和储存两大功能，是为了满足物品配送及运输方式的转变而设立的。运输中转仓储的货物存期较短，注重货物周转率及周转作业效率。

（二）数字化仓储的内涵

1. 数字化仓储的概念

数字化仓储是在数字化背景下产生的一个新概念，关于数字化仓储的概念，很多学者阐述了自己的观点，如表 7－3 所示。

表 7－3　数字化仓储概念汇总

概念	提出者及提出时间
数字化仓储是指利用现有成熟的 RFID 技术和计算机网络对仓库产品的入库、存放、调拨、出库、盘点、检索、发货等环节进行管理	海峰和祖大为，2008 年
数字化仓储能否应用于仓储物流业主要取决于三个方面：数据化仓储系统是否能够提高企业的运行效率和管理水平以及降低企业的管理成本；是否具有较高的性价比；是否具有开发难度	项道东，2017 年
数字化仓储（规划视角）是以仓储实体环境虚拟化为基础，在一个虚拟的仓储三维空间内，进行作业环境的仿真模拟、评估与优化，可以对仓储的资源投入，包括人员、设施和设备的产出能力进行评估，寻求最优资源配置。其中既包含作业流程、管理模式，也包含设施与功能区布局。理想状态下，通过交付周期、物流需求量等约束的输入，便可以进行计算机模拟寻优，得出最优的资源配置与布局	环球物流咨询，2019 年

续表

概念	提出者及提出时间
数字化仓储主要是以物联网、大数据为核心技术，通过可编程无线扫码对仓库到货检验、入库、出库、调拨、移库移位、库存盘点等各个作业环节的数据进行自动化采集，保证企业及时准确地掌握库存的真实数据，高效地跟踪与管理客户订单、采购订单等信息，从而最大限度地提升仓库管理效率和效益	李波，2020 年
数字化仓储就是通过数字化、智能化的一系列技术手段，实现仓储数据实时化、平台网络化、管理智能化	陆柏茂，2023 年

综合上述观点，本书认为，数字化仓储是数字技术与现代仓储深度融合的产物，是在实体仓储信息化、仓储系统集成化的基础上，利用虚拟现实技术建立仓储虚拟环境，并利用物联网和大数据等技术实现实体仓储的数据化，通过将实体仓储数据同步至虚拟仓储系统，实现实体仓储作业流程与仓储设施布局、结构、功能等的优化，及人员、设备、设施等资源的最优配置，以提高仓储管理的效率和效益。①

此外，目前学术界对于数字化仓储管理的定义还比较模糊。本书认为，数字化仓储管理是以用户为中心，运用传感、通信、大数据、物联网、人工智能、自动控制、虚拟建模等技术和智能设备，对物品的到货检验、出入库、存放、调拨、盘点、分拣、包装、配送等仓储作业以及人员、设施等仓储资源，进行高效精准管理的过程。

2. 数字化仓储的特点

数字化仓储能够缓解仓储管理中的痛点，提高仓库现场管理水平，降低仓储管理成本，其特点主要体现在以下几个方面。

（1）可视化。可视化主要是指信息数据可视化和仓储过程可视化。信息数据可视化是指数字化仓储可为决策者提供大数据量下仓储管理所需的各种报表，实现仓库单据、货物库存、呆滞物料、货品周转效率、仓库空间总体利用、交货水平、交货质量、人员负担和时间消耗等数据的实时查询，基于大数据技术完成仓储阶段核心业务数据的统计与分析，使决策者对企业仓储中的物品、人员、设备设施和服务质量等情况有直观的了解，帮助企业解决存储商品质量、库存控制、合理化仓库库容等问题。仓储过程可视化是指数字化仓储运用包装物标识技术、跟踪技术、3D 视觉技术、监控系统及远程监控平台等实现仓储全过程可视化，便于管理者或业务人员及时掌握设备状态、业务节点等一线仓储情况，提前进行风险判定，并给出应对方案，做到事前充分准备，事中及时响应，事后精准改进。

（2）可追溯。依托赋码标识技术赋予物品唯一码，这个码可以记录及标识物

① 党的二十大报告明确指出要对“建设现代化产业体系”做出重要部署。一方面要加快发展物联网，建设高效顺畅的流通体系，降低物流成本；另一方面要优化基础设施布局、结构、功能和系统集成，构建现代化基础设施体系。

品信息，成为物品的“数字身份证”，实现“一物一码”。数字化仓储基于射频识别等物联网技术通过“一物一码”系统便可逆向追溯物品的生产批次、原料、供应商、有效期、价格等信息，有利于仓储工作人员对仓库所有物品信息的掌握。

(3) 自动化。数字化仓储综合运用各类自动化设备，如自动分拣系统、自动化立体库、智能叉车、智能移动机器人、智能穿戴设备、码垛机器人等，同时利用大数据、物联网等技术及集成化的信息系统，实现了从卸载拖车到履行订单等所有仓储作业环节的自动化处理，确保了仓储任务的安全性和高效性。

(4) 智能决策。数字化仓储可以为决策者提供有价值的数据信息，并依托各种通信技术将实体业务数据同步至虚拟系统，在虚拟环境中基于数据实现业务操作、资源配置的建模、仿真及优化，然后依靠智能机电设备将虚拟层指令发布至实体层，并调整优化实体运作状态，从而帮助决策者实现智能决策。

二、数字化仓储系统的构成

数字化仓储可以帮助企业简化仓储作业流程，实时准确采集数据信息，合理控制物品库存，提高仓储管理效率，节省仓储管理成本，从而为供应链增益赋能。数字化仓储系统是实现仓储数字化管理的基础，主要包括感知识别系统、装卸搬运系统、储存系统、分拣系统、控制系统、管理系统和虚拟系统（见图 7-4）。

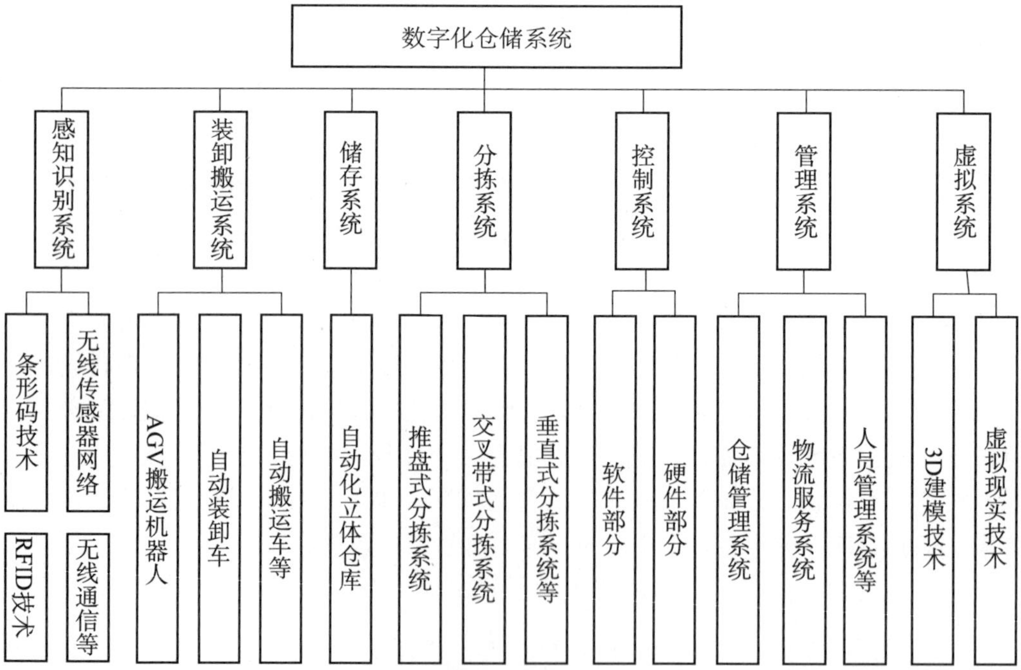

图 7-4 数字化仓储系统的构成

（1）感知识别系统。感知识别系统是对仓库中的物品及物品在仓储过程中的流动与处理等进行识别和记录，是融合物理世界和信息世界的重要一环，主要技术手段有条形码技术、RFID 技术、无线传感器网络、无线通信、定位系统等。

（2）装卸搬运系统。装卸搬运系统依靠基于自动装卸车、自动搬运车、智能叉车、AGV 搬运机器人、码垛机器人等智能设备实现装卸搬运作业无人化。主要技术手段有多源传感融合技术、精准导航技术、精确定位技术、路径规划技术、障碍回避技术和多机分布式协同作业技术等。

（3）储存系统。储存系统利用自动化立体仓库完成货物的储存作业，实现库存库位的自动化管理、货物存取的简便化操作和高层空间的合理化利用。自动化立体仓库由立体货架、堆垛机、托盘、输送机等设备组成。

（4）分拣系统。分拣系统自动处理目标物品的分拣、分类、打包、搬运、配对等操作，主要由传送带、扫描设备、分拣器等设备组成。常见的自动分拣系统有移栽式、偏转轮式、扫臂式、推盘式、交叉带式和垂直式等。

（5）控制系统。控制系统是数字化仓储系统的“大脑”，仓储作业各环节的自动化、智能化操作都离不开控制系统。控制系统通常包括软件部分和硬件部分，软件包括人机界面、数据库、控制程序等，硬件包括计算机、传感器、执行器等。

（6）管理系统。管理系统运用信息通信技术、人工智能技术等，合理管理出入库、存储、调拨、分拣、配送等服务工作，优化人员、设施等资源配置。管理系统包括仓储管理系统、物流服务系统、人员管理系统、设备管理系统和结算系统等。

（7）虚拟系统。虚拟系统是以实体仓储环境为基础，运用虚拟现实技术与 3D 建模技术构建的虚拟仓储系统。在虚拟系统中进行作业流程、管理模式、资源布局等的测试与优化，并将优化结果发布至实体仓储中，从而防止任何系统的停机或故障，最大限度地提高运营效率，为客户创造更多的价值。

三、数字化仓储管理的要求

数字化仓储管理的要求主要体现在仓储管理、物流信息管理、人员管理、设备运维管理、安全及风险管理等方面。

1. 仓储管理

能够利用物联网识别、采集仓储作业各环节数据信息；基于数据驱动业务流程及资源配置的优化；实现订单管理及跟踪，物品品类及库存控制，仓库结构、货架定位、货物信息、库存预警等的全面数字化管理。

2. 物流信息管理

能够利用物联网技术采集货物运输路线、运输时间、司机信息等物流信息，动态掌握物流服务进展和完成情况，实现货物跟踪、运输调度、物流动态监控等功能；可通过对订单数据的分析，确定最优的整车配送路径。

3. 人员管理

能够利用物联网采集、验证人员信息和作业数据，实现人员考勤、工资、作业效率等信息的全面管理与跟踪；通过对人员作业数据的分析，制定人员绩效考核制度；通过对仓储作业数据及人员作业数据的分析，实现仓储作业各环节人力资源的配置与优化。

4. 设备运维管理

能够利用物联网监测设备运行状态，基于监测数据预测设备剩余使用寿命，进而对设备制订更加合理的维修或更换计划，防止设备故障带来的经济损失和安全事故，最大限度地提升运营效率。

5. 安全及风险管理

应该具备安全事故、信息泄露事故、数据泄露事故等突发事件的预防及应急处理能力；能够快速定位、诊断、处理仓储活动中的异常数据；具备数据存储、数据备份及灾难恢复的能力。

四、数字化仓储的实现路径

在厘清数字化仓储系统的构成和数字化仓储管理的要求之后，企业在发展仓储数字化时，需要根据自身仓储基础明确发展路径。我们以电商企业为例，探析其数字化仓储的实现路径：以建立大数据仓储管理平台为基础，连接外部供应商、第三方仓库、第三方物流、金融服务机构等资源，充分发挥系统、商品和仓库的价值。

1. 打通内部资源，建立大数据仓储管理平台

基于系统集成技术将仓储管理平台与企业内部采购、营销、会员中心、售后、自建仓、自建物流等资源进行互通互联，实现企业内部系统高度集成化和数据信息全面共享。以大数据和先进技术为驱动，实现仓储管理智能预测、决策与优化。例如，基于电商平台销售数据，预测消费者需求，指导电商平台选品，优化前置仓或海外仓仓储品类和库存控制；打通企业仓配资源，进行仓储物资和物流运输统一调度，实现履约数字化。

2. 连接外部资源，实现数字供应链智能协同

基于系统集成技术连接外部供应商、第三方仓库、第三方物流、金融服务机构等资源，实现产业链上下游企业信息系统全面集成共享，形成开放高效的平台模式，使系统和物资利用率最大化；基于数据采集、分析、预测与反馈，及时响应市场需求，实现数字供应链的智能协同，增强供应链的可持续性和灵活性。

3. 统一商品标准，实现商品数字化

统一商品分类标准，建立统一“话语体系”，使商品标准化和数字化，是实现商品需求预测、采购、仓储、物流配送、退换货等环节高效沟通的基础，有利于提升消费者体验和满意度。

第 3 节　数字化渠道管理

一、渠道与数字化渠道的内涵

（一）渠道的内涵

渠道通常也称营销渠道或分销渠道，目前学界对于渠道的定义存在一定的分歧。一种观点认为，渠道是由参与产品或服务转移活动的所有组织构成（庄贵军，2023）；另一种观点认为，渠道是产品或服务由生产者转移至消费者所经过的路径或过程（李飞，2012）。前者为组织机构说，后者为路径过程说。近些年，随着互联网技术的飞速发展，催生出一系列新的渠道，如社交电商、直播电商、短视频营销等，使得产品或服务不经过组织机构（如经销商、零售商等）的直销也可转移至消费者手中，因此，本书采纳路径过程说的定义。

从零售视角出发，渠道模式经历了单渠道、多渠道、跨渠道、全渠道的演化历程。单渠道模式是指企业选择一条渠道将产品或服务转移至消费者的行为。多渠道模式表现为多渠道零售的组合，是指企业采用多条完整的渠道进行销售活动，每条渠道完成渠道的全部功能，消费者在一条渠道上购买产品或服务。跨渠道模式表现为多渠道零售的整合，是指企业采用多条非完整的渠道进行销售活动，每条渠道完成渠道的部分功能，消费者可以跨渠道购买。全渠道模式的本质在于线上线下渠道的充分融合，强调通过多个销售渠道的协同一致和融合交汇，满足客户从了解商品、体验商品、购买商品到商品送达的全部需求，形成全渠道消费体验的闭环（李飞，2013；赵晓飞，2022）。

（二）数字化渠道的内涵

1. 数字化渠道的概念

目前，学界对于数字化渠道的理解也存在两种观点：一是企业利用互联网技术建立的面向消费者的销售和服务渠道，例如官方网站、电子商务平台、社交媒体、移动应用等；二是传统线下渠道的数字化转型，利用数字化工具改造和重塑线下渠道体系而形成的新型渠道。

由零售渠道的演化历程可知，全渠道模式是互联网时代企业营销方式的现实选择，而全渠道数字化转型是数字经济时代渠道发展的必然趋势，因此，无论是传统企业还是品牌商的数字化渠道建设，都需要构建线上线下全渠道的数字化体系。图 7-5 给出了几种现有的线上线下渠道类型。

基于上述论述，本书给出的数字化渠道的定义为：数字化渠道是借助数字化技

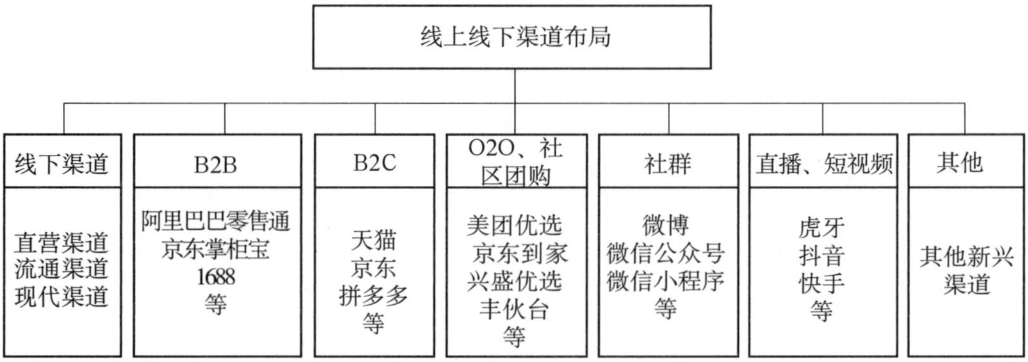

图 7－5　线上线下渠道类型

术赋能全渠道体系建设，改善全渠道结构，夯实全渠道能力[1]，以快速精准满足客户消费需求，提升企业销售效益。数字化渠道管理则是指企业利用数字信息技术实现线上线下渠道全触点和消费者的连接，以及跨系统数据的交互共享，并通过渠道数据的收集、分析与预测，实现渠道、销售、服务等方面的一体化管理。

2. 数字化渠道的特点

由本书给出的数字化渠道的定义可知，数字化渠道并没有摒弃传统线下渠道，而是在原有线下渠道的基础上，先拓展后融合，或直接融合线上渠道，同时结合数字化工具实现订单流转无缝衔接。因此，数字化渠道具有以下几个方面的特点。

（1）渠道建设一体化。企业能够同步对接线上线下渠道，实现实体渠道、电子商务渠道、移动电子商务渠道、社群渠道等的完全融合，进而实现线上线下全渠道一体化的数字化建设。

（2）渠道运营数字化。企业利用消费大数据和智能工具优化渠道运营决策，实现渠道运营数字化。如借助智能客服、大数据、深度学习等技术，分析、预测销售数据和市场趋势，了解市场需求和消费者行为，进而优化渠道布局和产品定位。

（3）消费路径多样化。企业消除了线上线下渠道壁垒，促使客户与商品的触点更为多样化，且可无缝切换，进而实现消费路径多样化。例如，消费者通过微信公众号了解某品牌发布的新品，通过小红书了解已购人群对该商品的评价，在线下专柜或实体店体验后决定购买该商品，最终在京东上下单购买该商品。

（4）利益分配体系化。企业渠道成员包括但不限于生产商、经销商、零售商、电商平台、直播平台等。企业可以根据客户消费路径、私域与公域流量贡献度、事先的流量分润规则等，利用第三方利益分配支付体系分配渠道利益。

---

① 全渠道能力是指企业为线上线下渠道提供相同水平的服务、价格、产品种类和订单交付的能力（Yumurtaci et al.，2018）。

二、数字化渠道的基本认知

（一）有中间商的数字化

全渠道模式下，生产商（F 端）想要有效触达更多的用户（C 端），切实了解 C 端的消费行为信息，就要借助中介（中间商）。平台和渠道商都是中介，平台是线上渠道的中介，渠道商即经销商（B 端）和零售商（b 端），属于线下渠道的中介。数字化渠道通过平台和渠道商的通力合作触达用户，不仅可以传递用户认知，为中间商和生产商带来巨大的流量，也可以引导用户，进而激活中间商的存量，因此数字化渠道并非去中间商的数字化。

（二）销售团队统一化

数字化渠道是线上与线下全链路的数字化，强调每个渠道环节的数字化，但在企业渠道建设过程中，电商与传统渠道是两个部门或两支团队，存在客源及利益方面的冲突。为了争夺市场，线上线下两个渠道极易提供差别化的商品、价格与服务，甚至出现企业内部恶性竞争的情况，这不利于企业的可持续发展。数字化渠道将线上线下渠道完全融合，销售团队合并成一支队伍，这种强凝聚力和高协作效率的团队，有利于全渠道能力建设。

（三）经销商职能变迁化

数字化渠道中线下渠道数字化改造虽然是全链路的数字化，即 F2B2b2C，但又不是传统渠道的完全网络重现。比如，可以有 F2b 的订单，这在传统渠道不可能出现。因此，线下渠道数字化转型在信息流、订单流、物流方面完全可以不按渠道层级逐级再现，这也意味着传统渠道中的经销商职能将在数字化渠道中发生变迁。

传统经销商通常为区域经销商，虽规模较小，但承担四大渠道职能：渠道推广和服务、订单、渠道融资、仓储配送，整体表现为“小而全”。在数字化环境下，涌现出一批全国性的渠道专业平台服务商，如专业物流仓配服务平台、渠道金融服务平台、数字化链路平台和线下推广服务平台等，而经销商的渠道职能被这些专业服务平台分解了。因此，数字化渠道中的经销商职能可以有以下几种：（1）运营商＋托盘商，其中托盘商指渠道专业平台整合商；（2）独立运营主体，即大型经销商自建数字化平台成为本地运营商，整合大量缺乏数字化运营系统构建能力的小品牌；（3）大平台的本地化子系统，即加入大品牌构建的数字化平台成为本地运营商；（4）专业化大平台的本地落地商，渠道运营过程中县级仓配通常需要与本地落地商合作，中心城市（省及以上）的仓配则由仓配大平台直接覆盖，市级仓配需视市场规模而定（刘春雄，2021a；2021b）。

三、数字化渠道的实现路径

（一）渠道一体化

渠道一体化是指选择合适的技术和工具（如全渠道业务中台）来整合线上线下渠道，引导渠道链的所有触点上线，为用户在所有触点上创建无缝体验。渠道一体化是全渠道数字化转型的关键步骤，需解决三个痛点：一是经销商职能定位；二是渠道功能模块化；三是用户触达。在数字化渠道中，经销商转型为运营商，且有四种选择，需根据自身层级和优势，选择转型为最具竞争力的运营商。渠道功能模块化是指按功能将渠道分为四大模块，即推广、订单、仓配、融资。用户是打通渠道链运转的原始动力，可以以物（一物一码、一箱一码等）、人（店员、导购员等）、店（门店、柜台等）为触点实现用户连接。

（二）业务数据化

在物、人、店的触点中，一物一码操作最为简单，因此可以基于顶层设计以利益为驱动，利用一物一码连接渠道链条，获取各级渠道的数据，实现渠道业务数据化。例如，某品牌饮料采用开盖有奖扫码领红包的手段，实现品牌连接 C 端，同时拉动销售，影响 b 端；零售店进货时通过扫箱码、注册领红包的方式，完成 b 端连接，F 端根据 b 端参与效果决定给予 B 端的返利，通过这种经济上的激励推动 B 端与 b 端的联动，进而构建起 F2B2b2C 的全链路连接体系。

（三）数据业务化

数据业务化是指以数据反哺业务，为业务赋能，提高业务效率。一方面，选择合适的技术和工具（如全渠道业务中台）整合、共享所有渠道的数据，通过数据的处理与分析，洞察用户偏好和行为模式，为用户提供个性化产品和服务；另一方面，了解核心消费者和核心终端，明确产品与服务的定位，优化渠道结构和布局，快速响应用户需求和反馈，提高用户满意度和销售效率。

第 4 节　新零售

一、新零售的内涵

新零售（new retailing）是区别于传统零售以及电子商务的一种全新的零售理念，是在数字经济的背景下，应用大数据、人工智能、物联网与区块链等新兴数字技术所实现的一种全新零售模式。

（一）新零售的概念

新零售即相关企业以互联网为依托，通过运用大数据、人工智能、物联网和区块链等先进数字技术，助力商品的生产、流通与销售过程实现转型升级，提升消费者的购物体验与企业的运营绩效，进而重塑业态结构与生态圈（徐瑞萍，2021）。

新零售的概念包含三个维度，即数字化、全渠道以及供应链。数字化是指新零售的实现需要依靠对消费大数据的挖掘，这就推动了相关企业的数字化转型。全渠道是指新零售企业既需要开发 App、小程序等网络应用，又需要创建线下体验店，为消费者提供全渠道服务。供应链是指提供新零售服务时，企业需要与所在供应链的上下游节点密切沟通，从而提升供应链的绩效以及消费者的购物体验。

（二）新零售的特征

新零售发轫于阿里巴巴的 O2O 商超体验店——盒马鲜生，是融合超市以及餐饮等多个应用场景，具有多种功能的新型商超。盒马鲜生的用户可以通过该应用程序向规定范围内的商户订购商品，盒马鲜生可以按规定时间提供配送服务。以盒马鲜生为代表的新零售服务具有以下四个方面的特征。

1. 渠道一体化

新零售企业能够同时对接实体店铺以及网络店铺，实现各类零售渠道终端的相互链接，进而整合多个渠道。

2. 经营数字化

新零售企业可以在多种零售场景中提供服务，从而在商品、会员、营销、交易与服务等多个方面积累巨量数据，为企业的运营决策提供有效的数据支撑。

3. 卖场智能化

新零售企业通过引入智能触屏、智能货架、电子价签以及智能支付平台等数字化设备，可以提升购物的便捷性，从而提升消费者的购物体验。

4. 商品社会化

新零售企业可以搭建平台，从而借助该平台创立商品共享联盟。通过商品共享联盟，新零售企业可以售卖现货以及预售货，并且可以代理其他企业的商品。

（三）新零售的意义

新零售的发展对于消费者、企业以及社会经济都具有积极意义。

1. 提升消费者体验

消费者在购物时，往往希望获得更好的购物体验。电子商务的发展使得消费者的购物更加便捷，但通常缺乏临场感。而新零售可以整合网络平台与实体店铺，让消费者在享受在线推荐、在线选购与在线支付等网络服务的同时，也可以在实体店铺消费，获得临场体验。

2. 推动企业转型

新零售需要依托新兴数字技术，因此相关企业若要提供新零售服务，必须加大对数字技术的投入，而这会帮助企业积累并应用消费大数据，推动企业的数字化转型。

3. 促进经济发展

新零售可以推动零售业的发展，而在当前构建国内国际双循环相互促进的新发展格局[①]的背景下，零售业以及相关产业对于社会经济发展非常重要。从这个意义上讲，新零售有助于促进社会经济的发展。

二、新零售的驱动因素

新零售发展的主观驱动因素是消费者对购物体验的诉求，而客观驱动因素则包括数字技术的发展、应用场景的丰富以及社交网络的广泛普及。

（一）消费者对购物体验的诉求

消费者对购物体验的诉求是新零售发展的主观驱动因素，也是首要的驱动因素。互联网经济的发展使得消费者可以更加便捷地购物，然而，消费者购物的目的不仅是要获得产品或服务，也需要获得其他的临场体验，包括试用体验以及与其他人员的交流沟通。互联网经济所推动的电子商务尚不能提供非常好的临场体验（即使VR/AR技术可以提供在线场景的临场感，其也与现实的购物环境存在明显的差距）。因此，消费者对于购物的临场体验促使相关企业发展新零售。

（二）数字技术的发展

数字技术的发展为新零售提供了重要条件。在大数据、人工智能、物联网以及区块链等技术的赋能下，企业可以存储、挖掘以及分析消费大数据，而通过分析消费大数据，企业可以更深刻地理解消费者的偏好与诉求，为消费者提供在线的精准推荐以及线下的精准配送等服务。例如，盒马鲜生所提供的各项新零售服务，包括消费者使用App快速选购与体验店的精准选品等，即是依托阿里巴巴的先进数字技术，通过挖掘消费大数据而实现的。

（三）应用场景的丰富

由于数字技术的快速发展，互联网经济的应用场景日益丰富。然而在互联网经济的各个应用场景下，消费者都会表现出对于购物的临场体验的诉求。从这个意义上讲，由于互联网经济的推动，电子商务已经应用于各种消费场景，进而更加刺激了购物临场感的市场需求，也就是刺激了新零售服务的市场需求。因此，消费者需要临场感的各种应用场景也是驱动新零售发展的重要因素，需要新零售企业予以重视。

（四）社交网络的广泛普及

社交网络对于新零售发展的推动表现在两个方面：首先是终端消费者之间的社

---

① 党的二十大报告明确指出："必须完整、准确、全面贯彻新发展理念，坚持社会主义市场经济改革方向，坚持高水平对外开放，加快构建以国内大循环为主体、国内国际双循环相互促进的新发展格局。"

交网络对新零售发展的推动作用，通过消费者之间的社交网络，新零售企业的产品或服务可以实现快速推广，有助于新零售企业扩大市场规模；其次是企业之间的社交对新零售的推动作用，通过企业之间的社交网络，新零售企业可与相关企业共同构建商品共享联盟，从而实现商品服务的社会化。在消费者之间以及企业之间的社交网络的推动下，新零售企业可以迅速发展，并有效提升消费者的购物体验。

三、新零售的实现途径

在厘析新零售发展的驱动因素之后，企业在发展新零售服务时，可将以下四个方面作为发力点，即深刻理解消费者诉求、积极应用新兴数字技术、努力深耕多个应用场景以及充分发挥社交网络的优势。

（一）深刻理解消费者诉求

由于消费者的体验是新零售服务的首要驱动因素，因此实现新零售也需要以提升消费者体验为基础。而要提升消费者体验，则需要先理解消费者诉求，所以，开展新零售服务的企业需要深刻理解消费者诉求。在现实当中，企业可以根据自己所提供的产品或服务，寻找细分市场，进而充分调研该细分市场的消费者诉求，然后根据消费者的个性化诉求，改进自己的产品或服务，从而提升消费者的购物体验。

（二）积极应用新兴数字技术

开展新零售服务的企业需要加大对数字技术的投入。虽然对大数据、人工智能、物联网以及区块链等数字技术的投入将会增加企业在经营方面的成本，然而，依靠这些先进技术，企业可以更好地理解消费者的偏好与诉求，从而为消费者提供更好的服务，提升消费者购物时的临场体验，进而扩大企业的市场需求。也就是说，加大对于数字技术的投入，积极应用新兴数字技术，是开展新零售服务的重要途径，有助于提升新零售企业的运营绩效。

（三）努力深耕多个应用场景

新零售企业需要充分了解产品与服务所在的应用场景。由于新零售服务与应用场景密切相关，而且应用场景也是新零售服务的重要驱动因素，因此新零售企业需要了解应用场景，并在此基础上深耕这些应用场景，从而在相应场景内（例如，盒马鲜生的应用场景是商超购物）为细分市场的消费者提供产品与服务。由此，则可以使消费者获得与所在应用场景相匹配的临场体验，与此同时，也可以帮助相关企业更好地提供新零售服务。

（四）充分发挥社交网络的优势

企业在提供新零售服务时，可以借助社交网络进行推广与资源配置。具体而言，一方面通过消费者之间的社交网络宣传产品和服务，以期迅速扩大企业的市场需求；另一方面通过企业之间的社交网络与相关企业（例如，所在供应链的上下游节点企业）进行沟通，建立商品共享联盟，从而共同为消费者提供服务，提升消费者体验。也就是说，通过充分发挥消费者之间以及企业之间的社交网络的优势，可以有效推动新零售服务。

// 关键术语 //

数字化供应链管理　数字化采购　数字化仓储
数字化渠道　全渠道模式　全渠道能力
新零售　供应链韧性　供应链安全
风险管理

// 复习题 //

1. 数字化采购管理的重要意义有哪些？
2. 数字化仓储管理系统的构成有哪些？
3. 如何理解数字化对渠道管理的影响？
4. 新零售与电子商务有何联系和区别？
5. 什么是数字化供应链？如何实现数字化供应链管理？

案例分析

河钢集团供应链：打造钢铁供应链数字新生态

数字化是供应链产业发展到新阶段的必然趋势，也是在当前国内外形势变化下的必然选择。

近年来，河钢集团供应链管理有限公司加快推进大数据、物联网等新一代信息技术在传统钢铁产业供应链领域的广泛应用，形成数据资产向数据资源的传递机制，构建企业产业链供应链数智化、生态化的发展模式，打造了立足河北、深耕京津、辐射全国的行业级产业互联网平台，实现了上下游企业与平台的多方共赢。

该产业互联网平台包含铁铁工业品超市平台、铁铁智运网络货运平台和钢贸金融服务平台等。其中，铁铁工业品超市平台可以为客户提供一站式工业品采购与服务。例如，河北国亮新材料股份有限公司突发重大公共事件，公司的风镐、钎具等工具以及电机、减速机等备件订单无法按时交付。库存告急，企业面临停工风险，此时，公司采购专员利用铁铁工业品超市平台进行采购，通过平台快速对接上游供应商，保障原材料及时供给，有效保障一线生产的运行，同时降低了企业的采购成本和融资成本。安平县佰坤丝网制品有限公司在经营过程中，原材料供应不时出现紧张情况。在安平县相关部门的牵线搭桥下，该公司业务员开始使用铁铁工业品超市平台。通过该平台，佰坤丝网制品有限公司开拓了原材料供应商，采购到了河北张宣高科科技有限公司生产的性价比更高的高品质镀锌丝。

铁铁工业品超市平台围绕客户端采购需求，与多家知名供应商达成战略合作，上架 38 个大类、1 378 个小类、34 万余个单品，为客户提供工业备品备件寻源、比价、结算、物流、防伪、售后以及供应链金融等服务，为采购客户节省了成本，实现了一站式工业品采购与服务。该平台还主动对接河北省特色产业集群，为其提供工业品采销、物流、电力交易等一站式平台服务及金融赋能方案，助力提升河北省制造业企业网络化、智能化水平。

铁铁智运网络货运平台帮助客户快捷找车、节约运费。该平台对内链接河钢集团分公司计量系统、门禁系统，对外链接中交兴路、中交智慧、航信以及政府交通、税务系统，实现运输业务从招标、结算到付款全流程在线操作。利用该平台，集团内部企业可实现无接触式高效便捷货运。例如，河钢邯钢物流公司生产科业务主管每天都会根据列车抵达时间，提前两个小时在铁铁智运网络货运平台发布货源信息，接单者会送货上门，审核后自动结算，全程线上操作无接触。在集团外部企业看来，这个货运平台汇聚了丰富的货源和海量的运力资源，瞄准物流行业痛点，充分引入市场竞争，线上公开询比价，让用户既能方便找车、节约运费，还能享受平台垫资服务。

该平台根据企业的信誉评级，授予企业相应的资金额度，在运输结算时由平台将运费垫付给司机，企业只需在 30 天内将资金还给平台即可。此举大大缓解了企业流动资金紧张等问题。该平台还提供油气能源、金融保险、配件维修、汽车贸易、二手车交易等综合车后市场服务。该平台自上线以来，累计认证企业 1 092 家，认证车辆 5.32 万辆，认证司机 5.27 万名。

钢贸金融服务平台为企业订货提供融资服务。钢材贸易行业是资金密集型行业，钢贸企业只有缴付全款，钢厂才安排生产、发货。而客户订货时只付一定比例的预付款，需要钢贸企业垫付全款资金向钢厂下单。因此，钢贸企业在接到客户的订单需求时，习惯查看公司账户余额，资金紧张时经常是有单不敢接。利用钢贸金融服务平台后，钢贸企业再也不用担心有单不敢接了。该平台将基于买卖双方真实贸易背景的整个交易环节呈现给银行，并辅以销售方控货、价格追踪等完善的风险管理措施，帮助中小型钢贸企业及用钢终端企业快速解决银行授信问题并获得银行专项信贷资金，满足其订货融资需求。

尽管每笔订单需向平台缴纳一些服务费，但对钢贸企业而言是非常划算的。以前无法贷款，钢贸企业因资金不足流失了很多客户，如今有了平台的支持，企业业务量翻了一番。钢贸金融服务平台开创性突破原有占用核心企业授信额度的模式，采取通过核心企业数字增信，确保贸易和数据真实性来降低银行业务风险，将授信引导至核心企业上下游客户，解决其融资问题，累计取得供应链金融银行专项授信近 200 亿元。

该平台不仅为采购客户提供金融服务，还提供钢材销售服务。河钢云商有限公司钢贸部部长表示：“平台丰富了钢材营销手段，今年以来，尽管受到了疫情影响，但河钢云商在河钢供应链金融服务的支持下，销售钢材 3.76 万吨，预计步入正轨后，每年可增加销售收入 3.5 亿元。此外，通过平台，公司业务管理水平得到大幅提高，账目更加清晰了。”

资料来源：米彦泽．数字化转型激发产业链新活力：看河钢供应链如何打造钢铁供应链数字新生态［N］.河北日报，2022-06-24.

思考题：

1. 河钢集团的数字化供应链解决了哪些痛点，收到了哪些效果？
2. 数字化供应链对于提升企业抗风险能力具有哪些价值和意义？

// 第 8 章 //

数字化运营营销管理

学习目标

1. 理解数字化营销管理的内涵。
2. 理解数字经济时代市场调研的过程。
3. 掌握数字经济时代市场预测的方法。
4. 理解市场细分与市场定位的意义。
5. 掌握程序化广告的投放过程与计费方式。
6. 掌握搜索引擎优化的策略。
7. 掌握大数据营销的重要用途。
8. 理解社交推广的优势。
9. 了解数字化品牌塑造的内涵。
10. 掌握品牌形象的数字化塑造路径。

引导案例

京东商城的数字化营销

京东商城是中国知名的电子商务平台，拥有大量的注册用户，在运营过程中，积累了巨量的用户行为大数据，包括用户的检索、浏览、关注、购买等方面的数据。通过分析这些数据，京东商城能够准确掌握用户的兴趣偏好，从而构建用户画像；再根据现实中的购物场景（例如，用户浏览过某种商品并且购买；浏览过哪些商品但并未购买，而是加入购物车）分析用户可能的消费行为，从而对用户展开个性化营销，包括通过发送短信或电子邮件向用户宣传相关以及相似的商品，或者通知用户所关注的商品已降价，或者给用户推送其他相关的市场推广活动。

第1节　数字化营销管理概述

营销管理是组织运营的重要活动，而数字化营销管理对组织实现数字化转型具有至关重要的意义。本节将探讨数字化营销管理的内涵及数字化营销与传统营销的区别。

一、数字化营销管理的内涵

数字化营销管理（digital marketing management）的内涵需要从营销管理与数字化转型两个方面加以理解。首先讨论营销管理的内涵。根据菲利普·科特勒等（2023）的观点，营销管理是选择目标市场，通过产品或服务满足消费者的诉求，进而为消费者创造价值，并将价值传递给消费者的过程。其次，还需要讨论数字化转型的内涵。维亚尔（Vial，2019）认为，数字化转型是组织通过信息、通信等数字技术，对其组织架构、业务领域以及价值创造路径进行深度战略调整的过程。因此，数字化营销管理是组织应用信息与通信等新兴数字技术，对市场分析与推广等多项营销活动进行深度调整，使产品与服务更能满足消费者的个性化诉求，从而更加有效地为消费者创造价值的管理活动。理解数字化营销管理的内涵，需要注意以下四个方面：

首先，消费者能够获得所需价值是数字化营销管理的核心。组织开展营销活动，需先满足消费者的需要，从而为消费者创造价值，然后在此基础上实现盈利。因此，包括数字化营销在内的所有营销活动都应以消费者为中心，即以消费者的需要为中心，通过所提供的产品或服务使消费者获得所需要的价值。

其次，数字技术是数字化营销管理的途径。数字化营销管理需要依托前沿的数字技术，更好地挖掘并满足消费者的需要，并为消费者创造价值。例如，可以应用大数据技术，从巨量非结构化数据（消费者的评论文本以及图片等）中挖掘消费者的偏好，也可以应用区块链技术，确保消费者各项交易数据的安全性与可靠性。

再次，产品与服务是数字化营销管理的载体。营销活动的核心是消费者获得所需价值，而组织为消费者创造或传递价值则需要相应的载体，这就是产品或服务。因此，从这个意义上讲，组织在产品开发的过程中（可以将服务当作无形产品），需要密切关注以及准确理解多数消费者的需要，从而能够找到与产品相适应且足够大的细分市场。

最后，营销活动（包括数字化营销管理）是组织运营的切入点。组织要发展，就应通过产品或服务满足消费者的需要。德鲁克（Drucker，2006）则进一步认为，营销活动还具有更重要的目的，那就是创造消费者。满足消费者需要与创造消费者的基础是挖掘与理解消费者的需要，而营销活动的重要意义就是挖掘与理解消费者的需要。因此，组织运营中所涉及的战略规划、架构调整、产品开发以及生产作业等各项活动都需要以营销管理为基础，从而做到以消费者的需要为中心，进而为消费者创造价值。

二、数字化营销与传统营销的联系与区别

数字化营销与传统营销的联系在于，二者都重视消费者的需要以及为消费者创造价值，并且均是组织运营的重要过程。然而，数字化营销与传统营销也存在重要区别，主要体现在价值发现技术、价值创造模式以及价值传递途径这三个方面。

首先，在价值发现技术方面，数字化营销广泛应用信息通信技术。与传统营销相比，数字化营销多应用信息通信技术寻找和挖掘消费者需要，进而发现价值主张（即应该为消费者提供哪些价值）。例如，电子商务企业可以根据消费者的购物记录以及对购物体验的评价，构建消费者的用户画像，并应用数据挖掘技术分析消费者的偏好，进而应用推荐算法为消费者提供个性化推荐。挖掘消费者偏好、实现个性化消费，这些理念在传统营销中也有所体现，但数字化营销可以借助信息通信技术将这些理念更好地应用在实际的营销活动中。

其次，在价值创造模式方面，数字化营销非常鼓励消费者参与价值共创（value co-creation）。数字化营销与传统营销都很注重为消费者创造价值，然而在传统营销的过程中，消费者仅仅是价值的接受者。虽然以普拉哈拉德（Prahalad，2004）为代表的众多学者的研究表明，消费者具有参与价值创造的意愿，但是由于技术上的局限性，传统营销很难让消费者参与价值创造。而在数字化营销的过程中，由于信息通信技术的广泛应用，消费者可以更容易地参与价值创造。例如，依托互联网技术的社交网络的应用，消费者可以在产品的开发阶段向生产者提出自己对于产品的创意，这有助于产品更好地匹配消费者需要。此外，消费者还可以通过社交网络平台分享自己的使用经验，并对产品做出评价，这能够帮助其他消费者更好地了解产品，或者有助于提升产品的知名度与塑造企业品牌形象，从而为价值创造做出贡献。

最后，在价值传递途径方面，数字化营销提倡网络途径与实体途径并重，从而共同向消费者传递价值。数字化营销以应用新兴数字技术为重要特征，同时也注重通过网络与实体等多种途径向消费者传递价值，这也是数字化营销与传统营销（包括一般意义上的网络营销）的重要区别。网络途径的优势在于快速和便捷，例如，电子商务平台上的企业可以使消费者快速了解和购买产品；而实体途径的优势在于消费者可以对产品有更加充分和深入的了解以及获得深刻的购物体验。数字化营销内涵丰富，金斯诺思（Kingsnorth，2016）认为，数字化营销并非仅仅将数字技术应用于营销活动，而是数字技术与产品、价格、渠道以及促销等多种营销策略的深度融合。因此，数字化营销也重视通过实体途径传递价值，从而使消费者能够在现实的体验中更好地感知产品与服务的价值。

第 2 节　数字化市场分析

市场分析是营销管理的重要内容，市场分析的主要工作包括市场调研、市场预测、市场细分以及市场定位。本节将从这些方面介绍数字化营销管理中的市场分析工作。

一、市场调研

市场调研是指企业或相关组织采用一定技术方法，对市场需求与消费者偏好进行了解和分析。市场调研有助于组织做出准确的决策，因此计划开展市场调研工作的组织对于调研的目的、目标、内容以及方法都需要予以重视。

（一）明确调研目的

在现实的调研工作中，调研者往往重视调研问卷的设计以及与被调研者的沟通，而忽视对调研目的的分析。然而，虽然详细的问卷与有效的沟通非常重要，明确调研目的却是开展调研工作的重要前提。调研目的不同，则调研目标、内容以及方法都有所区别。根据调研目的，市场调研工作可以分为面向战略的调研与面向战术的调研。

1. 面向战略的调研

面向战略的调研是指市场调研的目的是帮助组织做出正确的战略规划。例如，以少数品类的商品为主营业务的电子商务企业在发展过程中面临两种可选的路径：第一种是扩展主营业务，实现跨越式发展；第二种则是继续深耕现有的主营业务，走“专精特新”之路。那么，企业应该选择哪种发展路径属于战略规划问题，而为了解决此问题所展开的调研工作就是面向战略的调研。进行此类调研时，需要详细分析组织所处的宏观环境，包括政策导向、经济发展状况、社会文化与技术应用等方面。此外，还需要深刻了解组织的内部发展态势，例如，组织所具备的优势、所存在的劣势等。

2. 面向战术的调研

面向战术的调研是指市场调研的目的是帮助组织选择正确的对策，以支持所选定的战略规划。仍以电子商务企业的发展路径为例，当某电子商务企业选择“专精特新”之路时，应该采用哪些对策支持此战略？针对此问题，企业可以展开面向战术的调研。例如，“专精特新”企业需要在主营产品方面有所侧重，那么，可以对市场需求和消费者偏好进行调研，进而分析消费者偏好哪些产品，了解本企业在这些产品上的业绩表现，以及若在价格或促销策略方面做出调整，能否进一步扩大市场需求等内容。

（二）选定调研目标

选择正确的调研目标，也就是被调研者，是调研工作得以成功开展的重要基础。在实际的调研工作中，可以作为调研目标的对象包括政府机构、企业组织以及终端用户等。

1. 政府机构

将政府机构作为调研目标的实质是对政策导向与政策制度进行调研。对政策导向进行调研，是为了使组织的战略规划符合所在区域的总体方针；而对政策制度进行调研，则是为了使组织的战术对策符合所在区域的规章制度。

2. 企业组织

对企业组织进行调研时需要注意的是，被调研者应涵盖以下三类：竞争对手、合作伙伴（即价值链的上下游节点）以及组织自身。在这三类被调研者中，竞争对手与合作伙伴往往受到调研者重视，因为了解竞争对手和合作伙伴的情况有助于组织制定相应的对策；另外，调研者还需要对自身的情况展开调研，但这经常被调研者忽视。

3. 终端用户

调研者往往重视对终端用户的调研，因为终端用户的偏好能够直接影响产品或服务的市场需求，进而影响组织的绩效。但需要注意的是，组织在进行调研时，需要识别产品或服务的终端用户。例如，很多企业会向购买其产品或服务的消费者发放问卷，以期通过问卷了解消费者的购物以及使用体验，从而制定相应的策略。然而，容易被忽视的问题是，购买产品或服务的消费者并不一定是使用者，即终端用户。因此，组织在针对终端用户开展调研活动时，应该先准确识别出终端。

（三）选择调研内容

组织在进行市场调研时，可供选择的调研内容包括宏观环境、竞争态势以及经营策略等。

1. 宏观环境

组织对于宏观环境的调研通常包括对政策制度、经济发展状况、社会文化与技术应用等方面的调研，这些调研内容有助于组织更好地了解其所处的外部环境。

2. 竞争态势

组织对于竞争态势的调研通常包括两个方面，即对自身状况以及行业状况的调研。对自身状况的调研可以帮助组织认识自身所具备的优势以及所存在的劣势，而对行业状况的调研不仅可以帮助组织了解所面临的发展机遇以及竞争挑战，还可以使组织了解所处价值链与所在行业的竞争状况，进而制定相应的对策。

3. 经营策略

组织还需要对自身以及竞争对手在产品开发、价格制定、渠道选择与广告促销等方面的经营策略进行调研，从而了解这些经营策略所产生的效果，进而帮助组织选择后续经营策略。

（四）选用调研方法

传统的市场调研方法中问卷调研法比较常用，而近些年随着新兴数字技术的发展，大数据调研法也获得了广泛的应用。

1. 问卷调研法

问卷调研法是迄今应用较广的市场调研方法。问卷调研的过程如下：问卷制作→问卷发放→问卷作答→问卷回收→问卷分析，其中，问卷作答环节由被调研者完成，而其他环节均由调研者完成。随着互联网与移动互联网的普及，也可以通过网络进行问卷调研。例如，调研者可以通过专门的互联网平台制作、发放以及回收问卷，而这些互联网平台还提供问卷分析服务，并对统计数据进行直观展示。

2. 大数据调研法

大数据调研法是应用相关技术，挖掘与分析巨量非结构化数据，从而进行市场调研。例如，对消费者的评论数据进行文本挖掘，分析消费者的偏好与需要。以下以评论挖掘为例，介绍大数据调研法。在评论挖掘工作中，较为常用的是词频统计、实体抽取以及情感分析等。

（1）词频统计。词频统计是统计语料中的词或词组出现的次数，其意义在于通过分析语料中的词（特别是实词）的频次，识别所分析语料的重点内容，将其应用于评论挖掘工作，从而帮助企业了解消费者对产品或服务的哪些方面更为关注。

（2）实体抽取。实体抽取是指识别并提取语料中的实体词，包括人物名称、组织机构名称以及时间等。实体抽取是制作知识图谱（knowledge graph）的基础，而在评论挖掘过程中所抽取到的实体可以帮助调研者了解语料涉及的要素，进而寻找制定和分析竞争策略的切入点。

（3）情感分析。情感分析即分析语料所蕴含的情感极性（sentimental polarity）。例如，若所分析的评论语料的情感极性是正向的，则说明评论者的情感是积极的，可以认为消费者对产品或服务的购买与使用体验较好，则支持消费者获得此体验的策略是有效的，因此若该策略是调研者制定的，则需要继续应用；若该策略是竞争对手制定的，那么，此时的竞争态势对竞争对手是有利的，而调研者就需要寻找相应的对策，以提升自身的市场竞争力。

二、市场预测

市场预测是指在组织的运营过程中应用相关技术，通过已有数据对今后的发展态势进行推断。组织较为关注的预测工作包括市场需求预测和市场偏好预测。

（一）市场需求预测

市场需求预测就是组织根据已有的市场需求数据，应用预测算法，计算今后的市场需求预测值。市场需求预测可以帮助组织预先评估经营业绩，进而采用应对策略。常见的市场需求预测技术包括时间序列预测和回归预测，这些预测算法都已经较为成熟，且应用广泛。

1. 时间序列预测

时间序列预测是根据时间序列数据进行计算的一类预测算法，常用的时间序列预测算法包括简单平均法、移动平均法、指数平滑法、趋势外推法以及季节指数法等。

2. 回归预测

回归预测是根据回归算法（regression algorithm），计算与现有数据相匹配的曲线的函数，再根据此函数进行预测。根据数据之间的函数关系是线性函数还是非线性函数，回归算法可分为线性回归和非线性回归。根据回归函数中自变量的个数，回归算法还可以分为一元回归和多元回归。由此可知，用于预测的回归算法包括一元线性回归、一元非线性回归、多元线性回归以及多元非线性回归。

（二）市场偏好预测

在运营过程中，组织不仅关注市场需求，也很关注消费者偏好，因为消费者偏好也会影响组织的经营业绩。为此，组织需要对市场偏好进行预测与分析。此外，市场偏好预测也是数字化营销管理的重要体现。

1. 基于相似度的预测

组织在分析某个消费者的偏好时，可以计算该消费者与其他消费者之间的相似度，例如，可以计算消费者之间的皮尔逊相关系数，原理是：相似度较大的消费者往往具有较为接近的偏好。

2. 基于关联分析的预测

关联分析也称关联挖掘，用于发现数据之间的关联性或相关性。在营销管理活动中，关联分析的典型应用是购物车分析，即分析消费者所购买的物品之间的关联性，进而挖掘与分析消费者的偏好。

3. 基于分类算法的预测

分类算法是典型的有监督算法，即根据已有数据所形成的训练集以及测试集，构建分类器模型，从而计算获得所要分析的数据的类别。应用分类算法预测消费者偏好的过程是，根据消费者的相关数据（例如，购物数据）计算消费者可能所属的类别，进而构建消费者的画像，分析消费者的偏好。

4. 基于聚类算法的预测

聚类算法是将群组数据划分为若干个簇，并力争使每个簇内部的数据之间的相似度较大，而从属于不同的簇的数据之间的相似度较小。很多聚类算法都是典型的无监督算法，也就是在计算的过程中，并没有训练集或者测试集可供使用。例如，K 均值算法以及部分深度学习算法就属于无监督算法。通过聚类算法，可以将消费者划分到某个簇，由于簇内成员具有较大的相似度，因此可以根据簇内其他成员的偏好，分析该消费者的偏好。

三、市场细分

市场细分是组织根据所选择的维度，将市场划分为若干个部分，进而寻找与其产品或服务相匹配的目标市场。用于市场细分的维度包括消费者的年龄与职业，消费者所处区域以及购物的类别、时间与金额等多个方面。用于市场细分的维度也是用于刻画用户的属性，因此基于多个维度进行市场细分，可以构建更加翔实的用户画像，帮助组织更深刻地理解消费者的需要，在此基础上有针对性地为消费者提供产品或者服务，以满足消费者的需要，从而更好地为消费者创造价值。

四、市场定位

市场定位是在市场细分的基础上开展的。通过市场细分，企业可以找到自己的目标市场，然后根据目标市场的消费者特征，塑造区别于竞争对手的品牌形象，由此完成市场定位工作。在实际的营销管理工作中，市场定位与市场细分是密切相关的：准确的市场细分有助于企业理解消费者的需要，这可以使企业在市场定位阶段所塑造的品牌形象更容易获得消费者的认可；而市场定位所塑造的品牌形象则可以帮助消费者更快地锁定产品或服务，从而帮助企业巩固并提升其在细分市场中的业绩。

第 3 节　数字化营销策略

应用数字技术可以提升营销管理工作的绩效，在营销管理的过程中，典型的数字化营销策略包括程序化广告、搜索引擎优化、大数据营销以及社交推广。

一、程序化广告

程序化广告（programmatic advertising）是融入前沿数字技术的广告，但与传统的网络广告存在显著区别。

（一）程序化广告的内涵

程序化广告是广告主（希望通过广告宣传自己的产品或服务的组织）通过广告服务平台（如需求方平台（demand-side platform，DSP））自动实现广告投放，并可以对广告的投放效果进行统计与分析。程序化广告与传统的网络广告（如门户网站的广告）相比，明显的区别在于：程序化广告可自动实现精准的目标受众定向，即只把广告投给对的人，而传统的网络广告则是粗放式的展示，也就是向所有的受众展示相同的广告内容。因此，相比传统的网络广告，程序化广告更具个性化和针对性，因此投放效果也更好。程序化广告的示例如图 8-1 所示。

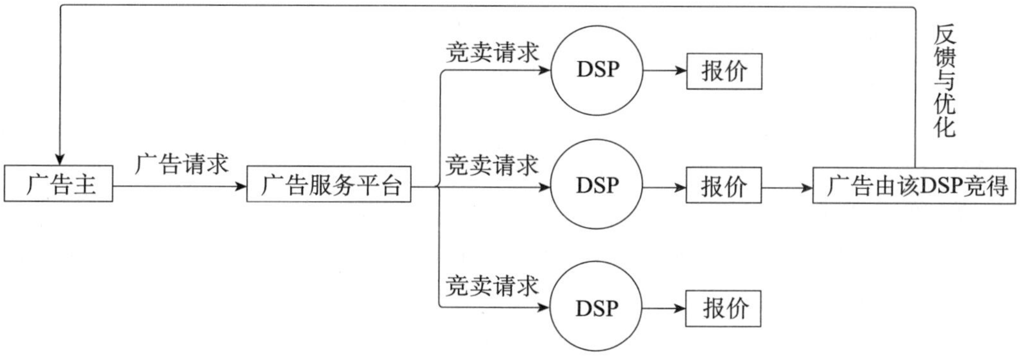

图 8-1 程序化广告示意图

（二）程序化广告的投放过程

程序化广告的投放过程通常包括四个环节：广告设置、广告竞价、广告展现与广告优化。

1. 广告设置

在广告设置环节，广告主需要在广告服务平台上选择投放广告的终端以及在该终端上的广告位（即广告内容在终端上所处的位置），并向平台提供广告素材。此外，广告主还需要提出报价以及选定广告的受众。

2. 广告竞价

当广告主在广告设置环节选定投放终端、广告位以及受众，并提供素材之后，广告服务平台会根据这些设置提供一个参考报价。广告主可以根据这个参考报价与本企业的经营状况通过广告服务平台进行竞价，若平台接受广告主的报价，则允许广告主投放广告。

3. 广告展现

广告服务平台接受广告主的报价后，会根据广告主所提供的素材生成广告内容，并按照广告主的设置，通过广告主所选择的终端向目标受众展现广告内容，进而记录广告投放的效果，即目标受众在接收广告内容之后是否产生点击或购买行为。

4. 广告优化

由于广告服务平台所链接的终端与所拥有的流量在短时间内是固定的，因此对于已经展示的广告，平台需要根据广告的投放效果进行优化：对于那些投放效果较好的广告，平台将分配给更多的流量，使这些广告获得更加充分的展现。

（三）程序化广告的计费方式

广告主通过广告服务平台投放广告，需要向平台支付费用，而平台的计费方式包括按照每点击成本（cost per click，CPC）、每行动成本（cost per action，CPA）以及每千人成本（cost per mille，CPM）计费。

1. 每点击成本

CPC 是指当广告投放之后，只有在受众点击了该广告，平台才会向广告主收费。若广告仅做展示，而受众未点击，广告主则不需要付费。CPC 通常用于搜索广告，例如百度竞价。CPC 的计费公式为：广告费＝CPC×点击次数，其中，CPC 是广告主在广告设置环节向平台提供的报价。

2. 每行动成本

CPA 是指当广告投放之后，只有受众通过该广告做出了相应的行动（例如，购买了广告所推荐的产品），广告主才需要向平台付费。下载类广告（例如，移动应用程序与网络游戏的广告）通常采用这种计费方式。CPA 的计费公式为：广告费＝CPA×转化次数，CPA 也需要广告主在广告设置环节向平台提供。

3. 每千人成本

CPM 是指当广告投放之后，每千人浏览此广告，则广告服务平台计费一次。部分社交网络平台（如微信）所采用的就是这种计费方式。CPM 的计费公式为：广告费＝CPM×（浏览量/1 000），而 CPM 也需要广告主在广告设置环节预先向平台提供。

二、搜索引擎优化

搜索引擎优化是通过改进网站或网页的代码，使网站或网页更容易被搜索引擎检索到，从而提升网站或网页排名的技术。与程序化广告相比，搜索引擎优化具有显著的特征，因此很多组织也将其作为重要的营销策略。

（一）搜索引擎优化的特点

与搜索引擎优化相比，虽然程序化广告的收费较高，但广告主支付广告费，并投放广告实现转化之后，其在业界的知名度会明显提升。而与程序化广告相对应的是，搜索引擎优化的成本较低，即使聘请专业的技术人员进行搜索引擎优化工作，与程序化广告相比其所需成本仍然比较低廉。另外，搜索引擎优化并不能迅速提升网站或网页在搜索引擎中的排名，需要经过长期的搜索引擎优化工作，才能使排名缓慢提升，甚至有些初创企业还会出现“谷歌沙盒”（Google sandbox）现象，即长时间的搜索引擎优化也难以提升企业在搜索引擎中的排名。

（二）搜索引擎优化的策略

搜索引擎优化的主要工作在于改进网页代码与网站的架构，具体包括以下几个方面。

1. 明确网页主题

在对网页进行编码或创建网站之前，需要先明确网页或网站的主题，鲜明的主题有助于该网页或网站与用户的检索词相匹配。

2. 改进 Meta 标签

在网页编码中，Meta 标签可以记录网页的基本属性，包括编码者、编码时间以及网页的内容简介等。这部分内容虽然并不显示在网页中，但搜索引擎在检索网页时是可以读取到的。因此，编码者可以对 Meta 标签进行改进，特别是 Meta 标签的 description 属性，在编码时融入部分与网页主题相关且被频繁用到的关键检索词，从而提升网页内容与用户检索词的匹配度，进而提升网页在搜索引擎中的排名。

3. 增加网页链接

搜索引擎在检索到网页之后，通常需要根据 PageRank 算法计算网页的 PR 值（该算法由谷歌首创），并优先推送 PR 值较大的网页。而计算 PR 值需要统计该网页的链接（包括该网页链接到多少网页以及多少网页链接到该网页）。因此，若在网页编码时增加可以导入其他网页的链接，将有助于提升网页的 PR 值，继而提升网页排名。

4. 简化网站架构

创建网站时，网站的架构应简洁、清晰，架构层次要少。要特别重视网站首页，原因在于网站首页被搜索引擎检索到的概率更大，因此网站首页在架构中应尽量前置。

5. 重视站外优化

虽然搜索引擎优化的主要工作是对网页或网站进行改进，但也需要重视站外的改进策略，也就是除网页或网站的改进工作以外，仍然需要关注的策略。例如，进行搜索引擎优化的组织也可以通过百度搜藏或 QQ 书签等功能记录所要宣传的网页或网站，并与其他用户广泛交流，从而使这些网页或网站更容易被检索到。

（三）搜索引擎优化的注意事项

在进行搜索引擎优化工作时，需要注意两个方面，即关键检索词的收费与搜索引擎优化的效果。

1. 关键检索词的收费

了解用户的关键检索词很重要，很多组织会选择向搜索引擎服务商购买关键检索词，但关键检索词属于新兴的数据要素服务，其竞价问题还需要相关制度予以规范。因此，在购买关键检索词时，组织需要仔细斟酌。

2. 搜索引擎优化的效果

搜索引擎优化对于提升网页或网站排名的帮助是较为缓慢的，而且在这个过程中，还可能由于搜索引擎改变检索规则而使排名有所降低。因此，组织在进行搜索引擎优化工作时，需要做好长期优化的准备。

三、大数据营销

大数据营销是数字化营销的重要表现形式，主要指在营销管理活动中应用大数据技术（大数据采集、存储、挖掘与分析等），以提升营销管理活动的效果。大数据营销的重要用途包括应用大数据技术进行客户识别、客户分析以及客户触达。

1. 应用大数据技术进行客户识别

应用大数据技术进行客户识别是指组织应用大数据技术寻找细分市场并识别目标客户。例如，电子商务企业可以根据每类商品的客户数据，挖掘每类商品的客户共同特征，从而知晓每类商品的细分市场，进而有针对性地开展营销活动。

2. 应用大数据技术进行客户分析

应用大数据技术进行客户分析是指组织应用大数据技术分析客户的价值主张，进而理解客户的需要。以消费大数据为例，通过对客户的消费大数据进行关联分析，可以更深刻地理解客户的消费习惯；而对消费大数据的分类与聚类等挖掘分析则可以帮助企业预测客户的消费行为。

3. 应用大数据技术进行客户触达

应用大数据技术进行客户触达是指组织应用大数据技术将所创造的以产品或服务为载体的价值快速传递给客户，并使其深刻感知。以客户对购物途径（通过网络购物或通过实体店购物）的偏好为例，企业可以根据客户的消费大数据，分析哪些客户更偏好网络购物（或实体店购物），还可以分析那些偏好实体店购物的消费者偏好哪些商品。因此，可以使偏好有所差异的客户都能够通过产品或服务更加直观地感知到企业所创造的价值。

四、社交推广

社交推广也称为社交网络营销，是指通过社交网络服务（social network services，SNS）所展开的营销活动。

（一）社交推广的优势

与其他营销策略相比，应用社交推广进行营销管理活动，在理解消费者需要、寻找目标客户、塑造品牌形象与实现市场渗透方面都具有明显的优势。

1. 更容易理解消费者需要

当消费者处于社交网络平台所构建的网络空间时，例如QQ群或微信群，消费者之间的社交距离往往较为接近，消费者也更愿意表达自己的实际需要。因此，通过消费者在社交网络平台上的交流与评论，组织可以更容易挖掘且更准确地理解消费者需要。

2. 更容易寻找目标客户

由于社交网络平台可以帮助企业更准确地理解消费者需要，因此通过社交网络平台，企业可以更容易地找到与自己所提供的产品或服务更加匹配的消费者，这部分消费者就是企业的目标客户。

3. 更容易塑造品牌形象

社交网络平台可以帮助企业准确知晓目标客户的实际需要，进而可以帮助企业确立更容易为客户所认可的品牌形象。因此，在锁定目标客户之后，企业就可以为自己的产品或服务塑造与目标客户相匹配的品牌形象。

4. 更容易实现市场渗透

由于处在社交网络平台上的消费者之间的社交距离较为接近，因此与其他的宣传途径相比，消费者往往更加信任社交平台上的产品介绍与评论等内容，也更容易采纳社交平台所宣传的产品或服务，由此可以帮助企业实现市场渗透。

（二）社交推广的途径

企业通过社交推广展开营销活动的途径包括企业自建社交网络平台以及企业应用第三方平台。

1. 企业自建社交网络平台展开营销活动

企业可以自建社交网络平台，从而将用户吸引至这个平台，再根据用户的交流内容，更好地为用户创造价值。例如，小米公司所创建的社交网络平台“小米社区”，允许用户通过该平台相互交流，而企业则根据用户的交流内容，发现用户需要，进而改进产品。

2. 企业应用第三方平台展开营销活动

自建社交网络平台适用于资源较为丰富且用户较多的企业，而对于初创企业或处于发展期的企业而言，可以选择第三方平台开展营销活动。例如，拼多多通过微信平台进行营销活动，由此可以借助微信平台的巨量用户迅速扩大宣传。

第 4 节　数字化品牌塑造

品牌对企业而言极具价值，是企业的重要资产。在数字经济时代，消费者可以通过互联网获取巨量的相关信息，从而出现信息过载。在这种情况下，企业若想迅速获得消费者的关注，进而提升消费者的忠诚度，品牌形象的塑造变得尤为重要。

一、品牌与数字化品牌塑造的内涵

品牌塑造对组织构建竞争优势、提升市场竞争力与经营绩效具有重要意义，是组织运营工作的重要内容，而在数字经济时代，品牌塑造的途径也有所创新。因此，有必要对品牌与数字化品牌塑造的含义、作用等相关内容进行详细探讨。

（一）品牌的含义与作用

菲利普·科特勒等（2023）认为，品牌是用于将本企业的产品（或服务）与竞争者的产品（或服务）区别开来的名称、术语、标识、符号、图案或这些要素的组合，而企业塑造品牌形象的目的是使自己的产品（或服务）实现品牌溢价，也就是品牌附加值。品牌对于消费者和企业都具有重要的作用。

对于消费者而言，品牌可以帮助消费者快速识别与感知产品（或服务）的价值，并获得附加效用。消费者在购买与使用产品（或服务）的过程中，需要支付相应成本，既包括可以通过货币衡量的经济成本，也包括在寻找、对比与咨询等环节中付出的时间、精力等非经济成本，而品牌（特别是经过市场检验的品牌）可以帮助消费者节省成本支出。由于消费者和企业在产品（或服务）的性能、品质等方面往往存在着信息不对称，因此选择值得信任的品牌能够使消费者更加高效地找到具有价值并且可以满足自己需要的产品（或服务）；尤其是具有广泛美誉度的品牌，还可以使消费者在获得产品（或服务）的固有价值以外，获得更多心理上的满足感，也就是附加效用，而这也是出现品牌溢价的重要原因。

对于企业而言，品牌可以帮助企业塑造区别于竞争者的市场形象，从而深耕细分市场并压缩广告宣传成本。如果企业已经成功塑造其品牌形象并经过了市场检验，那么该品牌就与企业所提供的产品（或服务）的性能、品质等建立了联系，而该产品（或服务）所适配的消费者群体就是企业的细分市场。企业找到这部分消费者之后，就可以将其作为自己的利基市场，分析这些消费者的兴趣偏好，并随之改进产品（或服务），从而进一步构筑竞争壁垒。此外，深入人心的品牌形象，可以使企业通过相对较少的广告宣传就可以获得与巩固消费者的信任度、满意度与忠诚度，从而帮助企业压缩广告宣传成本，也使得企业不容易陷入同业中的广告战，有助于企业构建竞争优势。

（二）数字化品牌塑造的含义与特征

在数字经济时代，品牌的内涵与传统经济时代相一致，在品牌塑造途径方面却有所创新。所谓数字化品牌塑造，也可称为品牌塑造的数字化，是指在当前的数字经济时代，应用前沿的信息通信技术，塑造与传播品牌形象，以构建企业的市场竞争力。罗尔斯（Rowles，2022）认为，由于数字媒体的应用，消费者与企业互动的途径更加多样化，与此同时，消费者也可以通过这些途径更全面地感知品牌的实际价值。在信息通信技术与数字媒体的支撑下，数字化品牌塑造具有以下三个特征。

1. 定位准确

企业的品牌往往与其所提供的产品（或服务）的特性相关，然而，若想让消费者易于并乐于接受品牌，那么该品牌所代表的产品（或服务）特性必须与消费者的需要相匹配，也就是说，品牌需要有自己的定位。例如，京东以迅捷配送服务为特色，其品牌定位就是快速、便捷的网购服务；而拼多多以价格低廉作为竞争优势，因此其品牌定位就是低价的网购平台。在数字经济时代，企业可以应用大数据技术挖掘与分析巨量的消费数据，构建消费者的用户画像，从而准确掌握消费者的实际需要，在此基础上，企业就可以根据产品（或服务）的特性，塑造满足消费者需要的品牌形象。由此可见，与传统经济时代的品牌塑造相比，数字化品牌塑造更有利于企业寻找准确的品牌定位。

2. 传播迅速

由于互联网技术的发展以及门户资讯平台、在线社交网络等数字媒体的广泛应用，企业可以更加快速地传播自己的品牌形象。企业可以应用互联网技术，制作横幅广告、弹窗广告等网络广告，而移动通信网络与办公设备的普及，又使得这些广告可以随时随地展现。因此，在互联网以及移动通信技术的支撑下，企业可以更为频繁地展示自己的品牌形象。此外，在线社交网络的使用也使消费者之间的交流变得非常密切，而通过这些交流又能进一步加速品牌形象的传播，并且巩固消费者对品牌形象的感知。因此，与传统经济时代的品牌塑造途径及效果相比，数字经济时代的品牌形象传播更加迅速，途径更加多样，同时也更容易深入人心。

3. 关注小众产品（或服务）

小众产品（或服务）即市场需求很少的产品（或服务）。在传统经济中，这些小众产品（或服务）所能分配到的资源往往较少。例如，在实体商超，位置较好的货架会优先分配给畅销产品。然而，对于开展数字化运营的企业而言，产品（或服务）的展示与推荐也是数字化的，货架数量、营业时间等对企业的影响是很小的，因此实现数字化运营的企业可以关注小众产品（或服务）。实际上，虽然小众产品（或服务）的市场需求很少，但是通过构建数字化平台，将这些小众产品（或服务）的市场需求聚集起来，所能创造的效益也是非常可观的，这也是淘宝网、当当网以及众多电子商务企业成功的重要原因。与此同时，关注小众产品（或服务）也有助于企业塑造多样化的品牌形象，从而适配更多的消费者群体。

二、品牌形象的数字化塑造路径

在数字经济时代，企业塑造品牌形象的路径主要包括：准确定义价值主张、清晰刻画品牌定位以及多模态实现品牌宣传。

（一）准确定义价值主张

品牌形象既要体现产品（或服务）的特性，又要与消费者的需求相匹配，因此，在塑造品牌形象之前，企业应该准确定义价值主张，即企业应满足消费者的哪些需要，其中哪些需要是最为关键或紧迫的，而企业所提供的产品（或服务）可以满足哪些需要。在数字经济时代，企业可以应用大数据技术挖掘巨量的结构化与非结构化消费数据，从中寻找消费者的真实需要与兴趣偏好，进而定义价值主张。在准确定义价值主张的基础上，企业就可以锁定细分市场，为塑造品牌形象做好准备。与传统经济时代相比，数字经济时代的前沿技术可以帮助企业更加准确、细致地理解消费者需要并定义价值主张，企业可以根据多个细分市场的各自特征，塑造相应的品牌形象，因此可以认为，数字经济时代的品牌形象更加具象。

（二）清晰刻画品牌定位

在准确定义价值主张之后，企业需要确立品牌定位，作为品牌形象塑造的方向。为此，企业可以使用品牌感知定位地图（brand perceptual positioning map），刻画本企业与竞争者的品牌定位。在具体的应用过程中，品牌感知定位地图有多种表现形式，通常在二维坐标系中展示各种品牌的定位。每个坐标代表某种产品特性，由此，品牌感知定位地图可以清晰地显示具备哪些特性的产品（或服务）的竞争较为激烈，而具备哪些特性的产品（或服务）的竞争稍显缓和。企业可针对竞争尚不激烈的产品（或服务）特性以及需要这些特性的消费者群体，大力塑造与之相适应的品牌形象。也就是说，品牌感知定位地图可以帮助企业锁定品牌形象以及该品牌形象对应的利基市场，因此，金斯诺思（2021）认为，品牌感知定位地图非常有助于企业确立市场定位。

（三）多模态实现品牌宣传

在数字经济时代，企业拥有更多的途径用以宣传品牌形象。戴夫·查菲、菲奥纳·埃利斯-查德威克（2022）和余晓莉（2020）都讨论了用于品牌宣传的多种媒体途径。这些媒体途径是多模态的，既包括数字化的宣传途径，例如门户资讯平台或移动应用程序所展示的互动广告，以及在以微信为代表的社交网络平台上所展示的软文宣传等，还包括实体的宣传途径，例如在宣传展板上所展示的图文广告。数字媒体的宣传受到的时空局限相对较小，并且可以包含视频、音频等多种形式；实体宣传中所展示的标识、符号与图案等往往（相比于数字媒体）更加清楚。因此，企业可以充分利用这些多模态的广告宣传途径，在数字与实体的媒体上均进行品牌形象的宣传，由此就可以兼顾各类消费者对于广告的采纳偏好。

// 关键术语 //

营销管理	数字化营销管理	程序化广告
搜索引擎优化	社交推广	品牌

// 复习题 //

1. 数字化营销与传统营销有何联系与区别？
2. 数字化市场分析中的调研方法有哪些？
3. 应用数字技术进行市场预测的典型实例有哪些？
4. 市场细分与市场定位所适用的数字技术有哪些？
5. 程序化广告和互联网广告有何联系与区别？
6. 淘宝网店的搜索引擎优化策略有哪些？
7. 大数据营销的具体应用有哪些？

8. 社交推广中对于社交网络平台的选择标准是怎样的？
9. 数字经济时代的品牌塑造与传统经济时代的品牌塑造有何联系与区别？
10. 前沿的信息通信技术在企业品牌塑造与宣传过程中有哪些应用？

案例分析

盒马鲜生：数字经济赋能的营销策略创新

盒马鲜生创立于 2015 年，是阿里巴巴旗下的品牌，也是国内首家新零售平台，是深度应用数字技术以提升消费者体验与经营效率的典范，其营销策略体现在以下四个方面。

一、产品策略

在盒马鲜生的线下门店中食品占 80%，其中生鲜产品就占了 20%，同时，盒马鲜生还将零售与餐饮相结合，消费者所购买的生鲜产品可以直接在餐饮区进行加工，消费者可以选择在店内就餐或带回家享用，这样的服务减少了消费者回家操作的时间，提升了他们的线下体验。

盒马鲜生的线上 App 产品种类丰富，同时线上的订单通过门店专有的“前店后仓”模式和全自动的配送服务，保证在 30 分钟内将 3 公里内的订单送达，“无最低消费额度的快速配送”让消费者可以拥有良好的购物体验。

二、价格策略

盒马鲜生在品牌成立之际，就把一二线城市的中高端消费群体作为目标顾客，他们对于生鲜食品的需求较大且消费能力较强。基于这样的客群定位，盒马鲜生的定价自然比传统零售超市的定价偏高一些。

三、渠道策略

盒马鲜生的新零售模式与传统零售模式的主要区别在于对传统零售市场“人货场”交互模式的创新。新零售不再是单一的购物模式，而是采用全渠道零售的模式，对在线服务、进店体验和现代物流进行了深度融合，能够随时随地满足消费者的购物需求。

盒马鲜生线下实体店的设置主要是为了提升消费者体验，通过多场景的实体店来满足消费者的需求，提高消费者的到店率和留存率，最终转化为在线的转化率。另外，无论是在实体店或通过 App 下单购买，消费者都需要采用 App 统一结账的方式，而且都需要利用支付宝付款，消费者结账时需要下载盒马鲜生 App，付款后就自动成为普通会员，这一举措接通了在线以及实体的客户数据搜集渠道。盒马鲜生可以通过大数据分析来深度挖掘消费者需求，与消费者互动，为他们提供更人性化、个性化的建议，以此提升每一位消费者的购物体验，进而提升消费者的满意度和忠诚度。

四、促销策略

盒马鲜生的促销手段也丰富多样，消费者还可以在软件内的“盒马小镇”进行签到领取“盒花”，一定的“盒花”可以兑换一些日用品或者零食等。值得关注的是“盒区生活”板块，消费者可以使用少量“盒花”申请免费试吃；坚持打卡的消费者还可以获得奖品。此外，消费者还可以加入实体店所在的社区群，群内会有工作人员免费发放限量优惠券，还会分享一些美食的制作方法，让消费者在享受实惠的同时感受到温馨。

资料来源：沈静，郑蓓，2020. 盒马鲜生的营销策略研究. 中国商论，(21)：56 - 58.

思考题：

1. 前沿数字技术对盒马鲜生的重要作用体现在哪些方面？
2. 盒马鲜生在营销策略方面有何创新？

// 第9章 //

数字化运营人力资源管理

学习目标

1. 理解人力资源管理的概念与职能。
2. 理解人力资源管理工作的层次。
3. 理解数字经济时代人力资源管理的新内涵与新特征。
4. 理解人力资源规划及其制约要素。
5. 掌握人力资源三支柱的构成与职能。
6. 理解人力资源管理工作的重要支撑平台。

引导案例

“双引擎驱动”的人力资源管理战略

当前组织普遍采用管理驱动的思想用于指导人力资源管理工作，即管理层制定战略，人力资源部通过岗位规划履行、绩效与薪酬管理及组织文化构建等职能，促使员工执行并实现组织战略，也就是说，人力资源管理工作为组织人员提供外部动力。然而在数字经济时代，面对快速发展的市场环境与激烈的市场竞争，员工的自主驱动更为重要。为此，腾讯公司提出了“双引擎驱动”的人力资源管理战略，“双引擎”即管理驱动和自主驱动，前者通过人力资源管理的各项职能推动战略实施，后者通过应用数字技术，提升组织人员的工作体验，从而调动组织人员的积极性。“双引擎驱动”战略是腾讯公司在人力资源管理数字化转型方面的积极尝试，也为其他组织探索数字化的人力资源管理提供了重要参考。

资料来源：马海刚，2022. HR＋数字化：人力资源管理认知升级与系统创新［M］. 北京：中国人民大学出版社.

第1节 人力资源管理概述

人力资源管理（human resource management，HRM）是运营管理的重要内容，因此，人力资源管理的数字化对于组织实现数字化运营与管理具有重要意义。

一、人力资源管理的概念

在论述人力资源管理的数字化之前，有必要先对人力资源及其管理的概念加以探讨。

（一）人力资源

人力资源也称为劳动力资源，从组织运营的角度出发，泛指在组织所设的岗位上履行并能够胜任岗位职责的工作人员。在现实中，组织运营所需的资源包括人、财、物与信息等，而居于首位的就是人力资源，原因包括两个方面：首先，相对于财、物以及信息等其他资源，人力资源是最不容易为竞争对手所模仿的，也就是说，人力资源是组织的核心竞争力；其次，财、物、信息等其他资源需要依靠人力资源才能发挥作用。因此，从这个意义上讲，人力资源是对组织的运营管理最为重要的资源。

（二）人力资源管理

人力资源管理就是通过规划、安排与调整组织的劳动力资源，以提升劳动力资源的工作效率与效果。虽然人力资源是组织最为重要的资源，但是人力资源管理的思想与相关理论所提出的时间相对较晚。

人力资源管理最初被称为人事管理，只有人员招募、薪资管理等少数职能。然而，随着经济的发展，组织之间的竞争愈发激烈，人力资源的重要性也愈发凸显，为此，尤里奇（Ulrich，1997）在《人力资源优胜者》中首次提出了“人力资源”的概念，这标志着人力资源管理思想的出现。根据尤里奇的观点，现代的人力资源管理需要突破传统的人事管理的局限：首先，在地位上，传统的人事管理的地位往往低于战略管理、组织管理等，现代的人力资源管理应该与战略管理、组织管理同等重要，这些管理工作共同为组织与客户创造价值；其次，在职能上，现代的人力资源管理应具有更广泛的职能，从而与其在组织中的地位相匹配。

二、人力资源管理的职能

现代的人力资源管理职能更加丰富，主要包括六项：人力资源战略、岗位规划、招募与培训、绩效管理、薪酬管理以及组织文化。

（一）人力资源战略

人力资源战略（即人力资源管理工作与组织战略相匹配）是人力资源管理的首要职能，也是现代的人力资源管理区别于传统的人事管理的显著特征之一。人力资源战略就是从组织的战略目标出发，规划组织的人力资源管理相关工作，从而使人力资源管理工作的绩效能够与组织的战略规划相匹配。现代的人力资源管理也具有传统的人事管理所具备的人员招募、薪资与绩效管理等职能，然而区别在于，针对这些职能，人事管理部门仅将其作为事务性工作加以履行；然而人力资源管理部门在履行这些职能时，需要以组织战略为导向，也就是说，对这些职能的履行要具有战略意义，即有助于推动组织战略的执行、实现组织的战略规划以及增加组织的竞争优势。此外，人力资源战略也是人力资源管理部门履行其他职能的原则与依据。

（二）岗位规划

岗位规划是指人力资源管理部门以组织的战略目标为导向，设置工作岗位并且制定岗位职责。在履行岗位规划职能时，人力资源管理部门应遵循战略目标导向原则，首先要准确理解组织的战略目标；然后将组织战略的实施与推进过程细化为各职能部门的事务性工作，从而为各部门设定具体的岗位，并针对这些岗位制定相应的规章制度，明确工作职责与考核规则，使各岗位工作人员可以通过完成本职工作推动组织战略的执行。组织在经营过程中可能调整其战略，例如，随着现有业务市场地位与竞争优势的巩固，组织的决策者有可能计划开展其他业务，从而实施多元化战略。因此，人力资源管理部门在履行岗位规划职能时，需要密切关注组织战略并及时做出调整，使职能部门、部门内的岗位以及相应工作职责的设定都能够与组织的战略相适应。

（三）招募与培训

对于已经规划好的岗位，需要招募工作人员，以完成这些岗位的相关工作，因此人力资源管理部门需要履行招募职能。通常情况下，所招募的工作人员需要经过培训才能胜任所在岗位的工作，因此，人力资源管理部门还需要履行培训职能，而培训工作则需要经过以下三个环节。

1. 培训诉求分析

在培训工作开始之前，人力资源管理部门需要分析组织对于培训工作的诉求。人力资源管理部门需要知晓员工当前的工作绩效，以及组织从战略目标出发，期望员工所能达成的工作绩效，尽量缩小这两者之间的差距就是组织对于培训工作的诉求。

2. 培训方案制订

在明确组织的培训诉求之后，人力资源管理部门需要以满足培训诉求为目标，制订培训工作的实施方案，包括培训的时间、地点、参加人员以及培训内容等。值得注意的是，制订培训方案需要兼顾组织的培训诉求与参加人员的实际情况。

3. 培训效果评估

经过培训之后，工作人员是否能够提升绩效还需要加以评估。因此，人力资源管理部门需要根据组织的战略目标，制订培训效果的评估方案，进而评估工作人员在接受培训之后的工作绩效是否更加有助于实现组织的战略规划。

（四）绩效管理

绩效管理是人力资源管理的重要职能，而且是很多相关工作（例如，员工培训以及薪酬管理等）的重要依据。绩效管理的重点是绩效的考核与评估，这同时也是人力资源管理部门面临的挑战。从原理上讲，绩效考核与评估的依据是组织的战略目标，也就是员工的工作绩效是否有助于战略目标的实现，然而在现实中，战略规划的周期往往较长，而人力资源管理部门必须在较短的时间内完成绩效考核，否则将影响员工培训以及薪酬管理等工作。因此，人力资源管理部门需要准确理解组织的战略规划，将战略规划进行解构，并将其与相关岗位职责进行对应（也就是岗位职责要与解构之后的战略任务相对应），然后以此为基础制订绩效考核方案，从而快速评估工作绩效是否与战略目标相匹配。

（五）薪酬管理

薪酬管理的目标在于提升员工的积极性，因此，薪酬管理的重点是制订有助于提升员工积极性的薪资方案，而制订此方案的基础是明确哪些方面能够影响员工的积极性。根据马斯洛的需要层次理论，人的需要可以分为较低层次的需要（生理需要、安全需要）以及较高层次的需要（社交需要、尊重需要、自我实现需要）。因此，所制订的薪资方案必须能够同时满足员工较低层次的需要（通过足够的薪资满足员工对于生理与安全的需要）与较高层次的需要（通过提供培训、团建等方式满足员工的较高层次需要）。此外，制订薪资方案必须遵循公平原则，因为这有利于满足员工对于尊重与自我实现的需要，而这两种需要是最高层次的需要，满足这两种需要将会更加有利于提升员工的积极性。

（六）组织文化

组织文化职能是指人力资源管理部门需要构建组织文化，加深员工对组织的认同，并提升组织的凝聚力。组织文化通常体现在三个方面：首先是最容易观察到的表面层次的物质文化，例如，员工着装与办公设备，企业的生产设备与产品；其次是中间层次的制度文化，主要包括组织的各项规章制度；最后是最不容易观察到的核心层次的精神文化，包括员工的行为、价值观念以及群体意识等。当讨论组织文化时，人们往往关注精神文化，而忽略了物质文化与制度文化，但实际上，构建物质文化与制度文化更具有可操作性，更易于从战略目标出发加以构建，而且，物质文化与制度文化往往会影响到精神文化。此外，需要注意的是，提升员工的积极性主要依靠薪酬管理，组织文化需要在人力资源管理部门做好薪酬管理工作的基础上才能够发挥作用。

三、人力资源管理的层次

人力资源管理所涵盖的工作内容非常丰富。根据工作内容与战略规划关系的是的密切程度，人力资源管理工作可以分为三个层次，即战略层、管理层与操作层。

（一）战略层

战略层的人力资源管理工作与战略规划工作的关系极为密切，甚至可以包含在战略规划工作中。战略层的人力资源管理工作通常由首席人力资源官（chief human resource officer，CHO）或人力资源总监（human resource director，HRD）负责。在组织架构中，CHO 与 HRD 均属于高层管理者，需要参与组织的战略规划工作，因此，CHO 与 HRD 需要准确理解组织的战略规划。在准确理解组织战略规划的基础上，CHO 与 HRD 需要对岗位设置、员工的招募与培训、绩效与薪酬管理以及组织文化建设等人力资源管理工作进行战略层面的部署，原则是使人力资源管理工作的战略目标与组织的战略目标相匹配，并且人力资源管理工作的预期绩效能够有助于组织战略规划的实施。例如，组织计划采用集中经营战略，那么人力资源管理工作的战略重点则是那些对企业所在的利基市场具有深刻理解的人员。

（二）管理层

管理层的人力资源管理工作通常由人力资源管理部门的主管负责。在组织架构中，人力资源管理部门的主管属于中层管理者。管理层的人力资源管理工作的具体任务是将 CHO 与 HRD 对于人力资源管理工作的战略部署进行落实。仍然以组织计划采用集中经营战略为例，人力资源管理的战略目标是能够深刻理解企业利基市场的人员，那么将该战略目标落实为具体的人力资源管理工作包括：在人员招募时，有针对性地招募那些在利基市场中从事过相关工作的人员，或者对现有的工作人员进行培训，以使这些人员更熟悉企业所在的利基市场，也可以在绩效与薪酬管理方面对企业所在利基市场有所侧重。通过管理层的工作，可以将较为抽象的人力资源管理工作的战略部署进一步具象化，从而易于执行。

（三）操作层

操作层的人力资源管理工作由人力资源管理部门的基层工作人员负责，工作任务是完成人力资源管理部门的主管所布置的各项具体任务。需要注意的是，虽然经过管理层的人力资源管理工作，已经将抽象的战略部署落实为具体的工作任务，然而这些任务仍处于计划安排阶段，在执行时仍然会存在很多细节问题。仍以组织计划采用集中经营战略为例，若管理层的工作部署是对现有员工进行培训，而培训的目的是帮助这些员工更好地熟悉企业的利基市场，那么，在操作层面，人力资源管理工作可能面临的具体任务包括：选择员工能够普遍接受的培训时间与培训方式，聘请培训师，以及通过制订绩效管理与薪酬管理方案，提升员工参与培训的积极性、构建踊跃参加培训的组织文化。通过操作层的人力资源管理工作，可以将 CHO 与 HRD 的战略部署加以执行并且实现组织的战略目标。

四、数字经济时代的人力资源管理

（一）人力资源管理在数字经济时代的新内涵

在数字经济时代，人力资源管理工作的内涵更为丰富，新增了两个方面：数字化的人力资源管理（即人力资源管理的数字化转型）以及支撑数字化转型的人力资源管理。

1. 数字化的人力资源管理

在数字经济时代，很多组织（特别是很多实体企业）都在积极谋求数字化转型，而作为组织运营管理的重要参与者，人力资源管理部门也应该通过相应的工作为组织的数字化转型提供支撑。例如，数字化转型之前的人才招聘及培训、数字化转型过程中的绩效考核与薪酬管理以及数字化转型之后的岗位设定等。

2. 支撑数字化转型的人力资源管理

在数字化转型的进程中，作为组织运营管理的重要内容，人力资源管理也应该为组织的数字化转型提供支撑，因此，支撑数字化转型就成为数字经济时代的人力资源管理的重要内涵与应履行的职能。

（二）人力资源管理在数字经济时代的新特征

数字经济时代的人力资源管理工作具有以下三个方面的新特征。

1. 新兴数字技术的大量应用

在数字经济时代，人力资源管理工作也大量应用了新兴数字技术。例如，在员工访谈的过程中，部分企业的人力资源管理部门应用大数据技术对访谈过程所形成的非结构化的文本数据进行挖掘，从而更加准确地理解访谈内容。

2. 人力资源管理的战略地位更加凸显

在数字经济时代，组织希望实现数字化转型。然而，在开展数字化转型的过程中，组织的架构与制度等都需要进行再规划，而这些都是人力资源管理部门的职责，也就是说，人力资源管理部门的工作能够对数字化转型产生重要影响。因此，数字经济时代的人力资源管理工作更具有战略意义。

3. 人力资源管理的职能更加多样化

在数字经济时代，虽然人力资源管理的主要职能仍然是人力资源战略、岗位规划、招募与培训、绩效管理、薪酬管理以及组织文化等，但由于人力资源管理工作需要支撑组织的数字化转型这项复杂的任务，因此每项职能所包含的具体工作更加丰富，从而使得数字经济时代的人力资源管理的职能更为多样化。

第 2 节　人力资源规划

人力资源规划（human resource plan，HRP）是人力资源管理部门根据组织的战略规划，应用科学的方法，分析组织当前的人力资源状况与今后对人力资源的需要，进而为人力资源的获取、开发与使用等各项管理工作制订计划。

一、人力资源规划的内涵

人力资源规划的内涵有狭义和广义之分。狭义的人力资源规划是指对于组织内部的人力资源进行分析，评估组织现有的人力资源能否满足战略需要，并据此制订补充、开发与管理人力资源的工作计划。广义的人力资源规划还包括对组织外部的人力资源的分析、评估以及开发、管理。例如，随着互联网技术的广泛应用，零工经济[①]正在快速发展，零工经济的人力资源对于组织而言，就属于外部临聘人员。

狭义与广义的人力资源规划的联系在于二者均以组织战略为出发点，区别在于二者所需管理的人力资源的范围不同。本书后文所讨论的人力资源规划均为狭义的人力资源规划。

二、人力资源规划的内容

根据工作内容，人力资源规划包括战略规划、组织规划、开发规划、制度规划、费用规划以及发展规划。

（一）战略规划

人力资源的战略规划对应人力资源战略职能，是人力资源管理部门以组织总体战略为指导所制定的关于人力资源管理工作的战略部署，该部署的预期目标就是为组织总体战略的实现提供人力资源的支撑。例如，若企业的总体战略是差异化战略，那么 CHO 或 HRD 应深刻理解组织的差异化战略，也就是与竞争对手相比，本企业提供的产品或服务的差异性体现在哪里；然后，针对员工招聘与培训、绩效与薪酬管理以及组织文化构建等各项人力资源管理工作进行部署，目标是助力差异化战略的实现。

（二）组织规划

人力资源组织规划对应岗位规划职能，但具体任务不仅包括组织岗位规划，还包括组织架构规划，而且组织架构规划是组织岗位规划的基础。在组织制定战略规

---

① 零工经济（gig economy）是指由工作量不多的自由职业者构成的经济领域，通过互联网和移动技术快速匹配劳动力的供需方。

划后，为了实现此战略规划，组织架构需要与战略规划相匹配，为此需要对组织架构进行分析，评估当前的组织架构是否适应组织战略的要求，若与组织战略规划不匹配，应如何改进。在完成组织架构的规划之后，人力资源管理部门还需根据组织的战略规划以及组织架构，分析应该设置哪些岗位，若当前仍然欠缺这些岗位，则需要加以补充。

（三）开发规划

开发规划对应招募与培训职能，并侧重于培训。在完成岗位规划的工作之后，需要分析是否以及如何为这些岗位补充人力资源。补充人力资源的方式通常包括招聘以及培训，然而，招聘人员的目的并不仅仅是从事岗位工作，更为重要的是通过工作绩效实现战略规划。但在现实中，外部招聘人员往往对组织以及岗位工作并不熟悉，不能满足实现战略规划的需要，因此有必要对现有的工作人员进行培训，然后将其补充到相关的岗位。为此，人力资源管理部门需要对人员开发进行规划，特别是培训工作的计划。

（四）制度规划

制度规划对应绩效管理职能，也就是说，人力资源管理制度规划的主要任务是针对绩效管理制度进行规划。原因在于，员工薪酬与工作绩效密切相关，因此绩效管理直接影响薪酬管理，进而影响到员工的工作积极性。为此，人力资源管理部门需要根据组织战略规划，制定绩效管理制度，从而使绩效评估与战略规划相匹配，也就是要将是否有助于实现战略规划作为绩效评估的主要方面。除绩效管理制度以外，制度规划还包括对于招聘、培训、考勤以及晋升等方面的规划。

（五）费用规划

费用规划对应薪酬管理职能。对于人力资源管理部门而言，费用支出主要为员工的绩效薪酬，因此费用规划的主要任务就是对薪酬支付进行规划，并且仍然要以组织战略为依据，也就是根据员工对组织实现战略规划的贡献程度支付薪酬。具体而言，则是预先分析岗位对战略规划的贡献程度以及完成岗位工作所需的成本，进而计算该岗位的薪酬。此外，人力资源管理工作也需要支出相应的成本（例如，宣传招聘信息需要支付的广告费），因此对这些成本支出的规划也是费用规划工作的重要内容。

（六）发展规划

发展规划对应组织文化职能。组织的发展（通常是指长期发展）需要有相应的组织文化予以支撑，因此发展规划的主要任务就是对组织文化进行规划，使之更加适应组织的长期战略部署，从而助力组织的发展。例如，企业的战略规划是差异化战略，也就是组织所提供的产品或服务要具有鲜明的特色，从而与同类的产品或者服务形成差异，而形成差异的重要途径就是创新。为此，企业应该创建重视创新的组织文化，鼓励员工积极探索在功能、外观以及细分市场等多个方面的创新，努力为消费者提供更有特色的产品或服务。

三、人力资源规划所需关注的组织内外部要素

人力资源管理部门在制定人力资源规划时，需要关注组织内外部的多个要素。

（一）内部要素

在制定人力资源规划时，需要关注的组织内部要素包括组织战略、组织目标、组织文化、工作内容、群体特征以及领导风格。

1. 组织战略

组织战略是人力资源规划最为重要的制约要素，这是因为人力资源的战略、组织、开发、制度、费用以及发展等各项规划都需要以组织战略为依据。因此，人力资源规划的制定工作需要由 CHO 或 HRD 作为总负责人，因为 CHO 与 HRD 往往会参与组织的战略规划工作，对组织战略理解得更加准确。此外，人力资源部门的主管作为人力资源管理工作的直接领导者，也需要深刻理解组织的战略规划，并且将其作为指导思想，从而使人力资源规划的各项工作及其绩效与组织的战略部署相匹配。

2. 组织目标

人力资源规划需要关注组织目标。组织目标分为长期目标和短期目标，长期目标通常指组织的战略目标，而短期目标则是将长期目标进行细化所得到的。与长期目标相比，短期目标更加具体，而且更易于快速评估，因此现实中的人力资源规划工作往往以短期目标为依据。虽然从战略规划的视角出发，短期目标与长期目标是一致的，并且在实际工作中关注短期目标更具有可操作性，但是人力资源管理部门仍然应该努力关注长期目标，通过科学的方法，评估人力资源规划工作是否有助于组织的长期目标以及战略规划得以实现。

3. 组织文化

人力资源规划工作的一项重要任务是根据组织的战略规划构建组织文化，目的是使新的组织文化能够更加适应组织战略，在此过程中，需要注意原有的组织文化对于人力资源规划的影响。人力资源管理部门需要分析现有的组织文化和预期的组织文化之间的差异，若二者之间存在较大的差异，则人力资源的各项规划就需要较为谨慎，力图使现有的组织文化能够稳步发展到预期的组织文化，战略、组织等其他方面的规划也应以渐进式发展为原则，从而避免原有的组织文化对人力资源规划工作形成制约。

4. 工作内容

人力资源规划，特别是涉及具体岗位的组织规划的制定，需要关注岗位的工作内容。原因在于，每个岗位与组织战略的密切程度是不同的，因此针对每个岗位的

人员招聘与培训、绩效考核以及薪酬支付等规划也应有所区别。具体而言，对于那些更能够影响组织战略实现的岗位以及工作人员，招聘的标准更严格，培训次数更多，绩效考核指标更丰富，薪酬支付方式也更多样。例如，对于不同部门的员工，或者是同一部门中的主管与基层员工，选拔、考核以及薪资都是有所区别的。

5. 群体特征

人力资源管理部门需要了解员工群体（主要指基层员工）的特征，进而制定人力资源规划。人力资源规划所涉及的绩效考核指标、薪酬支付制度等多个方面都与员工的利益直接相关，因此人力资源规划往往会受到组织各级人员的关注。若这些规划与群体的特征相匹配，则员工在心理上更容易接受这些规划，这也有利于人力资源规划的执行。例如，组织的基层员工普遍倾向于松散式的管理，那么，这些员工就更愿意接受以及执行"轻考勤、重实效"的人力资源管理制度。由此可见，人力资源管理部门需要根据群体特征制定或调整相关规划。

6. 领导风格

领导风格即组织管理者的行为模式，也是人力资源规划需要关注的方面。以告知型和参与型两种领导风格为例，若管理者是告知型领导，即管理者会向基层工作人员传递具体的指令，并要求工作人员严格按照指令完成工作，那么，人力资源规划的各项条款都应该力求详细。若管理者是参与型领导，即管理者愿意征询基层员工的建议，并鼓励基层工作人员自主决策，那么，在规划岗位培训、绩效考核与薪酬支付等管理制度时，就可以在部分条款中给予基层员工较大的决策权。

（二）外部要素

人力资源管理部门在制定人力资源规划时需要关注的外部要素包括法规制度、经济发展、组织竞争以及社会文化。

1. 法规制度

在各种外部要素中，人力资源管理部门首先要关注的就是法规制度，也就是说，人力资源规划的首要原则就是遵守组织所在地区的法律与法规。例如，我国企业所制定的人力资源规划，特别是与绩效和薪酬管理相关的规划，必须遵守《中华人民共和国劳动法》《中华人民共和国公司法》等相关法律法规关于用工制度、薪资制度等方面的条款。遵循法规制度所制定的人力资源规划会受到法律保护，有助于规划顺利执行。

2. 经济发展

人力资源规划要与组织所在地区的经济发展程度相适应。以绩效考核与薪酬支付为例，在制定绩效考核制度时，需要分析当地的经济能否支撑组织的员工完成绩效考核任务，只有考核任务实际可行，才能够调动员工的积极性，特别是基层员工的积极性；在制定薪酬制度时，则需要分析当地的物价与消费状况，从而使员工的收入与消费相匹配。在现实中，对于经济发达地区与欠发达地区的员工来说，虽然其工作性质与内容均非常接近，但收入却有所区别，原因就在于经济发展程度会制约组织的薪酬制度。

3. 组织竞争

组织之间的竞争能够影响组织的战略规划，从而影响到组织的人力资源规划。例如，当企业之间的竞争较为激烈时，总成本领先战略与集中战略可能均已不再适用。原因在于，面对激烈的市场竞争，企业需要扩大宣传，因而会增加广告费的支出，这就使得总成本的压缩空间非常小，而激烈的市场竞争也会使企业很难寻找到利基市场。在这样的情况下，企业要想脱颖而出，差异化战略是最佳选择。那么，在招募与培训、绩效管理、薪酬管理与组织文化等多个方面的规划都要体现对创新的鼓励。

4. 社会文化

社会文化是组织所处地区的民众所普遍奉行的价值观与意识形态，同样需要人力资源管理部门在制定规划时予以关注，并将其融入人力资源管理工作的各项规划中。因为与社会文化相匹配的人力资源规划更容易为员工所接受，从而得到更好的执行。例如，当所处地区的民众认可紧张的工作节奏时，绩效管理的相关规划可以更细化；而当所处地区的民众非常关注组织的公平关切时，那么此种价值观在与薪酬支付相关的规章制度中应该有所体现，从而使组织员工更容易接受进而执行相关规章制度。

第 3 节　人力资源三支柱

在人力资源管理领域，专家中心（centers of expertise，COE）、人力资源业务合作伙伴（human resource business patterner，HRBP）以及共享服务中心（sharing services center，SSC）并称为人力资源三支柱，能够积极促进人力资源管理的数字化转型（见图 9-1）。

一、专家中心

组织的各项管理工作（包括人力资源管理在内）需要理论知识作为支撑，而专家中心可以通过理论知识，帮助人力资源管理部门更好地开展工作。

专家中心汇集了组织内部具有丰富理论知识以及应用技能的专家，从事业务开发与人力资源政策创新等工作，并且为其他部门提供技术支持。专家中心是人力资源三支柱的核心，对于人力资源管理的数字化转型具有重要意义。需要注意的是，作为咨询专家，专家中心的职能是为人力资源管理工作提供建议，但不能做出决策，具有决策权的仍然是组织的 CHO 或 HRD。

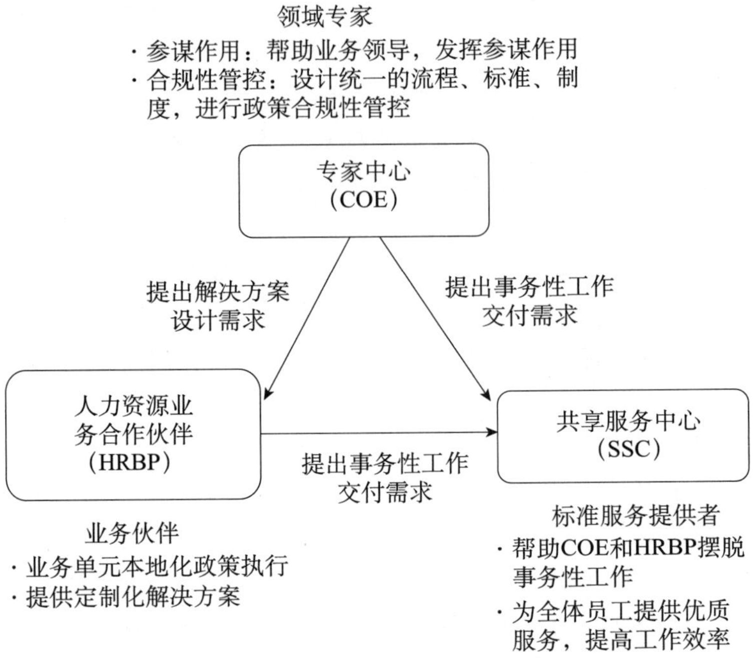

图 9-1　人力资源三支柱

资料来源：王兴山，2019. 数字化转型中的企业进化［M］. 北京：电子工业出版社.

二、人力资源业务合作伙伴

人力资源业务合作伙伴由组织内部人员或者跨组织人员构成，用于支撑组织的人力资源管理相关工作。其与专家中心的区别在于，专家中心的职能是为人力资源管理的顶层规划提供决策支持，而人力资源业务合作伙伴则需要进入组织的各业务部门，根据业务部门的实际情况，为人力资源管理工作提供咨询服务，为业务部门提供个性化的岗位规划、人员开发以及绩效与薪酬管理等方案。人力资源业务合作伙伴所提供的咨询服务以专家中心的顶层规划为基础，但是更为具体，也更加贴近业务部门的状况。

三、共享服务中心

在组织的运营过程中，各业务单元（business unit）都存在部分与人力资源管理相关的工作。以业绩考核为例，每个业务部门都有适用于该部门的业绩考核方案。为此，很多组织（特别是大型组织）尝试将人力资源管理部门以外的各部门中与人力资源管理相关的事务性工作加以集中，构建共享服务中心，为各部门提供人力资源管理服务。

通过对比人力资源三支柱的职能可知，专家中心为组织提供人力资源管理工作的战略性顶层规划；人力资源业务合作伙伴在顶层规划的基础上，为各业务部门提供个性化的人力资源管理方案；而共享服务中心的任务则是根据这些个性化的方案，从事具体的人力资源管理工作，从而为各业务部门提供人力资源管理服务。

第 4 节　人力资源管理支撑平台

人力资源管理工作的开展，需要相关的数字智能平台予以支撑，从而实现人力资源管理的数字化转型。本节主要讨论对各类组织人力资源管理数字化转型的支撑作用相对较大的人力资源管理平台与财务管理平台的相关知识。

一、人力资源管理平台

在数字时代，资源是零散的，用户需求是复杂的，只有将资源组合成解决方案才能满足用户需求。在这一过程中，人力资源是企业最为核心的资源，其既是价值创造的基础，又是所有其他资源发挥作用的中心。数字化组织的人力资源管理正从全员服务走向业务服务，并且开始加速进入生态服务。组织既需要关注现有的人力资源管理平台，又需要关注与人力资源相关的外部平台，通过这些平台的有效整合，使组织快速获取外部资源，同时为外部资源提供人力资源支持，进而打造智能化、生态化的人力资源服务圈。

（一）人力资源管理平台建设的关注要点

王兴山（2019）提出了数字化组织建设人力资源管理平台需要关注的五个方面。

1. 需要体现组织的理念

数字化人力资源建设的首要目标是构建一个涵盖管控理念的一体化管控平台。具有统一业务标准和数据标准的平台不但能够贯通各层级的管理体系，减少数据壁垒，而且可以扩宽有效管理范围，推进人力资源管理业务实现标准化、规范化、制度化、自动化以及协同化。

2. 需要重视人力资源三支柱

人力资源管理体系实现数字化转型的重要支撑是前述人力资源三支柱的建设。人力资源三支柱模式实现了企业人力资源管理从与组织战略对接、统一的政策制度设计，到业务单元的政策传递与理解、本地化的政策执行，再到区域与业务单元共性的事务性工作的集中高效处理与执行结果的数据分析与反馈，从而提升人力资源业务合作伙伴以及共享服务中心工作的科学性和实用性。

3. 需要提升员工体验

人力资源管理成功实现数字化转型的重要标志是员工拥有好的体验。人力资源管理平台的建设需要组织打造完整的人力资源管理架构服务体系，用以连接高管、部门经理、员工与其他利益相关者，进而为全员提供更好的业务支持与相关服务，例如业务咨询服务、技能差异分析模型等。

4. 需要支撑核心人才战略转型

组织需要引入人才盘点体系支撑核心人才战略转型。管理层可以通过对员工业绩和能力的衡量，形成企业人才管理九宫格，发现后备人才，形成人才梯队，支撑核心人才战略转型。

5. 需要重视人工智能技术的使用

数字化组织的人力资源管理平台应该是一个集成化、移动化、智能化的工作平台。人工智能在人力资源管理领域的渗透体现在很多方面，例如员工服务机器人、智能人岗匹配（招聘、人才管理）、电子区块链合约（劳动合同电子化）以及自助处理员工考勤业务等。通过业务处理与人工智能技术的深度融合，能够有效提升人力资源服务的价值。

（二）人力资源管理平台的功能架构

整合上述五种要素，人力资源数字化转型有必要借助 IaaS（基础设施即服务）、PaaS（平台即服务）和 SaaS（软件即服务）打造一个云端人力资源服务平台，为全体员工提供招聘、薪资、考勤、绩效以及培训等方面的多种服务（见图 9-2），其中的 SaaS 人力资源管理平台为新一代全 SaaS 人力资源管理平台。与通用型的 SaaS 人力资源管理平台相比，新一代全 SaaS 人力资源管理平台不仅能够完整融合组织人事、动态薪酬、时间模型、员工培训与实时考勤等大型专业人力资源管理系统的特性，提供个性化支持，还内置了人力资源共享框架，用以支持企业"人力支柱"及服务共享、事务共享等多种共享模式。

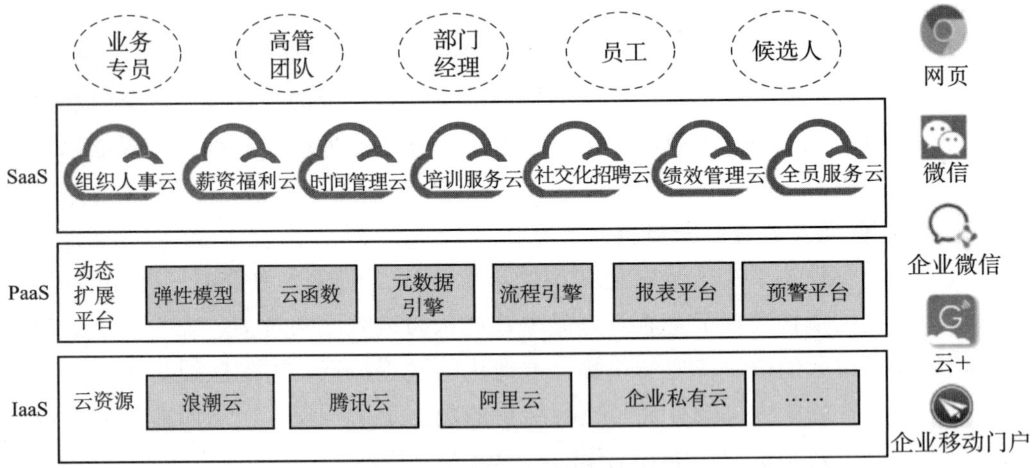

图 9-2 云端人力资源服务平台

资料来源：王兴山，2019. 数字化转型中的企业进化 [M]. 北京：电子工业出版社.

云端人力资源服务平台可以使人力资源管理领域的专业人群（包括人力资源总监、人力资源经理、人力资源主管、人力资源专员以及人力资源业务合作伙伴等）

借助移动互联网技术为全员（包括高管、直线经理和普通员工）提供优质的人力资源服务。基于新一代全 SaaS 人力资源管理平台，这些专业人群需要遵守招聘管理制度、薪资管理制度、考勤管理制度、培训管理制度、绩效管理制度、员工调配晋升管理制度等，这些制度共同构成了数字化组织人力资源管理制度体系。云端人力资源服务平台还可以为潜在员工（即应聘者）提供简历投递与线上笔试（面试）等多项服务，从应聘开始，提升员工的幸福感，打造最佳雇主品牌。

二、财务管理平台

财务管理数字化转型不仅是使数字化组织实现财务管理的基础，也是人力资源管理实现数字化转型的重要支撑，特别是对于人力资源管理中的绩效考核与薪酬管理等工作，具有重要意义。

（一）财务管理平台创新的驱动力

财务管理平台创新的驱动力主要包括产业升级、经济新常态、宏观政策环境以及信息通信技术的发展。

1. 产业升级

新时代的产业升级促使财务走向业务、业财融合、财务共享中心逐渐普及，这种普及为财务管理数字化转型打下了坚实的基础。可以认为，新时代的产业升级是财务管理数字化转型的前提。

2. 经济新常态

新常态下的经济形式需要企业在风险管控、管理精细化和优化产业结构等多个方面进行变革，这种变革也促使财务管理部门的职能发生变化：业财融合、管控升级、精简冗余、自动核算以及效率提升。可以这样认为，经济新常态下的企业内部管理需求是财务管理数字化转型的核心动因。

3. 宏观政策环境

供给侧改革的政策环境，促使企业在财务管理方面探索创新之路，企业财务管理逐渐向精细化财务管理、财务风险防控和优化资本结构等方面转型，进而推进企业财务管理工作的数字化与智能化。可以认为，宏观政策环境是财务管理数字化转型的催化剂。

4. 信息通信技术的发展

随着信息通信技术的发展，财务管理数字化和财务管理平台的发展在总体上经历了四个阶段：第一个阶段是个人计算机时代，以单机版的会计电算化为主；第二个阶段是互联网时代，以集团财务为重点，支撑规模化经营和集团管控；第三个阶段是云计算与大数据时代，财务管理模式进入财务云的新时代；第四个阶段是智能财务时代，伴随大数据与智能技术的应用，人工智能、财务机器人等技术逐步进入财务的日常工作，财务的核心逐渐向管理迈进。可以认为，技术的进步是财务管理数字化转型的实现基础。此外，数字经济的发展突破了业务与财务之间的界限，高度专业化的财会部门逐渐演变为大数据处理部门，而数字化的财务管理工作在财务职能和对财务人员的要求等方面都提出了新的要求。

（二）财务管理平台的建设路径

建立财务共享中心是财务管理数字化转型的具体实现途径。建设财务共享中心，可以将原本分散在各业务单元的日常性、重复性、通用性以及程序化的工作集中在人力成本较低的地区进行处理，这样不仅能够降低成本、发挥专业化和标准化优势，还能使各业务单元将更多的精力用于核心业务。从管理层面来看，财务共享服务能够促使流程制度的标准化；从组织层面来看，财务共享服务能够实现财务管理职能的专业化分工；从数据层面来看，财务共享服务能够充分利用大数据技术构建大数据共享中心，这些都是企业实现财务管理数字化转型的重要基础（见图 9－3）。

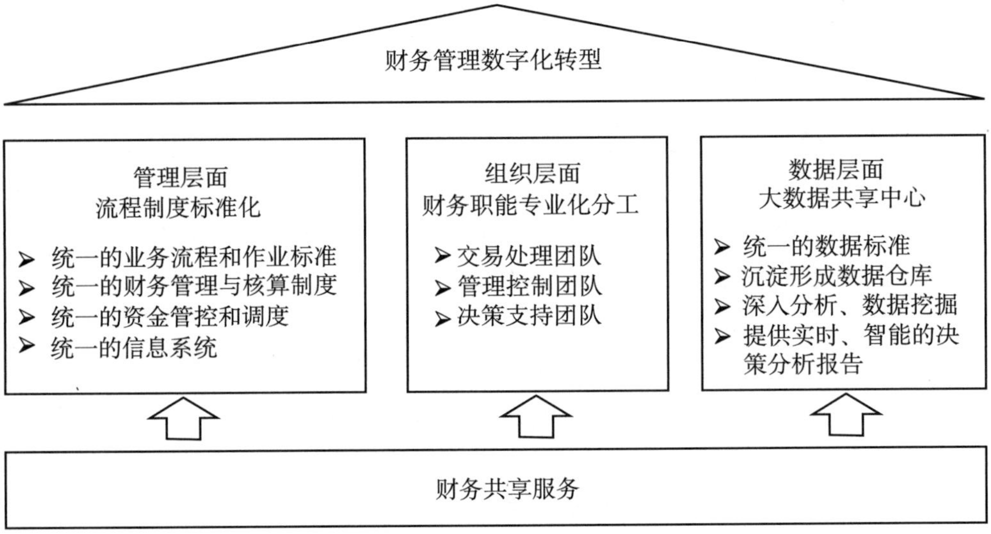

图 9－3　财务共享服务对财务管理数字化转型的支撑

资料来源：王兴山，2019. 数字化转型中的企业进化［M］. 北京：电子工业出版社.

财务共享中心通过对数字化组织所涉及的各项业务进行分析与归纳，从而形成专业化的财务岗位，来支撑职能部门开展主营业务所必需的相关工作（见图 9－4）。由于财务共享中心具备快速组织配置能力，因此能够在现有资源约束下，支撑组织实现更大规模的扩张和快速发展。此外，独立考核的财务共享中心可以为组织的各个部门提供标准、准确、高效、公正的财务服务（王兴山，2019）。

在数字化财务管理平台建设的过程中，相应的财务管理制度是由财务管理的多职能制度体系共同构成的一个复合体系。组织中的各财务职能基于财务共享模式，从各自专业职能的角度出发，在纲领性文件、规范性文件、程序性文件三个不同层面各有侧重，形成资金结算工作细则、税务核算工作细则、总账稽核工作细则、费用核算工作细则等标准化的财务流程及管理与核算制度，这些文件相互协同，共同

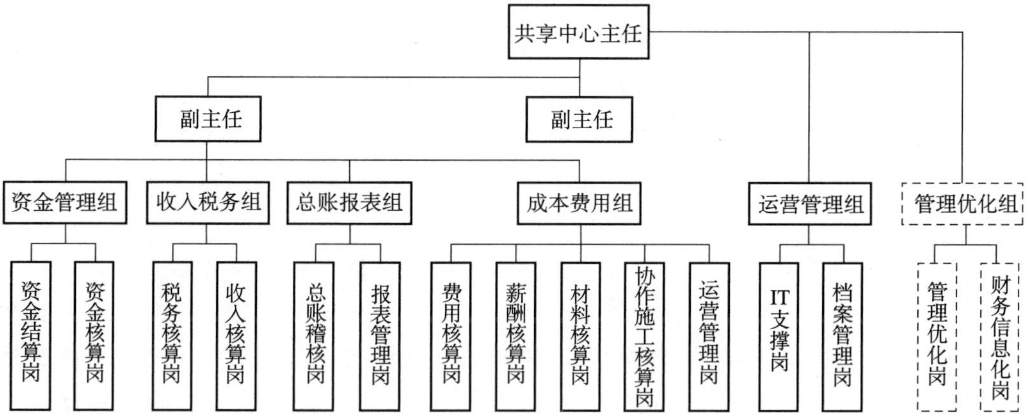

图 9－4　财务共享中心示例

资料来源：王兴山，2019. 数字化转型中的企业进化［M］. 北京：电子工业出版社.

构成数字化组织的财务管理制度体系。

// 关键术语 //

人力资源管理　　人力资源规划　　专家中心
人力资源业务合作伙伴　　共享服务中心

// 复习题 //

1. 人力资源管理与人事管理有何联系与区别？
2. 数字经济时代的人力资源管理与传统经济的人力资源管理存在什么关系？
3. 人力资源规划工作在数字经济时代的新内容是什么？
4. 数字经济时代的人力资源规划工作应关注哪些要素？
5. 人力资源三支柱理论与经典人力资源管理思想有何关系？
6. 人力资源三支柱在人力资源管理数字化转型过程中有何作用？
7. 财务管理平台的建设路径是什么？
8. 财务管理工作对于人力资源管理有何重要意义？

案例分析

腾讯 HR 助手：成功实现双引擎驱动的前中后台贯通

2012 年以前，腾讯 HR 团队一直犹豫是进行 HR 系统自建还是 eHR 套装系统外购，虽然在 2012 年外购了 PeopleSoft 系统，但也仅仅是将其作为整个 HR 系统的一部分，因为 PeopleSoft 系统无法完全满足腾讯对 HR 数字化的诉求。其原因主要还是 eHR 套装系统在管理理念、用户体验、移动化和智能化方面未达到腾讯所期望的标准。截至 2020 年，腾讯在线正常运转的 HR 信息系统超过 90%是自主研发的，其中腾讯 HR 助手这个纯移动端、完全依赖员工自驱使用的产品，是腾讯自主研发的 HR 系统中比较有代表性的一个。

腾讯 HR 助手经过腾讯内部近 10 年打磨，已经成为行业内 HR 产品的创导者和先行者，具有鲜明的移动互联网特征，深受新生代员工欢迎。腾讯 HR 助手以新一代 HR 产品理念为基础，提供管理驱动类、员工与组织驱动类两大类产品，覆盖企业内部多种运作场景，在不断激发员工使用这一产品的兴趣的同时，提升了企业的管理效能。

腾讯 HR 助手对场景进行碎片化解耦与重组，提供友好的操作界面，员工仅需简单的操作便能高效地完成相关任务。例如，员工参加培训后对培训课程不满意会在后台留言，对于公司新推出的政策不理解可以直接问询，遇到职业发展上的困惑亦会留言倾诉……这些用户的真实心声的吐露，都为后续产品功能的创新打下了基础。

腾讯 HR 助手的使命是“为个体而生”，它不只为企业和 HR 提供服务，而且更加关注多样化的个体需求。在竞争日益激烈的全球化经济环境下，具有吸引力的体验将帮助企业成功吸引并保留优秀员工，良好的员工体验也会带动强大的客户体验。企业需要关注组织文化和员工敬业度，从整体上关注员工体验，整合包括工作场所、人力资源以及相关的管理工作等影响员工的多种因素。这就是 HR 助手不同于其他产品的关键所在。

腾讯研发 HR 助手的底层逻辑就是基于管理驱动与自主驱动的双引擎理论。在传统的人力资源管理体系中，大部分情况是由高层管理者提出战略，制定明确的方向，通过流程、制度确保方向正确，通过系统让这些流程和制度固化下来。而新形势下，必须让员工有一种自主驱动的概念，这样企业既保留管理驱动的价值，又能够不断实现自主驱动，两个驱动结合在一起变成双引擎驱动，推动组织的活力、驱动力，包括组织效能大幅提升。

具体而言，管理驱动围绕传统招聘选拔、绩效评估、组织发展、培训开发、薪酬福利、人事管理六大模块，以流程和数据为核心，推动管理提质增效。自主驱动是在管理流程的全链条中，放大并聚焦关键节点，通过数字化手段触达节点上的相关角色用户，以提升体验为牵引，激发员工的自驱力，进而实现人才增值。

双引擎理念的升级，有利于公司应对复杂业态、代际员工管理等众多挑战。管理驱动和自主驱动双引擎的共同作用，驱动组织与员工产生更大的创造力，以实现组织战略和业务目标。双引擎驱动理念在产品落地上，必然会使一些基础能力受到考验，前端所体现的管理意图以及用户意图需要与中台紧密配合，就像三个不同转速的齿轮，构成“前端解耦＋中台聚能＋数据驱动”的建设策略。

腾讯 HR 助手作为企业服务数字化的先行者，基于腾讯公司多年的人力资源管理经验，在产品架构和产品设计上依托微信及企业微信，同时借助腾讯云强大的安全运营能力，具备面向生态伙伴提供 HR 解决方案的能力。秉承用户价值导向，腾讯 HR 助手不断优化迭代 SaaS 产品或服务，提供持续创新、有竞争力的产品或服务。截至 2020 年，腾讯 HR 助手打造了覆盖人才吸引、人才评估、人才发展、人才体验、人才管理等领域的 18 个产品，并提出企业微信版中小型企业解决方案、SaaS 版中大型企业 HR 解决方案以及 SaaS 多租户核心人事解决方案等，为市场客户提供服务。

腾讯 HR 助手依托企业微信，可以使一站式 HR 数字化产品覆盖 IT 服务、制造、批发零售、教育、生活服务等不同行业，不但全面覆盖企业核心的人力资源管理场景，还将腾讯的双引擎理念带给企业和员工。腾讯 HR 助手推出多个应用场景下的企业服务，可以根据企业的实际需求选择合适的服务。例如，集 PC 端、移动端为一体的 HR 核心人事解决方案，可以直接访问腾讯 HR 助手上的所有企业及个人应用，移动端支持微信公众号与企业微信应用两个入口，数据通可提供腾讯 HR 助手的应用与企业自身人事管理系统人员信息数据打通的能力。简历智选产品包含上传简历、填写岗位以及筛选简历等功能，根据岗位画像和简历解析，实现人岗精准匹配。视频面试产品为用户提供线上视频面试与面试服务，可以提供面试安排以及短信通知等功能。E 绩效产品以目标为导向、以人为中心、以成果为衡量标准，帮助员工明确工作目标。该产品结合目标管理与绩效评估，帮助企业实现经营目标，辅助员工实现自我驱动。

双引擎驱动模式是腾讯变革管理思维的应用体现，在当今时代，企业如果希望能在不断颠覆的技术和商业环境中寻找出路，最重要的就是在管理理念上进行变革，真正重视员工和人才管理，进而激发个体活力；充分认识到技术给人力资源领域带来的颠覆式影响，使得人力资源管理理念从封闭走向开放，从传统走向创新，在管理提质增效的同时激发个体创造力，实现企业与人才的共生共赢。

资料来源：马海刚，2022. HR＋数字化：人力资源管理认知升级与系统创新［M］. 北京：中国人民大学出版社.

思考题：

1. 腾讯 HR 助手的研发理念是什么？
2. 与同类产品或服务相比，腾讯 HR 助手有哪些优势？

// 第 10 章 //

数字化运营与管理案例解析

学习目标

1. 掌握工业互联网在产业界的应用案例。
2. 熟悉典型数字化运营案例企业的发展历程与特点。

第 1 节　企业开展数字化运营概述

一、企业界开展数字化运营的总体情况

在当前的数字经济时代，数字技术与数据要素已经成为推动社会发展的重要驱动力。因此，借助前沿数字技术实现运营管理的转型升级，正逐渐成为企业界的普遍追求。在现阶段，实体企业实现数字化运营的途径主要有以下两类。

1. 独立研发或引入数字技术，开展自主型数字化运营

部分规模较大、市场竞争力较强，且资源也较为丰富的企业，特别是主营业务与数字技术密切相关的企业，会独立研发数字技术，然后依靠这些技术推动本企业的数字化运营，采用这种路径的企业可称为自主型企业。例如，华为与三一重工通过在其领域积累的丰富经验以及企业的资金实力，投资研发了工业互联网平台，依托各自的工业互联网平台，华为与三一重工有效推动了本企业的数字化运营。

2. 入驻第三方平台，开展依附型数字化运营

部分企业由于规模与资源的局限性，选择入驻以工业互联网为代表的第三方技术服务平台，依托平台提供的技术支持实现数字化运营。例如，海尔工业互联网的企业用户就属于这一类，而这些企业可称为依附型企业。依附型企业所处的平台通常都拥有先进的技术，例如，工业互联网平台具有非常丰富的功能，可以提供多种企业 App，能够帮助入驻企业更好地完成远程调配以及作业规划等多项任务。因

此，当依附型企业能够选择与企业相适应的技术服务平台并且充分利用平台所提供的各项功能时，这些企业往往也可以很好地实现数字化运营。

二、企业开展数字化运营的总路线

由于每个企业所处领域、所掌握资源以及发展现状等均有所区别，因此，对于不同的企业，数字化运营的内涵也是有区别的。企业在开展数字化运营之前，需要根据实际情况，确立适用于本企业的数字化运营理念，进而制定相应的战略规划。在战略规划的指引下，企业需要调整组织架构以适应该战略，并且在有必要且资源允许的情况下，引入所需的数字技术，以支撑战略的执行。在具体的战略执行过程中，企业需要选择相应的职能部门作为发力点，率先开展数字化运营，进而带动其他部门，并由此推进数字化运营关键目标的达成，即业务流程的深刻变革与转型升级（见图 10－1）。

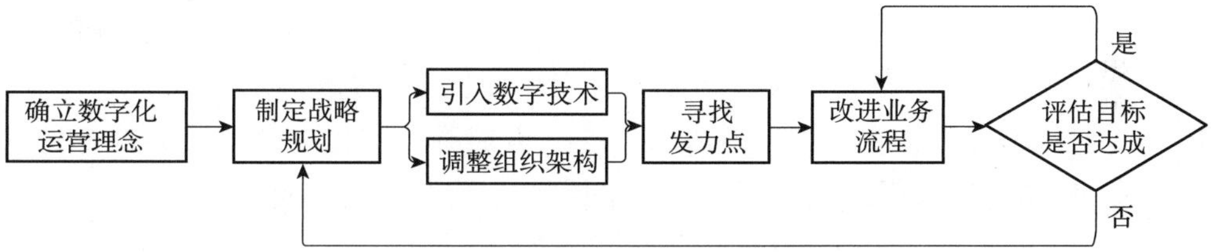

图 10－1　企业开展数字化运营的总体路线图

（一）数字化理念与战略先行

在数字经济时代开展数字化运营，是对企业现有运营管理工作的全面转型与升级，不仅难度大，而且所需要的时间也较长，因此需要企业的高层管理者，尤其是一把手的认可与支持。毛基业认为，数字化转型是“绝对的一把手工程”。[①] 而卢宝周等（2022）也研究证明，传统企业的数字化转型是一个自上而下的过程。因此，在开展数字化运营之前，企业的高层管理者，特别是企业的一把手，应该具有开展数字化运营的理念，并且对相关问题有非常深刻的认识，包括：企业现状以及开展数字化运营对现状的推动意义，企业的市场竞争力体现在何处，怎样开展数字化运营可以提升企业的市场竞争力。在数字化理念的指引下，企业就可以有针对性地制定适用于本企业的数字化运营战略，然后应用该战略指导企业运营管理工作的数字化转型。

（二）组织架构与技术支撑

数字化运营战略的执行需要相应的组织架构予以支撑。开展数字化运营，需要快速和有效的信息沟通，也需要各个部门的协作以及各类资源的支持。因此，企业

① 人大教授毛基业：数字化转型，一把手必须做好的七要事［EB/OL］.（2023－07－07）. https：//baijiahao. baidu. com/s？ id＝1770730534019403286&wfr＝spider&for＝pc.

现有的组织架构可能并不能很好地适配数字化运营战略，需要构建扁平式、团队式以及平台式等多种新型组织架构，用以支撑数字化运营的开展。此外，企业开展数字化运营时，往往还需要前沿数字技术的支撑，例如物联网技术以及商务智能技术。因此，在全面执行数字化运营战略之前，企业需要分析所需要的数字技术以及该技术对战略执行的推动作用，对于能够有效推进数字化运营战略的重要数字技术，在资源等各种条件允许的前提下，企业应努力引入这些数字技术，使之能够助力企业数字化运营战略的实施与推进。

（三）职能部门是发力点

企业数字化运营战略的实施与执行需要以具体的职能部门作为发力点，而职能部门的选择需要兼顾企业的数字化战略规划以及各职能部门现有的数字技术和基础设施。例如，部分企业会选择市场部门作为发力点，然后通过数字技术开展数字营销，具体策略包括程序化广告宣传、大数据营销与搜索引擎优化等。还有部分企业会选择研发部门作为发力点，通过物联网、区块链等前沿数字技术，使企业的产品或者服务更加智能，更加符合用户的需要。当作为发力点的职能部门实现数字化运营之后，企业还需要以这些部门为基础，进一步扩展数字化运营战略的执行范围，也就是将这些部门开展数字化运营所积累的经验，应用于其他部门，并力图推广到所有部门，进而实现企业数字化运营的全面开展。

（四）业务流程优化是关键目标

业务流程的创新与优化是数字化运营战略与企业原有运营策略的重要区别，可以认为，企业开展数字化运营的重要目标就是业务流程的优化，因此业务流程优化也是评估企业数字化运营战略执行效果的重要标准。在数字化运营战略的执行过程中，企业应该认真评估该战略的实施状况，经过评估之后，若开展数字化运营之后的业务流程与之前相比有明显的进步，例如，价值链所涉及的环节更少，成本更低或效益更好，由此可以认为企业的数字化运营战略已经达到预期。反之，企业需要再次审视战略的制定与实施，例如，评估企业所确立的数字化运营理念以及所制定的战略规划，是否与企业的现实状况相匹配，或者是否需要再次调整组织架构，是否需要引进更多的新技术，以及所选择的作为发力点的职能部门是否为其他部门提供标杆与示范作用，从而对现有的数字化运营战略及执行策略加以创新。

第 2 节　华为的数字化运营

本节以自主型数字化运营的第一个典型代表华为技术有限公司（简称华为）为例，讲解华为的数字化运营。

一、华为的发展瓶颈

华为创立于 1987 年，总部位于广东省深圳市龙岗区，是全球领先的信息通信技术基础设施和智能终端提供商，目前约有 19.5 万名员工，遍及全球 170 多个国家和地区，为全球 30 多亿人提供服务。2013 年，华为首超全球第一大电信设备商爱立信，排名《财富》世界 500 强第 315 位。2014 年，华为在全球 9 个国家建立 5G 创新研究中心，承建全球 186 个 400G 核心路由器商用网络。2015 年，华为在全球智能手机市场稳居前三，在中国的市场份额位居首位。2014—2015 年，华为的专利和知识产权数量连续两年全球排名第一。2016 年，华为已在全球获得了 170 多份云化商用合同。

华为自创立之日起就紧跟时代发展脚步，顺应产业发展趋势，不断改革创新。华为虽然在国内市场取得了巨大成就，但国际市场竞争激烈，行业领导地位长期被思科、诺基亚、爱立信、摩托罗拉等跨国公司占据。此外，美国政府的贸易保护禁令以及高准入技术门槛导致华为在美国市场举步维艰；在企业内部，华为的业务运营面临运营仪表盘不真实、指挥链条过长、决策依赖个人经验等挑战。为了改善内部运营环境，提升国际综合竞争力，华为紧抓数字经济带来的全新发展机遇，于 2016 年明确提出把数字化转型作为华为变革的唯一主题，同时开始推进数字化运营建设，历经多个阶段，华为仍在不断学习和改进。经过这几年的努力，数字化运营已经覆盖华为公司全球 100 多个代表处，覆盖的一线人群超过 60%，仅一线活跃用户就超过 6 000 个。

二、华为对数字化运营的规划

对于数字化运营，华为有自己的理解：数字化运营离不开数字化转型，数字化转型不仅仅是数字技术的成功应用，更是通过数字技术对业务运作模式的优化与创新；是把一个企业的上下游，包括所有客户、供应商、企业内部所有业务及资产等，以光速连接起来产生的一系列化学反应；数字化运营必须与业务场景相融合，并融入业务流程中，需要能够对业务的效益和效率的提升起到促进作用，也需要为业务提供单一数据源，使海量、重复的确定性业务实现自动化，充分运用智能分析提升决策水平。

对于数字化转型的规划，华为总结了“三阶十二步法”（见图 10 - 2）。具体内容如下：

第一阶段：战略解码和愿景描绘。愿景是企业战略的指导思想，描述数字化运营愿景，需聚焦企业战略，明确客户的诉求，审视企业自身能力及与业界标杆的差距。为此，华为首先从“五看”入手，聚焦公司“收入增加一倍，人员不显著增加”和“成为行业标杆”的发展战略，对其进行解读，从中识别出了公司对数字化运营的三点诉求：一是运营效益和效率提升，如人均产出（收入、利润）；二是运营敏

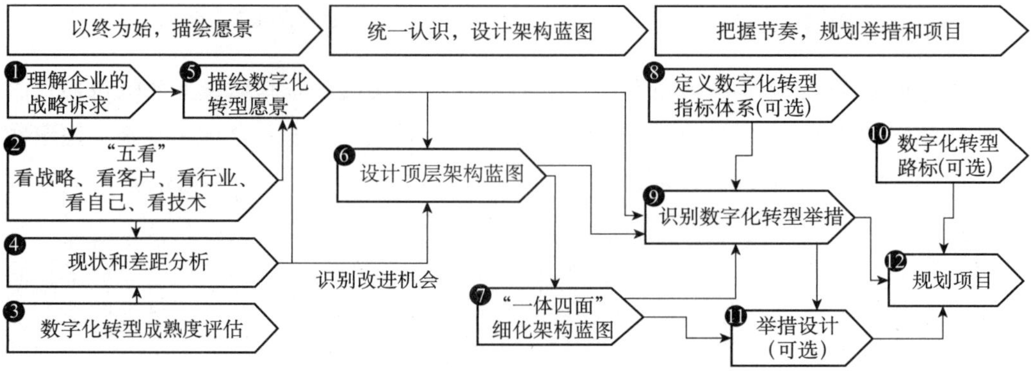

图 10－2　数字化转型规划“三阶十二步法”

资料来源：华为企业架构与变革管理部，2022. 华为数字化转型之道［M］. 北京：机械工业出版社.

捷，如敏捷的产品研发能力，快速创新及上市，大平台支撑精兵作战，快速响应客户需求；三是数据透明，运营可视。其次，根据公司对数字化运营的诉求，分析数字技术解决传统业务运营问题的能力，以及数字化运营为公司业务带来的变化。最后，可将数字化运营的愿景描绘为：内部运营敏捷，提升运营效益与效率，赋能成为行业标杆。

第二阶段：设计架构蓝图。基于对数字化运营愿景的阐释，规划团队整合了华为数字化的架构蓝图（见图 10－3）。公司层面统一汇聚数据，搭建数据平台，做好数据资产管理，用以支撑各业务领域在授权下方便、安全地按需获取数据，提升基于数据进行业务分析和运营的能力，进而将数字化运营融入日常业务中，并引入人工智能在智能预测、决策判断、风险识别等方面的优势，帮助公司拓展出新的业务模式。

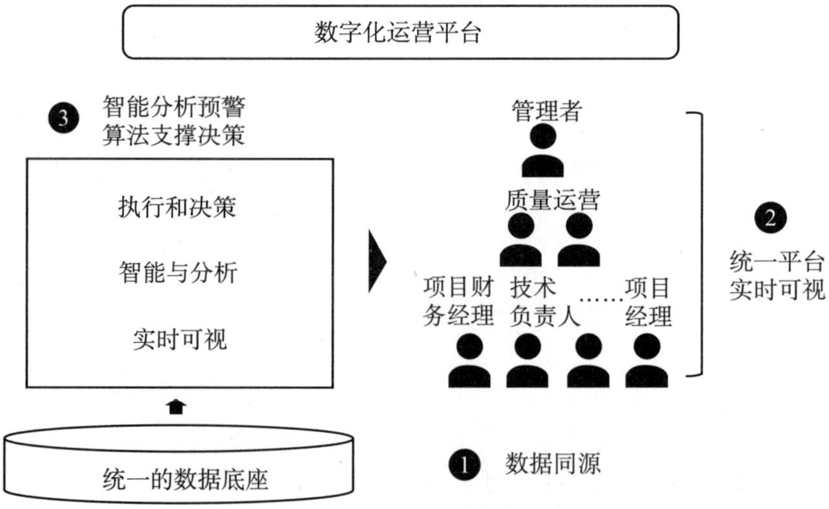

图 10－3　华为的数字化架构蓝图

资料来源：华为企业架构与变革管理部，2022. 华为数字化转型之道［M］. 北京：机械工业出版社.

第三阶段：规划举措和项目。定举措：明确数字化运营的关键点，即基于清洁数据的数字化运营；打破数据孤岛，建设公司统一的数据底座并不断汇聚数据，促进数据共享；实现运营模式的转变，简化管理，提高决策效率和时效性，给一线人员下放更多权力。定项目：规划项目承接举措，基于清洁数据的数字化运营举措需要数据底座、数据资产管理和数字化运营三个变革项目的支撑，其中公司统一负责底座建设，各业务领域参与内容建设。定节奏：设定项目优先级，项目优先级的确定可以从紧迫程度、业务价值、实施难度等层面入手。其中，数据底座项目是数字化运营的高优先级项目。

三、华为数字化运营的实施

基于数字化运营的规划，华为制定了数字化运营的实施路径（见图 10－4），下面将从研发数字技术、调整组织架构、寻找发力点、评估数字化运营等方面对华为的数字化运营战略进行详细的阐述。

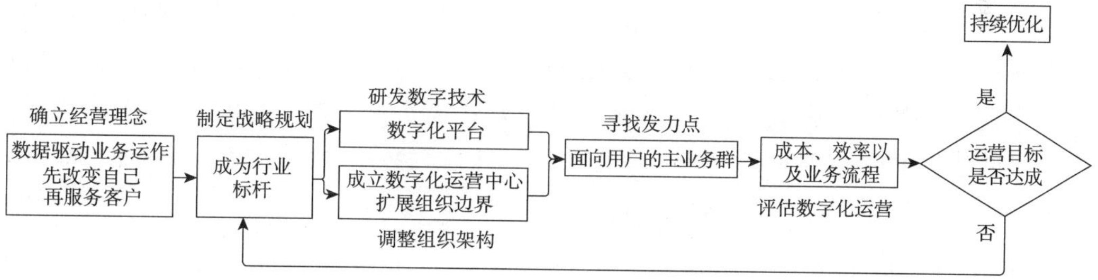

图 10－4　华为的数字化运营路线

（一）研发数字技术

华为投入了大量人员和资金，研发了用以支撑数字化运营的诸多数字化平台，包括一线作战平台、数字化运营平台和云化 IT 平台等。其中，一线作战平台以项目为中心，针对一线业务作业场景（产品开发、营销、销售、交付、运维、渠道和零售等），提供数字化装备，赋能业务数字化作战，如集成服务交付平台作为项目交付的作业系统，面向技术工程师和项目经理，承载日常的交付作业。一线作战平台实现了信息及时获取、作业实时感知、线上线下的协同作战和在线指挥等功能。数字化运营平台实现了数据同源、完整准确和实时可视，减少了汇报和管理层级，用以支撑一线实战现场感知、智能预测，让作战指挥更加高效。云化 IT 平台则承载了数字化运营所需的各种数字技术，支撑应用服务化并上云。

（二）调整组织架构

为了推动数字化运营，华为对企业的组织架构进行了相应的调整，主要体现在四个方面。第一个方面是在组织结构层面，组织结构趋于扁平化，压缩了组织层级，打破了组织边界，实现了组织决策、分工、信息传递等的协同，例如形成了以跨国集中指挥中心、跨项目现场融合中心、远程服务中心为关键节点的扁平化运营指挥模式。第二个方面是组织协同层面，突破企业内的纵向组织层级，打破部门墙，实现跨部门的横向协同，缩短协同路径，提高协同效率，增加组织间运营的一致性。第三个方面是在职权设置层面，指挥权下移，充分授权，将数字化运营执行层面的权力下放至相关责任人，将数字化运营融入日常业务，提升企业基于数据进行运营的能力。第四个方面是在业务支撑层面，成立数字化运营指挥中心，基于清洁、统一的数据底座监控并分析组织业务，识别业务风险，实现无接触式监管，根据风险变化进行指导和必要的干预，实现高效运营和柔性响应。

（三）寻找发力点

华为以面向客户的主业务流（营销管理、销售管理、交付管理、运维管理等）作为发力点，推进数字化运营。比如，在营销管理方面，基于清洁、统一的数据底座，利用大数据建模分析不同国家的消费文化及消费者偏好，构建用户画像，制定本地化的营销策略。在销售管理方面，采用数字化手段，采集、处理销售管道相关数据，形成管道画像，准确描述管道的实际流量与流速，帮助管理者判断销售形势，以便采取相应的管理措施。在交付管理方面，基于实时运营信息，预先评估交易过程中可能存在的产品配置、交付条款、回款方式等常见风险，实现风险提前预警。在运维管理方面，实现对运维的全流程追溯，通过大数据分析，知晓运维能力瓶颈，以便采取相应措施，提升运维质量。

（四）评估数字化运营

华为非常重视对数字化运营战略执行效果的评估，并且从效益、效率以及业务流程等多个方面评估数字化运营战略的执行。当前，通过数字化运营战略的实施，华为已经在很大程度上降低了各个交付项目的作业成本，提高了作业质量，降低了项目全过程的风险，减少了全过程资金占用，并实现了确定、重复性、低成本业务的自动化执行，由此提高了效益和效率。此外，华为还实现了对业务流程的远程分析与改进，例如，项目经理可以远程监控项目执行情况，分析相关人员的作业过程，帮助减少业务高耗能点，优化业务流程。

第 3 节　三一重工的数字化运营

本节以自主型数字化运营的第二个典型代表三一重工股份有限公司（简称三一重工）为例，讲解三一重工的数字化运营战略及其执行过程。

一、三一重工的发展瓶颈

三一重工由三一集团投资创建于 1994 年，在成立之后，三一重工连续多年实现快速发展。2011 年 7 月，三一重工首次入围《金融时报》全球 500 强企业，是唯一上榜的中国工程机械企业。2012 年，三一重工跨国并购全球混凝土机械第一品牌德国普茨迈斯特（Putzmeister）、持股全球随车起重机械巨头奥地利帕尔菲格（Palfinger）。2021 年 5 月 13 日，三一重工入围福布斯全球企业 2000 强榜单，排名第 468 位，首次跻身全球企业 500 强，是榜单中排名中国第一、全球第二的工程机械企业。三一重工的主业是装备制造业，主导产品包括混凝土机械、挖掘机械、起重机械、筑路机械、桩工机械等全系列产品，其中，混凝土机械稳居世界第一，挖掘机械在 2020 年首夺全球销售冠军。此外，大吨位起重机械、履带起重机械、桩工机械以及成套路面机械等多种产品的销售也连续多年稳居中国第一。2020 年，三一集团荣获中国工业领域"奥斯卡"奖——"中国工业大奖"。截至 2021 年，公司申请专利 13 140 项，授权专利 9 124 项，申请及授权数量居国内行业第一。

虽然三一重工在所处行业拥有全球领先的市场地位，然而，面对经济增速放缓、成本显著提升以及市场竞争日趋激烈等世界经济新动态，三一重工仍然感受到了巨大的压力。特别是数字技术对相关企业的支撑，使三一重工充分体会到数字化运营对企业发展的重要意义。因此，公司的高层管理者认为，面对工程机械领域在数字经济时代的新发展动态，必须实现运营管理的转型升级，才能使企业有效应对新的挑战。

二、三一重工数字化运营的规划

对于企业数字化运营的内涵，三一重工有自己的理解：首先，企业要从劳动密集型企业转型为知识密集型企业。为此，三一重工的规划是扩增企业的科技研发人员，从而加强研发与创新的力度。其次，作业过程要实现数字化。为此，三一重工投资并开发了具有行业领先地位的工业互联网平台，依托该平台实现数字化的作业管理。最后，用户管理也要实现数字化。为此，三一重工积极应用丰富的数据构建用户画像，并力图实现设备的数据化管理。

三、三一重工数字化运营的实施

根据对数字化运营内涵的理解，三一重工制定了开展数字化运营的路线（见图 10－5）。进而，三一重工对数字化运营的实施也予以开展，毛基业（2021）从构筑愿景目标、调整组织架构、研发数字技术、寻找发力点与评估数字化运营等方面对三一重工的数字化运营策略进行了详细的总结。

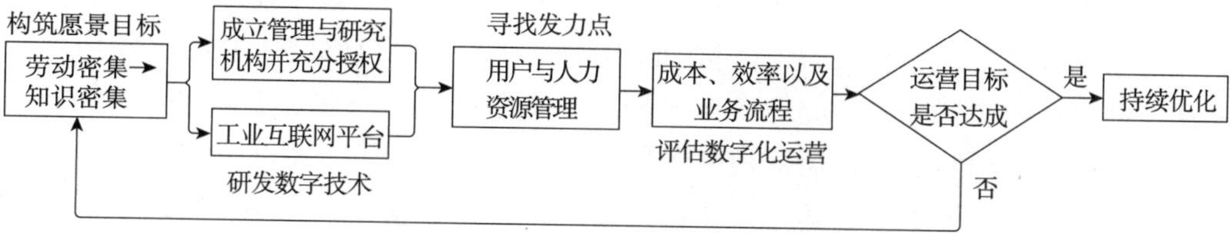

图 10－5　三一重工的数字化运营路线

（一）构筑愿景目标

愿景是组织战略的指导思想。三一重工在 2018 年决定开展数字化运营，并制定了数字化运营战略的愿景：在 5 年之内，将产业工人的数量从当时的 30 000 人压缩至 3 000 人，将科研人员的数量从当时的不足 5 000 人扩增至 30 000 人。为了使高层管理者都能认可这个愿景目标，三一集团的董事长以身作则，主动学习数字化运营的相关知识，并且将自己认为有价值的学习材料推荐给其他高层管理者，要求这些高层管理者认真学习，并记录学习心得，而且要通过提问、演讲与主题路演等多种方式考核高管的学习效果，即对数字化运营的认识。

（二）调整组织架构

为了推动数字化运营，三一重工还对企业的组织架构进行了相应的调整，主要体现在三个方面。第一个方面是在管理层面，成立了业务流程与 IT 部（BPIT 部），用于推动数字化运营，并且设置了专门负责数字化运营工作的高级副总裁，该副总裁可以直接领导 BPIT 部并负责数字化运营战略的执行工作，并直接向董事长汇报工作。第二个方面是在业务支撑层面，成立了数字化运营相关研究机构，负责数字化运营的研究工作，为企业的数字化运营提供理论支持。第三个方面是在职权设置方面加大放权的力度，也就是将数字化运营战略执行层面的相关权力分配给各个事业部与分公司，而各事业部与分公司也可以成立自己的数字化运营执行和研究机构，用于执行本部门的数字化运营战略。

（三）研发数字技术

三一重工投入了巨额资金，研发了工业互联网平台。三一重工的工业互联网平台赋能工业企业的智能生产管理、产品与服务的创新以及产业链的协同，可以提供低成本、低门槛、高效率、高可靠性的工业互联网数字化转型服务。在 IDC《2021 年中国工业互联网平台市场厂商评估》的结果中，该工业互联网平台的技术能力位居中国第一；而在福布斯“2021 年中国十大工业互联网企业”的排名中，该工业互联网平台也位列第一。此外，三一重工的工业互联网平台还于 2021 年取得 CMMI 最高等级 5 级认证。

（四）寻找发力点

三一重工以人力资源管理与用户管理这两项职能工作为具体的发力点，用以推进数字化运营。在人力资源管理方面，三一重工非常重视与数字化运营相关的高端管理与技术人才，近些年，BPIT 部门的总经理以及营销与风险中心的主任均为企业从外部引进的高端人才。此外，三一重工也非常重视从内部选拔人才，例如，企业内部举行了多项与数字化运营相关的考试，全体员工均可以报名参加，成绩排名靠前的员工可以获得丰厚的奖金，并且更容易得到提拔重用。在用户管理方面，三一重工非常重视用户的使用体验。为此，三一重工在产品（机械设备）上转配传感器，这种传感器可以记录用户的使用情况，从而通过丰富的用户使用数据构建用户画像，洞察用户的使用习惯。由此，不仅可以远程指导用户操作，还可以有针对性地向用户提出建议，并预测设备所需要的维护工作，从而提升设备维修效率。这些数字化策略都有助于用户获得更好的使用体验。

（五）评估数字化运营

三一重工非常重视对数字化运营战略执行效果的评估，并且从成本、效率以及业务流程等多个方面评估数字化运营战略的执行。当前，三一重工的数字化运营战略已经初见成效：通过数字化运营战略的实施，三一重工已经在很大程度上减少了设备的采购，节省了采购成本，并实现了以更少的设备完成更多的作业任务，极大地提升了设备的使用率，由此实现了降本增效。此外，通过数字化运营战略的执行，三一重工还实现了对业务流程的远程分析与改进，例如，高管可以远程查阅所有的设备，从而准确知晓设备状态，并分析设备与相关人员的作业过程。

第 4 节　酷特智能的数字化转型

本节以自主型数字化运营的第三个典型代表酷特智能股份有限公司（简称酷特智能）为例，讲解酷特智能在运营管理工作上的数字化转型。

一、酷特智能的发展瓶颈

酷特智能成立于 2007 年，自成立以来始终秉持“诚信、品质、创新、服务”的理念，实现了企业的健康快速发展。2020 年 7 月 8 日，酷特智能在深圳证券交易所 A 股创业板上市发行。2021 年，酷特智能创新实践的大批量定制模式获得国家工业和信息化部“2021 年度智能制造优秀场景”称号，酷特智能入选为国家级服务业标准化试点企业。此外，酷特智能被工业和信息化部、中国互联网协会指定为工业大数据与智能制造的学习、培训基地，同时获得权威媒体《大国重器》《辉煌中国》《新闻联播》等跟踪报道，并亮相“砥砺奋进的五年”大型成就展。

酷特智能的主业为服装制造业，主导产品为 C2M 个性化定制西装和 C2M 个性化定制解决方案，形成了以西装厂、西裤厂和衬衣厂为主的三个专业智能制造工厂。它还为全国 30 多个行业的近百家企业提供转型升级的咨询与辅导。虽然酷特智能经过 10 余年的探索，成功打破了工业化和个性化的生产悖论，实现了以工业化手段高效率低成本制造个性化产品，但面对全球经济增速放缓、市场竞争日益激烈、突发事件频繁发生等新动态，企业高层管理者认为数字经济时代只有通过运营管理的数字化转型升级，才能真正实现企业高质量可持续健康发展。

二、酷特智能数字化运营的规划

酷特智能认为要开展数字化运营，首先，要改变企业的商业模式，从制造型企业向制造服务型企业转型。为此，酷特智能规划加强科技投入，扩增科技人员，提高企业科研创新能力。其次，要使企业核心业务流程实现数字化。为此，酷特智能投资打造服装 C2M 产业互联网平台。最后，要使企业全业务流程实现数字化。为此，酷特智能建立酷特 C2M 产业互联网研究院，打造酷特 C2M 产业互联网平台，进而依托该平台为传统企业转型升级提供解决方案。

三、酷特智能数字化运营的实施

根据对数字化运营内涵的理解，酷特智能制定了数字化运营的实现路线（见图 10－6）。下面将从构筑愿景目标、研发数字技术、重塑组织内部环境、寻找发力点与评估数字化运营等方面对酷特智能的数字化运营战略进行详细的总结。

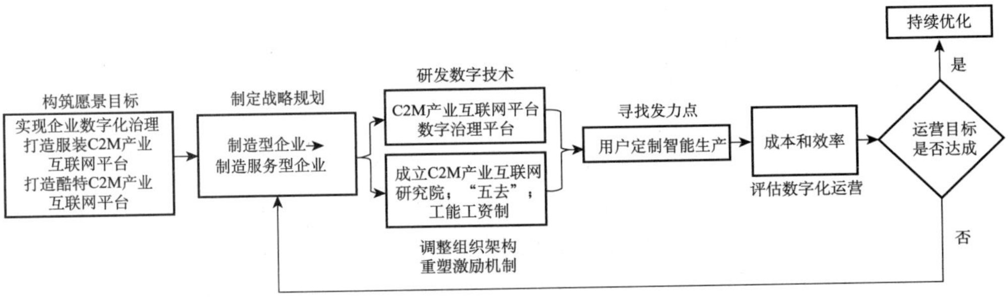

图 10－6　酷特智能的数字化运营路线

（一）构筑愿景目标

酷特智能数字化运营战略愿景目标的构筑分为两个阶段：第一阶段是打造服装 C2M 产业互联网平台；第二阶段是打造酷特 C2M 产业互联网平台，实现数字化治理。为了使企业员工都能够认可这个愿景目标，针对高管团队，企业董事长定期组织高管团队共同学习数字化运营相关知识，并通过学习效果汇报、业务应用策划等方式提升企业高管对数字化运营的认识；针对一线员工，通过保证其收益的方式转变其工作思维，以利益为驱动促使一线员工认可企业数字化运营战略。

（二）研发数字技术

酷特智能投入了大量人员和资金，开发了服装 C2M 产业互联网平台（见图 10－7），实现了业务全流程数据驱动，能够对市场需求做出迅速反应，为个人消费者提供高性价比的定制服装，同时可以为全球时尚设计师、服装品牌商、创业者和经营者提供低成本、高效率的个性化定制和柔性化解决方案。在此基础上，酷特智能将自身转型经验总结成一套个性化定制解决方案，开发酷特 C2M 产业互联网平台，帮助跨界传统企业实现转型升级。同时，搭建数字化治理平台，建立数字化治理架构，形成数字化治理体系（见图 10－8），使得运营平台化、过程数据化、结果数字化、后台智能化，实现业务全流程数据驱动，经营全要素精准呈现，企业全员工自治工作。

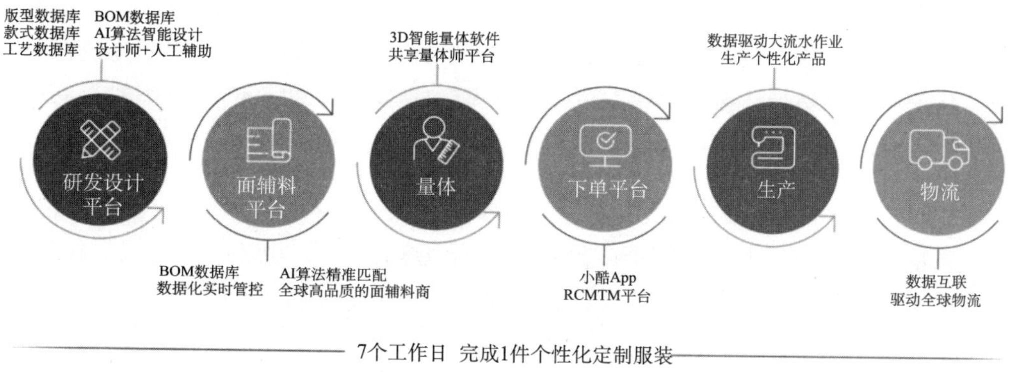

图 10－7　服装 C2M 产业互联网平台的关键要素

资料来源：酷特智能：ESG 链接世界新入口［EB/OL］.（2022－09－05）. https://mp.weixin.qq.com/s/F41Cdz4 Ybvq1Ms7FIOueFA.

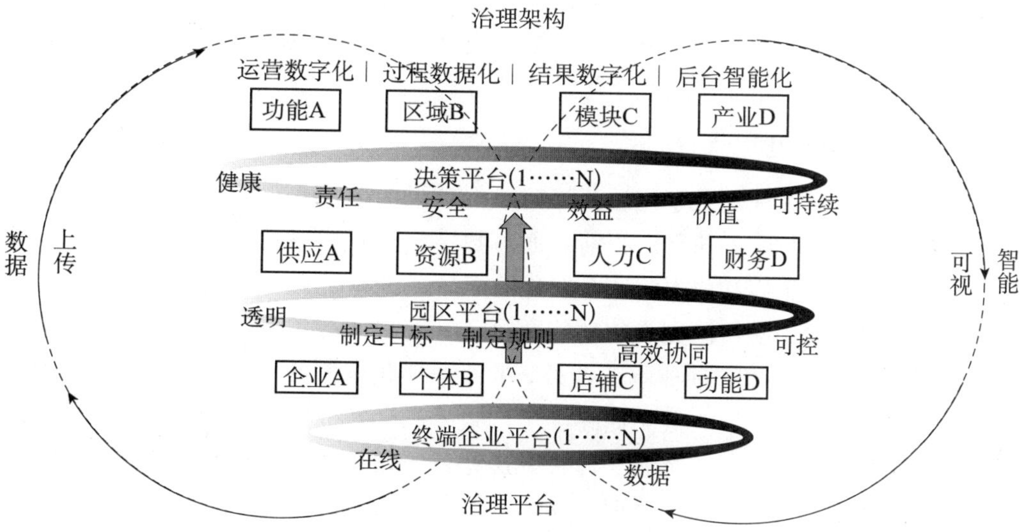

图 10－8　酷特数字化治理体系

资料来源：张蕴蓝谈“创业”：给创业者的 4 点真诚建议［EB/OL］.（2022－11－18）. https://mp.weixin.qq.com/s/UkekRftse2Ou6x15hb1JPA.

（三）重塑组织内部环境

组织内部环境是数字化运营的关键，为此，酷特智能重塑组织内部环境，以推动数字化运营的实施。组织内部环境的重塑主要体现在三个方面：第一，调整组织架构。为了快速响应，减少人为控制，酷特智能通过“五去”（去领导化、去审批、去部门、去科层、去岗位）构建了由各个功能节点构成的扁平化组织。在数据驱动

C2M 大规模个性化定制生产方式下，一线员工直接与用户联系，无须管理层间接调配资源和组织生产，使得目标对全员、全员对目标。第二，丰富支撑机构。公司成立了酷特 C2M 产业互联网研究院，专门负责 C2M 产业互联网和数字化运营的研究工作，为企业的数字化运营与治理提供解决方案。第三，重塑激励机制。为了充分调动员工的积极性，保障数字化运营的开展，酷特智能重塑了组织的激励机制，将利益分配机制重塑为“多劳多得”的功能工资制。组织中的每位员工一般只有一个主功能，有能力的员工可以兼顾其他功能，员工按照实现的功能获得收入。

（四）寻找发力点

酷特智能以用户定制和智能生产两项工作为具体的发力点，推进数字化运营。在用户定制方面，用户参与产品设计，提出个性化需求并利用 C2M 平台（RCMTM 定制平台或小酷 App）上传数据，系统自动生成订单信息，相应信息自动进入酷特智能自主开发的版型数据库、款式数据库、工艺数据库、BOM（物料和辅料）数据库进行数据建模。在智能生产方面，根据上一步形成的运算模型进行计算机 3D 打板，随后打板信息依次传输至布料、剪裁和缝制区域进行相应的断料、裁剪和流水缝制工作。在此过程中，每一块布料都配有射频电子标签，工人通过终端设备识别射频电子标签上的技术数据，根据相应数据进行生产。这种数据驱动的用户定制与智能生产方式，对于企业开展数字化运营具有重要意义。

（五）评估数字化运营

酷特智能非常重视对数字化运营战略执行效果的评估，并且从成本和效率等方面评估数字化运营战略的执行。当前，通过数字化运营战略的实施，酷特智能不仅实现了用工业化的手段和成本制造个性化的产品，还实现了员工绩效的实时可视化，使得员工可以准确了解自己完成的功能数量，知晓当前工资，促使员工自治，由此极大降低了生产成本和管理成本。此外，1 件个性化定制服装，7 个工作日即可交付，与传统手工定制相比，极大提高了生产效率；依托数字化治理平台，企业经营全要素一键实时精准呈现，企业管理者可远程分析相关业务及人员的作业过程，从而进行精准决策，极大提高了管理效率。

第 5 节　海尔工业互联网平台的应用案例

本节以依附型数字化运营的典型代表——海尔工业互联网平台卡奥斯 COSMOPlat 的入驻企业为例，介绍这些入驻企业的数字化运营。[①]

---

① 相关内容引用自卡奥斯 COSMOPlat 官网，参见 https：//www.cosmoplat.com。

一、海尔工业互联网平台简介

2017 年 4 月，海尔集团推出国家级工业互联网平台——卡奥斯 COSMOPlat。卡奥斯 COSMOPlat 在通用的基础架构之上加入云层，在顶层引入个性化定制并允许用户全程体验，为全球多个行业和规模的企业提供面向柔性化场景的数字化转型整体解决方案。卡奥斯 COSMOPlat 通过多种方式参与全球企业数字化与智能化转型，推动生产方式、商业模式、管理范式的变革，促进新模式、新业态的普及，构建“政、产、学、研、用、金”共创共享、高质量发展的工业新生态。

卡奥斯 COSMOPlat 具体业务板块涉及工业互联网平台的建设与运营维护、工业智能制造技术的研究与应用、工业软件及工业 App 开发、智慧工厂（灯塔工厂）建设、软件与硬件设施配套服务等。卡奥斯 COSMOPlat 目前已经孕育出化工、能源、模具、装备、应急物资等 15 个行业生态，涵盖全国多个区域。与此同时，卡奥斯 COSMOPlat 还能够为政府与产业园区提供互联网平台建设、产业发展规划、数字化管理等服务。

二、卡奥斯 COSMOPlat 的应用案例

卡奥斯 COSMOPlat 在生产作业、质量管控、能源管理、模式创新与智慧园区等多个领域均有广泛应用，现遴选典型案例加以介绍。

（一）德威动力

作为潍柴动力、中国重汽、卡特彼勒等国内外头部企业的核心供应商，德威动力不仅引进了多种世界先进的机加工设备，其自主研发制造的仪表设备也已达到行业领先水平。卡奥斯 COSMOPlat 为德威动力制定了提升整个工程质量和效率的措施，借助卡奥斯 COSMOPlat，德威动力实现了目视化和精细化管理，降低了成本投入，而且提升了产品的送检效率。与此同时，卡奥斯 COSMOPlat 还通过物联设备监控与优化机床运行参数，提升了设备开机率。目前，德威动力有 80%的高精尖机床已实现互联，每名操作工可同时操控 4～6 台机床，而每个工序的实时作业参数均可以从物联设备中获取。

（二）天津市津南区 5G+智慧安全双碳园区

天津市津南区 5G+智慧安全双碳园区（以下简称“园区”）也是卡奥斯 COSMOPlat 的重点实施项目。园区规划面积 6.14 平方公里，2006 年被国家发展改革委和国土资源部等部门批准为市级工业园区，同时也是滨海新区的辐射地。卡奥斯 COSMOPlat 基于 5G+智慧安全双碳园区定制平台，在园区应用智慧用电、智慧路灯、智慧出行等十余种解决方案，实现整个园区企业信息数据全流程管控；并将提供规模性的储能电站，实现园区多网融合，综合能源互补，提高清洁能源利用率，最终打造集分析、交互、管控、预警、减碳于一体的碳中和数字工具箱。当前，园

区系统已接入能源设备 1 700 余台/套、仪表设备 2 500 余块，园区企业接入 356 家，能源托管运营企业 100 余家，服务 400 余家企业，预计将实现碳减排 30%，能耗降低 20%。依托“1+5+16+N”的生态体系，卡奥斯 COSMOPlat 可将用能情况、碳数据变成指导企业经济运行的重要参考指数，为企业提供了绿色、智慧、定制的全方位综合能源解决方案，也为政府调整区域内的产业结构、引导企业能源消费行为打造了一站式管理平台。园区定制平台依托卡奥斯智慧能源的总控中心，利用 5G、云计算、AI 等技术打造了智慧园区解决方案。以园区生态平台推动能源革命和数字革命相融并进，对园区进行“源—网—荷—储”全方位能源管理，并创新输出以“1+5+16+N”为标准的全场景服务体系，构建能源生态创新商业模式，实现绿色低碳的高质量发展。

（三）济南某智能家居设施企业

济南某智能家居设施企业是专业从事智能家居、整体厨房及卫浴设备、家具的设计、生产、销售、安装、维修以及技术服务等集研发、生产和销售于一体的现代化企业。该企业依托卡奥斯 COSMOPlat 的 BaaS 引擎，以设备物联为基础融合工业大数据、机理模型、标识解析、人工智能、知识图谱中台能力，通过工业相机、激光线扫 3D 相机、结构光 3D 相机、工控机等设备，并使用视觉识别算法、机器人力矩控制算法等代替复杂、重体力的人工操作，从而节约人工成本，提升生产效率。在机器人视觉检测及机器人手眼协同领域，卡奥斯 COSMOPlat 提供了便捷有效的解决方案，有针对性地为该企业打造了智能家居数字孪生生产车间。通过卡奥斯 COSMOPlat 搭建的智能家居数字孪生生产车间，该企业打通了数字化全链路，让柔性的大规模个性化定制数字化工厂成为现实，在可靠性、精准度、生产效率等方面实现优化，实现整个生产过程的最优配置，从而极大地提升企业的智能化与数字化水平。

参考文献

[1] Atzori L，Iera A，Morabito G，2010. The Internet of Things：A Survey [J]. Computer Networks，54 (15)：2787 – 2805.

[2] Davenport T H，1992. Process Innovation：Reengineering Work Through IT [M]. Boston：Harvard Business School Press.

[3] Drucker P F，2006. The Practice of Management [M]. New York：Harper Business.

[4] Dwivedi Y K，Ismagilova E，Rana N P，et al.，2023. Social Media Adoption，Usage and Impact in Business-to-Business (B2B) Context：A State-of-the-Art Literature Review [J]. Information Systems Frontiers，25 (3)：971 – 993.

[5] Erl T，Khattak W，Buhler P，2016. Big Data Fundamentals：Concepts，Drivers & Techniques [M]. NJ：Prentice Hall.

[6] Hakansson H，1987. Industrial Technological Development：A Network Approach [M]. London：Routledge.

[7] Hammer M，1990. Reengineering Work：Don't Automate，Obliterate [J]. Harvard Business Review，68 (4)：104 – 112.

[8] Kaplan R S，Rugelsjoen B，Norton D P，2010. Managing Alliances with the Balanced Scorecard. Harvard Business Review，88 (1)：114 – 120.

[9] Kaplan R S，1992. The Balanced Scorecard：Measures that Drive Performance [J]. Harvard Business Review，70 (1)：71 – 80.

[10] Kaplan R S，Norton D P，1996. Using the Balanced Scorecard as a Strategic Management System [J]. Harvard Business Review，74 (1)：75 – 85.

[11] Kingsnorth S，2016. Digital Marketing Strategy：An Integrated Approach to Online Marketing [M]. 3rd ed. London：Kogan Page.

[12] McAfee A P，2006. Enterprise 2.0：The Dawn of Emergent Collabora-

tion [J]. MIT Sloan Management Review，47 (3)：21－28.

[13] Nonaka I，1995. The Knowledge-Creating Company：How Japanese Companies Create the Dynamics of Innovation [M]. New York：Oxford University Press.

[14] Prahalad C K，2004. The Future of Competition：Co-Creating Unique Value with Customers [M]. Boston：Harvard Business Press.

[15] Rowles D，2022. Digital Branding：A Complete Step-by-Step Guide to Strategy，Tactics，Tools and Measurement [M]. 3rd ed. London：Kogan Page.

[16] Thompson A A，Peteraf M A，Gamble J E，et al.，2022. Crafting & Executing Strategy：The Quest for Competitive Advantage：Concepts and Cases [M]. 23rd ed. New York：McGraw Hill.

[17] Ulrich D，1997. Human Resource Champions：The Next Agenda for Adding Value and Delivering [M]. Boston：Harvard Business Press.

[18] Venkatraman V，2017. The Digital Matrix：New Rules for Business Transformation through Technology [M]. Los Angeles：Lifetree Media.

[19] Vial G，2019. Understanding Digital Transformation：A Review and a Research Agenda [J]. The Journal of Strategic Information Systems，28 (2)：118－144.

[20] Westerman G，Bonnet D，McAfee A，2019. The Nine Elements of Digital Transformation. MIT Sloan Management Review，55 (2)：8－13.

[21] Yumurtaci I Ö，Sorkun M F，Börühan G，2018. Revealing the Impact of Operational Logistics Service Quality on Omni-Channel Capability [J]. Asia Pacific Journal of Marketing and Logistics，30 (5)：1200－1221.

[22] 陈剑，叶强，肖勇波，等，2013. 新兴电子商务：定价、多渠道协调与供应链优化 [M]. 北京：清华大学出版社.

[23] 陈威如，余卓轩，2013. 平台战略：正在席卷全球的商业模式革命 [M]. 北京：中信出版社.

[24] 陈威如，王节祥，2021. 依附式升级：平台生态系统中参与者的数字化转型战略 [J]. 管理世界，37 (10)：195－214.

[25] 陈雪频，2021. 一本书读懂数字化转型 [M]. 北京：机械工业出版社.

[26] 戴夫·查菲，菲奥纳·埃利斯-查德威克，2022. 数字营销：战略、实施与实践：第7版 [M]. 北京：清华大学出版社.

[27] 戴夫·查菲，塔尼娅·亨普希尔，戴维·埃德蒙森-伯德，2023. 电子商务：管理与数字化转型：第7版 [M]. 北京：中国人民大学出版社.

[28] 菲利普·科特勒，凯文·莱恩·凯勒，亚历山大·切尔内夫，2023. 营销管理：第16版 [M]. 北京：中信出版社.

[29] 耿波，聂强大，2021. 采购与仓储管理实务 [M]. 3 版 . 北京：北京大学出版社.

[30] 顾颐，张海红，杨瑾，等，2018. 决战数字化运营：策略与实战 [M]. 北京：电子工业出版社.

[31] 国家工业信息安全发展研究中心 . 企业数字化采购实施指南（2019 年版）[EB/OL].（2019 - 12 - 25）. http：//www. clii. com. cn/lhrh/hyxx/201912/t20191225_3937815. html.

[32] 国家智能制造标准化总体组，2018. 智能制造基础共性标准研究成果（一）[M]. 北京：电子工业出版社.

[33] 哈默，赫什曼，2020. 端到端流程：为客户创造真正的价值 [M]. 北京：机械工业出版社.

[34] 海峰，祖大为，2008. 企业物流运作实验教程 [M]. 武汉：武汉大学出版社.

[35] 亨利 · 明茨伯格，布鲁斯 · 阿尔斯特兰德，2020. 战略历程：第 2 版 [M]. 北京：机械工业出版社.

[36] 胡耀光，2019. 企业数字化转型与工业 4.0 渐进之路：电子元器件行业视角 [M]. 北京：电子工业出版社.

[37] 华为企业架构与变革管理部，2022. 华为数字化转型之道 [M]. 北京：机械工业出版社.

[38] 环球物流咨询 . 前沿 | 数字化仓储规划方法与实现 [EB/OL].（2019 - 09 - 11）. http：//zhuanlan. zhihu. com/p/82080108.

[39] 黄成明，2014. 数据化管理：洞悉零售及电子商务运营 [M]. 北京：电子工业出版社.

[40] 黄丽华，朱海林，刘伟华，等，2021. 企业数字化转型和管理：研究框架与展望 [J]. 管理科学学报，24（8）：26 - 35.

[41] 蒋鑫，周轩，2024. 数字化成熟度模型：研究评述与展望 [J]. 外国经济与管理，46（1）：77 - 91.

[42] 焦豪，张睿，杨季枫，2023. 数字经济情境下企业战略选择与数字平台生态系统构建：基于共演视角的案例研究 [J]. 管理世界，39（12）：201 - 229.

[43] 金斯诺思，2021. 数字营销战略：在线营销的整合方法：第 2 版 [M]. 北京：清华大学出版社.

[44] 李波 . “数”说仓储：仓储数字化浅谈 [EB/OL].（2020 - 08 - 05）. https：//zhuanlan. zhihu. com/p/168075547.

[45] 李飞，2013. 全渠道零售的含义、成因及对策：再论迎接中国多渠道零售革命风暴 [J]. 北京工商大学学报（社会科学版），28（2）：1 - 11.

[46] 李飞，2012. 迎接中国多渠道零售革命的风暴 [J]. 北京工商大学学报

（社会科学版），27（3）：1－9.

［47］李晓辉，张秋曼，周永源，2017. 基于协作理论的大型钢铁企业组织设计研究［M］. 北京：冶金工业出版社.

［48］刘爱东，2009. 在华跨国公司组织发展研究［M］. 上海：上海人民出版社.

［49］刘春雄，2021b. 渠道数字化的三个层次和基本逻辑［J］. 中国食品工业，（6）：86－89.

［50］刘春雄，2021a. 渠道数字化来临：中间商永在经销商消失［J］. 中国食品工业，（5）：72－74.

［51］刘芮铭，2023. 数字化背景下小米集团财务战略研究［D］. 哈尔滨：哈尔滨商业大学.

［52］刘知远，韩旭，孙茂松，2020. 知识图谱与深度学习［M］. 北京：清华大学出版社.

［53］卢宝周，尹振涛，张妍，2022. 传统企业数字化转型过程与机制探索性研究［J］. 科研管理，43（4）：83－93.

［54］卢杰，章帆，2012. 虚拟软件企业组织设计的系统流程及运行效率研究［M］. 成都：西南交通大学出版社.

［55］陆柏茂，2023. 数字化仓储在水利防汛物资储备行业的应用［J］. 江苏水利（5）：65－68，72.

［56］罗宾斯，库尔特，2022. 管理学：第 15 版［M］. 北京：中国人民大学出版社.

［57］马丁，2014. 决胜移动终端：移动互联时代影响消费者决策的 6 大关键［M］. 杭州：浙江人民出版社.

［58］马风才，2021. 运营管理［M］. 6 版 . 北京：机械工业出版社.

［59］马海刚，2022. HR＋数字化：人力资源管理认知升级与系统创新［M］. 北京：中国人民大学出版社.

［60］马奇，西蒙，2013. 组织（珍藏版）［M］. 北京：机械工业出版社.

［61］马文 · 沃泽尔，2021. 什么是业务流程管理（升级版）［M］. 北京：电子工业出版社.

［62］迈克尔 · 波特，2014. 竞争战略［M］. 北京：中信出版社出版.

［63］毛基业，2021. 央企数字化转型及路径参考［J］. 企业管理，（12）：23－26.

［64］穆胜，2018. 释放潜能：平台型组织的进化路线图［M］. 北京：人民邮电出版社.

［65］欧文兰德，2020. 数字化转型：大数据引导的战略规划、管理升级与落地执行［M］. 北京：人民邮电出版社.

［66］启信慧眼．2022年数字化采购与供应商管理白皮书［EB/OL］．（2023－01－30）．https：//zhuanlan. zhihu. com/p/601876531.

［67］任浩，2017. 互联网＋供应链金融［M］．北京：电子工业出版社.

［68］史雁军，2018. 数字化客户管理：数据智能时代如何洞察、连接、转化和赢得价值客户［M］．北京：清华大学出版社.

［69］宋志浩，梁乐华，杨博．麦肯锡：数字化采购开启价值增长新时代［EB/OL］．（2017－05－16）．https：//www. sohu. com/a/141002671_651625.

［70］特班，乔恩，2020. 电子商务：管理与社交网络视角：第9版［M］．北京：机械工业出版社.

［71］王冰，毛基业，苏芳，2022. 从科层制组织到企业级生态系统：非预设性变革的过程研究［J］．管理世界，38（5）：173－188.

［72］王皓，2023. 仓储管理［M］．3版．北京：电子工业出版社.

［73］王核成，王思惟，刘人怀，2021. 企业数字化成熟度模型研究［J］．管理评论，33（12）：152－162.

［74］王晓玲，陈艳，杨波，2020. 互联网时代组织结构的选择：扁平化与分权化——基于动态能力的分析视角［J］．中国软科学，（S1）：41－49.

［75］王兴山，2019. 数字化转型中的企业进化［M］．北京：电子工业出版社.

［76］王学东，2017. 电子商务管理［M］．3版．重庆：重庆大学出版社.

［77］王玉荣，葛新红，2021. 产业互联网：全产业链的数字化转型升级［M］．北京：清华大学出版社.

［78］维克托·迈尔-舍恩伯格，肯尼思·库克耶，2013. 大数据时代：生活、工作与思维的大变革［M］．杭州：浙江人民出版社.

［79］魏江，杨洋，邬爱其，等，2022. 数字战略［M］．杭州：浙江大学出版社.

［80］项道东，2017. 射频技术下数字化仓储物流管理系统的设计研究［J］．中国商论，（5）：46－47.

［81］徐瑞萍，2021. 新零售实践：智能技术驱动下的零售业转型之路［M］．北京：电子工业出版社.

［82］杨建华，王为人，2016. 供应链物流管理教程［M］．北京：清华大学出版社.

［83］杨路明，陈曦，2018. 互联网＋战略及实施［M］．重庆：重庆大学出版社.

［84］杨新臣，2021. 数字经济：重塑经济新动力［M］．北京：电子工业出版社.

［85］伊恩·古德费洛，约书亚·本吉奥，亚伦·库维尔，2017. 深度学习［M］．北京：人民邮电出版社.

[86] 亿邦智库，中国物流与采购联合会公共采购分会．发现创新：2022 数字化采购发展报告［EB/OL］．（2022-07-30）．https：//m.ebrun.com/494135.html?eb=search_chan_pcol_content.

[87] 佚名，2017. 采购的未来：数字化颠覆传统采购模式［J］．经理人，（12）16-17.

[88] 易生俊，孙科柳，王杰，2017. 华为组织运营方法论［M］．北京：中国人民大学出版社.

[89] 余晓莉，2020. 数字品牌营销［M］．北京：科学出版社.

[90] 张学记，纪占林，郭建国，等，2014. 智慧城市：物联网体系架构及应用［M］．北京：电子工业出版社.

[91] 张英奎，孙军，姚水洪，2021. 现代管理学［M］．3 版．北京：机械工业出版社.

[92] 章剑林，沈千里，2013. 互联网产品用户体验［M］．北京：清华大学出版社.

[93] 赵宏田，2019. 用户画像：方法论与工程化解决方案［M］．北京：机械工业出版社.

[94] 赵晓飞，2022. 全渠道模式下农产品供应链整合的理论框架与保障机制［J］．商业经济与管理，（7）：5-17.

[95] 赵兴峰，2019. 数字蝶变：企业数字化转型之道［M］．北京：电子工业出版社.

[96] 钟志贤，卢洪艳，张义，等，2023. 教育数字化转型成熟度模型研究：基于国内外文献的系统性分析［J］．电化教育研究，44（6）：29-37.

[97] 周志华，2016. 机器学习［M］．北京：清华大学出版社.

[98] 庄贵军，2023. 营销渠道管理［M］．4 版．北京：北京大学出版社.

图书在版编目（CIP）数据

数字化运营与管理 / 马书刚主编；李伟副主编 .
北京：中国人民大学出版社，2024. 12. --（高等学校新文科教材）. -- ISBN 978-7-300-33328-1

Ⅰ. F273-39

中国国家版本馆 CIP 数据核字第 2024EH1615 号

高等学校新文科教材·数字化管理系列
数字化运营与管理
主　编　马书刚
副主编　李　伟
Shuzihua Yunying yu Guanli

出版发行	中国人民大学出版社		
社　　址	北京中关村大街 31 号	**邮政编码**	100080
电　　话	010－62511242（总编室）		010－62511770（质管部）
	010－82501766（邮购部）		010－62514148（门市部）
	010－62515195（发行公司）		010－62515275（盗版举报）
网　　址	http://www.crup.com.cn		
经　　销	新华书店		
印　　刷	天津中印联印务有限公司		
开　　本	787 mm×1092 mm　1/16	**版　　次**	2024 年 12 月第 1 版
印　　张	13.25 插页 1	**印　　次**	2024 年 12 月第 1 次印刷
字　　数	271 000	**定　　价**	49.00 元

版权所有　侵权必究　　印装差错　负责调换

中国人民大学出版社　管理分社

教师教学服务说明

中国人民大学出版社管理分社以出版工商管理和公共管理类精品图书为宗旨。为更好地服务一线教师，我们着力建设了一批数字化、立体化的网络教学资源。教师可以通过以下方式获得免费下载教学资源的权限：

- 在中国人民大学出版社网站 www.crup.com.cn 进行注册，注册后进入“会员中心”，在左侧点击“我的教师认证”，填写相关信息，提交后等待审核。我们将在一个工作日内为您开通相关资源的下载权限。

- 如您急需教学资源或需要其他帮助，请加入教师 QQ 群或在工作时间与我们联络。

中国人民大学出版社　管理分社

教师 QQ 群： 648333426(工商管理)　114970332(财会)　648117133(公共管理)
教师群仅限教师加入，入群请备注（学校+姓名）

联系电话： 010-62515735，62515987，62515782，82501048，62514760

电子邮箱： glcbfs@crup.com.cn

通讯地址： 北京市海淀区中关村大街甲 59 号文化大厦 1501 室（100872）

管理书社　　人大社财会　　公共管理与政治学悦读坊